30 1987/2017 大道有形

中国公共关系协会成立三十周年纪念会
论 文 选 集

主编：王大平

人 民 出 版 社

大道有形

致敬和感谢

30 年来为中国公共关系事业作出贡献的

各界朋友们！

目　　录

紧跟新时代发展公共关系事业

柳斌杰 *

在中国公共关系协会成立三十周年之际，让我们回顾历史，总结经验，谋划新时代的公共关系发展，这对公共关系事业和我国中国特色的社会主义事业具有重要意义。围绕紧跟新时代发展中国特色的公共关系事业，我提出几点想法：

一、不忘历史、前事之师

公共关系在中国是个新生事物。20 世纪 80 年代，社会情况比较复杂，社会发生的急速变化与人民思想认识之间的矛盾较为激烈，新闻工作者从大局出发，主张创造和谐推进改革的重要条件，不仅仅依靠党的组织和政府的力量，还要通过社会化的教育、通过公共关系，协调社会各方面的矛盾。适应时代需要，中共中央书记处提出建立中国公共关系协会，并在中国老一代新闻工作者和新华社、人民日报一些老领导的支持和努力下发起成立。

公共关系在国际上是个老事物，已经有上百年的历史，但在中国发展时间尚短。中国公共关系协会成立三十年来历经风雨、几起几落，对中国公共关系事业和中国公共关系协会发展的道路进行了积极的探索。做好新时代的公共关系，需要不忘历史，牢记历史，以史为鉴，持续发展。

中国公共关系协会一成立就面临着"什么是公共关系？""什么是中国特色的社会主义公共关系？"等问题。在协会成立第二年举办的研讨会上，时任会长安岗同志发表了重要讲话，题目就是"什么是有中国特色的社会主义公共关系？"，然后办了公共关系"两报一刊"，开始了艰难的起步过程。经过三十年探索发展，在中央领导及各有关方面的关心支持下，中国公共关系事业取得了长足的进步，已经

---

* 柳斌杰：十二届全国人大常委会委员、全国人大教育科学文化卫生委员会主任委员、中国公共关系协会会长。

形成了基本的框架。

（一）在理论上基本搞清楚了"公共关系"和"有中国特色的公共关系"的区别。刚才展示的中国公共关系协会创新发展的系列活动，是按照我们中国人所理解的公共关系开展的，积极配合党和国家的中心工作，展开宣传教育，挖掘中华优秀传统文化的当代价值，通过组织传承优秀传统文化的活动，让我们的传统文化活起来；以延安为中心，传播党领导下的红色文化；围绕"一带一路"倡议，推动研究"一带一路"上的公共关系问题，不断丰富中国特色的公共关系事业。中国公共关系协会为此做了大量工作和积极探索，摸索出了重要经验。

（二）中国公共关系协会为构建中国特色公共关系理论体系努力探索，形成了中国特色公共关系理论的很多要素。很多大学开设了公共关系的课程，推动了公共关系博士点的设立，深入开展公共关系理论问题研究，一直到最近两年"公共关系蓝皮书"的发布，体现了公共关系理论研究的进步。

（三）中国公共关系协会培养团结了一批公共关系人才。协会通过举办全国公关组织联席会议和研讨班，团结了一批自愿从事公共关系事业的人才。协会构建起义务性、自愿性为社会作贡献的非营利平台，不仅团结一群无私奉献的志同道合人士，也团结了一批教授专家等专业队伍，造就了多方面的公共关系事业骨干人才。

（四）显著提升了公共关系协会的运转能力。积极探索在依法办会基础上团结社会各界推动公共关系发展。团结了包括大专院校、研究机构、企业、青年系统等社会各界力量，联合香港和澳门特区、台湾地区公共关系协会，建立了密切团结的协作关系，共同探讨中国的公共关系事业，为将来公共关系走向世界做准备。

中国公共关系协会成立三十年，虽经过了风风雨雨，但一直不忘初心、与时俱进。从实践开拓到理论研究、人才队伍培养、协会工作探索等方面都取得了丰硕的成果，为中国特色公共关系的发展打下了坚实的基础。

二、总结经验、继续前进

三十年来正反两方面的历史经验告诉我们，必须发展中国特色的社会主义公共关系。

（一）需要坚持正确的公共关系发展方向。西方公共关系善用阴谋诡计，是各个利益集团组成的不同公共关系互相交横，以此影响国会和总统的决策。美国公共关系行业非常发达，每一个党派、每一个组织都有代表自身利益的公共关系团体，并为各自的利益纷争不断。中国的公共关系与他们截然不同，中国公共关系主要为大众努力，为全社会谋利，因为中国共产党是人民利益的代表，这是我们必须坚持的理论基础。因此，中国公共关系始终围绕党和国家大局服务，始终坚持以马克思主义、毛泽东思想、邓小平理论、"三个代表"重要思想、科学发展观、习近平新时代中国特色社会主义思想为指导，这是中国公共关系始终不渝的发展方向，为社会发展奠定统一的共同的思想基础。

（二）紧紧围绕党和国家发展大局。中国公共关系协会的每一项工作都围绕国家重大战略展开，比如，十八大以后党的建设、全面从严治党成为国家建设的重要工程。习总书记提出，党的建设是"四个伟大"中起决定性作用的新的伟大工程，围绕这个精神，中国公共关系协会联合人民出版社开发了党员教育学习平台"中国共产党思想理论资源数据库延安中心"，打造"中国共产党党员学习小书包"，实时推送和记录党员学习情况，并在天津、陕西等地积极推广，这对调动党员学习积极性，推动所有党员学习中央精神及规定文件具有重要引领作用。中组部通过调查，认为这是党建学习发展的重要创举。第二，围绕习近平总书记部署的三大攻坚战（扶贫攻坚、小康攻坚、生态攻坚），中国公共关系协会积极落实。围绕生态攻坚，协会举办生态文明论坛以推动生态文明建设；还与甘泉县县委县政府合作开展精准扶贫攻坚项目，通过开展光伏发电项目，帮助当地 800 户群众直接脱贫，体现了中国公共关系协会始终围绕党和政府核心大局开展工作。第三，围绕国家"一带一路"倡议，联合"一带一路"沿途国家大使馆、国内外电视台及文化机构等开展丰富多彩的传播活动，实现"一带一路"跨文化的文明对话，为"一带一路"建设发展创造良好的氛围和条件。"一带一路"建设面临机遇和挑战，沿途国家的宗教、文化、语言、民族、历史、政治制度千差万别，需要加强文化交流化解矛盾。

（三）紧紧围绕人民群众开展工作。作为社会公益事业，中国公共关系发展需要依赖广大人民群众，特别是中国公共关系协会会员以及致力于公共关系事业的广大人士，包括各行各业的专家学者等，汇聚社会各界人才，凝心聚力发展中国公共关系事业。地方的公共关系协会也做了大量工作，对促进地方经济社会的全面发展作出重要贡献。

（四）要加强协会组织建设。协会统一研究政策方针、统一谋划工作，团结社会各界一起开展工作。同时注重理论学习，向人民群众学习，向国外优秀经验学习，向其他优秀协会学习，学习借鉴他们运用公共关系处理危机、调节矛盾的成功手段和解决方式，尤其要重视新组织形式的培养和抉择。走进新时代，要继续发扬中国公共关系协会三十年来的发展经验和奋斗精神。

三、紧跟时代、创新发展

党的十九大开启了中国特色社会主义建设的新征程，我们进入了新时代。习近平总书记"新三步走"战略的提出具有重要意义，第一步是到2020年建党一百周年时全面建成小康社会，需要破解发展进程中的种种矛盾和问题；第二步是到2049年建国一百周年时实现社会主义现代化；第三步是在前两个一百年奋斗目标的基础上，实现中华民族伟大复兴的"中国梦"。这为中国公共关系发展指引了方向。中国公共关系协会发展要紧紧跟随新时代新要求，配合新时代开展公共关系工作。

新时代对公共关系提出了新的要求和新的任务，需要我们认真学习领会、贯彻落实十九大精神。一切工作都要围绕解决社会主要矛盾开展，要将公共关系工作和新时代要求结合起来，协调推动人民建设美好生活，解决不充分不平衡发展的矛盾。

今后国家将由高速度转向高质量的发展，各项工作都需要围绕"高质量"要求展开。表现在文化上，就是强调要建设社会主义文化强国。习总书记指出："没有高度的文化自信，没有文化的繁荣兴盛，就没有中华民族伟大复兴。"在文化建设中，需要文化的创造性转化和创新性发展，让一切文化要素都活起来。中国公共关系协会要紧跟新时代，创新发展，用新思路谋划新时代中国特色社会主义公共关系的新发展。

四、凝心聚力、办好协会

中国公共关系协会发展三十年，目前正处于重要节点，新时代给我们协会发展带来了新的机遇。协会正在开展换届工作，通过换届积极团结新的人才，通过产学研结合完善公共关系队伍。新时代要展现新作为、新成绩。加强协会组织体系建设，更加紧密地团结全国公共关系协会的力量；要加强公共关系理论建设，通过"公共关系蓝皮书"等平台，积累国内优秀的理论研究成果，联合学校、研究机构、专家教授等力量，整合公共关系的资源；积极开展具有社会影响力的公关活动，通过积

序言

极作为，实现公共关系的新发展；探索公共关系的新领域和新任务，加强与国际国内社会各界的联系，聚焦社会发展的薄弱环节，关注公共关系发展的新领域；要持续丰富中国公共关系的理论和实践，切实推进新时代中国特色社会主义公共关系事业的高质量发展。当前，协会在文化传播、培养新闻发言人、传承优秀文化等方面取得一些成绩，还可以继续挖掘和创新发展，使新时代中国特色社会主义公共关系特点更加鲜明、更加突出。

借此机会，对三十年来为中国公共关系事业作出贡献的老一代新闻工作者、对今天大力支持公共关系事业的各界朋友们表示崇高的敬意和衷心的感谢！希望大家共同努力，再上新征程。

（本文根据作者于 2017 年 12 月 29 日在"中国公共关系协会成立三十周年纪念会"上的发言整理）

新时代 新公关

三十而立 大道有形

—— 开创新时代中国特色社会主义公共关系事业新局面

王大平 *

习近平总书记在中国共产党第十九次全国代表大会所作报告中提出，中国特色社会主义进入新时代，在中华人民共和国发展史上、中华民族发展史上具有重大意义，在世界社会主义发展史上、人类社会发展史上也具有重大意义。创建有中国特色的社会主义公共关系，是建设有中国特色社会主义的有机组成部分。随着中国特色社会主义进入新时代，中国特色的社会主义公共关系也跨入新时代发展阶段，为中国特色社会主义公共关系事业的发展带来崭新活力和强大生命力！

"风雨兼程三十年，初心不改中国梦。"1987 年 6 月，中国公共关系协会在北京成立，标志着公共关系有了国家级的行业组织，中国公共关系事业步入了蓬勃新生的快速发展阶段。经过三十年的迅速发展，公共关系与时俱进，并随着社会关系的多元化和国际化，在社会经济生活中的作用越来越重要。

实现伟大梦想，必须推进伟大事业。正如习近平总书记所说，"全党要更加自觉地增强道路自信、理论自信、制度自信、文化自信……保持政治定力，坚持实干兴邦，始终坚持和发展中国特色社会主义。"中国公共关系协会作为公共关系领域首个全国性社会团体，坚持以新时代中国特色社会主义理论体系为指导，始终不忘初心，坚定信念，围绕"四个自信"，凝心聚力、与时俱进，为实现社会主义全面现代化和中华民族伟大复兴"中国梦"做出不懈努力。

一、形以塑道　助力提升"道路自信"

"方向决定道路，道路决定命运。"道路问题是最根本的问题，"中国特色社会主义道路是实现社会主义现代化、创造人民美好生活的必由之路。"新时代中国

---

* 王大平：中国公共关系协会常务副会长兼秘书长。

特色社会主义的系统科学理论和突出实践成果为我们坚持"道路自信"提供了根本的内在依据。中国公共关系协会自成立以来，始终旗帜鲜明地坚持中国特色社会主义道路和方向，遵守国家宪法、法律、法规和国家政策，遵守社会道德风尚，立足服务国家大局，围绕国家主旋律积极开展丰富多彩的公共关系交流活动，汇聚国内外多方面力量传播国家形象，展现中国特色社会主义道路的独特魅力。

中国公共关系协会围绕"一带一路"倡议、京津冀协同发展、长江经济带等国家战略重点，将传播和塑造国家形象作为重点工作，积极策划主题公关活动，并创新传播模式，推进建设"美丽中国"。创建中国共产党思想理论资源数据库"延安中心""天津中心""华州中心"等，全面推动党的思想理论学习的深入，为坚持中国特色社会主义道路和全面建成小康社会统一思想、凝心聚力；通过举办"大道有形——俯瞰'一带一路'"国家创意文化公关活动、"一带一路"年度汉字发布仪式、"影像的力量"中国（大同）国际摄影文化展、"丝路之窗"大型文化公关主题活动等国际化、高品质活动，运用公共关系的力量，讲好中国故事，传播好中国声音。

二、德以辅道　助力提升"制度自信"

习近平总书记指出，完善和发展中国特色社会主义制度、推进国家治理体系和治理能力现代化，是坚持和发展中国特色社会主义的必然要求。中国公共关系协会始终坚持中国特色社会主义制度的科学指导，充分发挥公共关系协调沟通的独特作用，倡导平等对话、双向沟通，注重加强沟通与对话，在对话中形成信任基础上的共识，化解矛盾，调节利益纷争，促进社会和谐。

十九大报告指出，当前新时代社会的主要矛盾已转化为人民日益增长的美好生活需要和不平衡不充分的发展之间的矛盾。新时代中国特色社会主义公共关系，重视社会责任，强调公共利益，致力于通过加强与社会公众的沟通对话，以调和社会矛盾。为了贯彻落实习近平总书记关于精准扶贫的重要指示精神，中国公共关系协会与延安市甘泉县县委县政府开展"精准扶贫"项目活动；联合中国传媒大学建立"全国领导干部媒介素养培训基地"，积极完善"新闻发言人"制度建设，创新运用公共关系加强舆情研究，为确保新时代信息的舆论健康发展做出重要探索。通过包容和整合不同的意见和观点，促进彼此的相互信任和理解，增强制度自信，展现新时代中国特色社会主义公共关系的社会性和公信力。

三、和以承道　助力提升"理论自信"

中国特色社会主义理论体系是指导党和人民沿着中国特色社会主义道路实现中华民族伟大复兴的正确理论，是立于时代前沿、与时俱进的科学理论。新时代中国特色社会主义公共关系在中国特色社会主义理论的正确指导下，通过加强国际交流，借助国外理论经验，不断从更高的角度把握公共关系的概念和本质，还坚持在中国社会变革的公关实践中挖掘资源，创新建构系统性的中国特色公共关系理论体系。

"融合共赢，大道风范。"2014 年，中国公共关系协会通过联合生态文明贵阳国际论坛举办"公共关系行业的使命与责任"分论坛，倡导生态文明理念，推进公共关系理论建设与时俱进；每年组织召开全国公关组织联席会议、中国公共关系发展大会、中国公共关系协会理事会议等，联合国内外公关界、教育界、企业界及政府部门、知名专家学者等，探讨新时代公共关系理论的发展和创新；2016 年，协会联合国内外知名院校、政府公共关系传播领域的顶级专家和学者，共同编写了国内首部公共关系蓝皮书——《中国公共关系发展报告（2016）》，被誉为"公共关系研究的奠基石"，2017 年又相继出版了《中国公共关系发展报告（2017）》，推动了中国特色社会主义公共关系理论体系的丰富和完善。

四、文以载道　助力提升"文化自信"

中国特色社会主义文化积淀着中华民族最深层的精神追求，代表着中华民族独特的精神标识，是中国人民胜利前行的强大精神力量。十九大报告中指出，"没有高度的文化自信，没有文化的繁荣兴盛，就没有中华民族伟大复兴。"

中国公共关系协会始终坚持"文化先行，公关先导"的指导理念，汲取"仁义礼智信"的精华，积极传承和弘扬优秀传统文化，增强国内与国际传播，与时俱进赋予体现新时代精神的新内容，创新培育和践行社会主义核心价值观。2014 年，在庆祝中法建交五十周年之际，中国公共关系协会联合法国蒙塔尔纪市政府共同举办中国"教书先生"青铜雕塑作品走进蒙塔尔纪活动，进一步加强中法文化交流与合作，为增强中华文化自信、提升国家形象和国家软实力做出了积极努力；2017年3月底，中国公共关系协会联合中国青年报社打造"字说中国 节传文脉"中国优秀传统文化传播大型文化创意活动，创造性地实现了中华优秀传统文化的创新性转化和发展；2017年5月，为了庆祝"一带一路"国际合作高峰论坛的召开，中国公共关系协会和中国国际文化交流中心联合主办"一带一路·多彩风情文化艺术展"，以中国传统的国画与书法艺术形式展示"一带一路"沿线国家风土民情，增强相互交流与合作；由中国公共关系协会总策划的纪录片《面面大观——丝绸之路上的面食》，于2017年5月6日至7月1日通过探索亚太电视网东南亚主频道、澳新频道、南亚频道面向38个国家和地区的1.16亿家庭播出，9月4日起连续6天在中央电视台纪录频道播出，向世界展示了"一带一路"给丝路沿线地区带来的深刻变化；2017年9月，中国公共关系协会联合巴基斯坦驻华大使馆、俄罗斯塔斯社和荷兰国家艺术机构合作开展"一带一路"主宾国摄影文化展，传播中国文化魅力，更好地促进"一带一路"沿途国家的交流合作和文明互鉴。

五、大道有形 上德若谷

中国公共关系协会将以成立30周年为契机，栉风沐雨，砥砺前行，贯彻落实党的十九大精神，以习近平新时代中国特色社会主义思想为指导，不忘初心，开拓进取，牢记使命，奋勇向前。新时代展现新形象，新征程开创新作为，努力把新时代中国特色社会主义公共关系事业推向前进，努力为实现中华民族伟大复兴的"中国梦"作出新贡献！

新时代背景下中国市场的新格局

余明阳 *

习近平总书记在十九大报告中提出新时代中国特色社会主义思想，其中有几个概念与公共关系非常密切。第一就是从站起来、富起来到强起来，第二是经济由高速增长进入高质量增长，第三是产业方式与生产结构发生深刻变化，第四是在新时代背景下市场呈现新格局，这对公共关系具有重大影响。意味着，中国的公共关系迎来了新的发展高潮，与以往相比呈现出不同的特点。

当前，公共关系市场极度细分。比如，中国公共关系协会常务副会长王大平近年所做的"红色公关"就非常有意义，很多地方上在做的公关活动像蓝色公关（海洋公关）、黄色公关（宣传中华民族优秀传统文化）也很有特色，每个地方都在做一些独具特色的公关活动，这就是大公关。以往把公关理解得过于狭隘，局限于一个圈子里自娱自乐，这不符合公关的本质要求。今天谈到的公共关系的十大新特点，对理解新时代的公共关系具有一定启发意义。

一、单品极致——"产品为王"时代真正来临

互联网时代信息高度扁平，中国需要信息支撑，未来需要共享精神、靠产品的品质立足，仅仅依靠价廉物美、廉价劳动力的时代已经一去不复返了。比如公牛电器作为全球最大的插座生产企业，创造了市场占有率全球第一的"公牛神话"，成立22年来只卖插座，2016年销售额67.5亿元，正是基于其考虑客户需求，精益求精；据调查，阿迪达斯2017年有望成为行业内的第一品牌，因为德国的工匠精神为阿迪达斯带来很多爆款设计。因此，产品为王时代需要用工匠精神打造产品，这是未来市场的第一个显著特点。

---

* 余明阳：中国公共关系协会常务副会长、学术委员会主任委员，上海交通大学安泰经济与管理学院党委书记，教授、博士生导师。

二、超细分市场——关注小众群体

比细分更细的叫超细分，比如牙膏分男女老少销售，宠物专用品牌根据动物品种提供食物。"大众情人式"的产品越来越少，拥有忠诚粉丝的"小众产品"更有生命力。"小众经济"能催生巨大"长尾效益"，关注小众人群需求，使产品在相对狭小的人群中，取得绝对的忠诚，关注小众群体是当前发展的大势所趋。

三、体验经济——提供极致消费感受

体验经济将是引领经济发展的重要手段，这也是实体店不会被网店完全取代的原因。比如强调体验消费的足浴在互联网时代依然很难被取代，长嘴壶沏茶带来的感官体验是线上平台无法实现的。消费者可能不再愿意为柴米油盐酱醋茶的茶付钱，却会为了琴棋书画诗酒茶的茶买单，体验解决的不是痛点，是甜点、痒点、尖叫点和兴奋点，以体验带消费的新时代正来临。体验经济提供极致消费感受，一是现场体验，通过旅游住宿、文化体育、美容健身、休闲餐饮等服务业不断升级体验，构成在线消费无法取代的竞争力。二是虚拟体验，通过VR/AR技术等，消费者体验深度和广度不断加强。三是混合体验，通过跨界合作、增值服务等，塑造多维体验场景。

四、个性定制——让消费者参与消费定制

过去只有服装定制，现在定制产品的范围扩展到各行各业。比如，教育定制以强大的教学资源为支撑，根据学生自主选定的辅导时间、地点、师资、课程等因素，来定制独一无二的辅导方案。又如旅游定制，根据旅游者需求，旅游者主导行程设计，从路线、方式和服务着手为旅游者量身打造具有浓郁个人专属风格的旅行，提供个性化、专属化、"一对一"式的高品质服务。以往定制批量大、批次少，现在个性定制批量少、批次多；以往企业定制产品，现在消费者定义产品；以往简单定制，现在是私人顾问式深度定制。

五、共享经济——让资源优化配置

当前共享经济体现在生活各个领域，比如交通出行方面有专车拼车、共享单车、租车代驾等；在不动产租赁方面有短租、长租、停车位租赁等；在知识技能方面有远程教育、知识分享等；在生活服务方面有物流众包、家政服务、美食分享等；在医疗服务方面包括在线医疗、医生上门等；共享金融包括 P2P 借贷和网络众筹等；二手交易包括各种二手商品。据国家信息中心统计，2016 年中国共享经济市场交易额 3.45 万亿元，同比增长 103%，参与分享人数 6 亿，提供服务人数 6000 万，未来中国将全面进入"共享时代"。共享经济指以获得一定报酬为主要目的，基于陌生人且存在物品使用权暂时转移的一种新的经济模式。共享经济的理念是拥有而不是占有，将所有权和使用权分离，将闲置资源共享给他人，提高经济效率。共享经济具有四大特点：资源过剩是根基，共享平台是介质，按需分配是手法，获得回报是结果。

六、业态生态化——建立合理的产业链体系

经济全球化、技术泛在化、资源共享化、文化创新化、社会协同化，标示着一个广泛融合的社会大商业形态的发展。孤军奋战的速度和能见度已经完全达不到现代商业的要求，融合的生态是构筑壁垒和获取优势的必然之选。要么像阿里、腾讯、永辉等自建生态，要么像良品铺子、盒马生鲜融入生态。比如永辉面向中产消费者，汇聚全球供应链优质货源，打造未来超市和主题工坊，通过现场烹饪、购物品牌工坊等形式进行发展。良品铺子主要通过与天猫合作打通线下全部 2100 家门店，库存共享，完成了会员支付、财务和系统的对接。

七、互联网金融——关注 90 后主流消费人群

中国互联网消费金融的交易规模从 2013 年的 60 亿元激增至 2016 年的 4367.1 亿元，年均复合增长率高达 317.5%，以京东白条、蚂蚁花呗等为代表的平台渗透于越来越多的消费场景，为金融体系提供多元的服务系统，也使得国民长期被压抑的消费金融需求出现井喷式的释放。当前 90 后消费具有显著特点：关注现有生活质量

的满足，追求个性、即时享乐，信用消费、超前消费意识强烈。据支付宝花呗发布的《2017年轻人消费生活报告》统计，中国近1.7亿90后中，开通花呗的人数超过4500万，超过四成90后将花呗设为首选支付方式。因此，"得90后者得天下"，互联网金融更多地关注90后主流消费人群。

八、科技革命——颠覆原有生活方式

当前，以大数据、智慧城市、云计算、移动互联为代表的"大智移云"引爆新一轮科技革命。互联网通过信息交互手段的变革，改变原有行业结构与业态，颠覆重组诸多传统产业。比如，苹果iTunes音乐商店颠覆传统唱片业，阿里巴巴移动支付颠覆零售银行，微信颠覆人与人之间的沟通方式，百度颠覆传统媒体广告业。人工智能已经深入到各行各业，无论是搜索、电商、社交、资讯还是生活服务等业务都与人工智能紧密相连，未来将是人类与机器共存的时代，机器人在制造业及服务业中的应用将更加普遍，人工智能将在国家安全、企业发展及社会稳定方面发挥更为重要的作用。

九、大数据云计算——模糊世界清晰化

大数据发挥重要作用，推动企业发展，实现整个企业的品牌和市场目标。大数据表现在：谷歌开放聊天机器人数据平台，国家人工智能开放创新平台；云计算表现为：腾讯云为蘑菇街提供服务中心，阿里云为铁路系统运营网站12306提供云服务；数据分发表现为：360手机助手智能分发、腾讯写作机器人。数据无处不在，无论是用户生态数字化运营平台群脉，还是共享单车和充电宝等，最有价值的都是数据。当前大数据广泛运用于医院医疗监控、交通流量监控、春运客流监控等方面，因此，在大数据时代，缺少数据资源，无以谈产业；缺少数据思维，无以言未来。

十、中国时代——建立人类命运共同体

20年前的中国，按国际游戏规则办事；如今的中国，共享共治为全球增长开出"中国药方"。全球关注中国的发展，中国也将扮演助推全球经济发展的重要角色。

一是中国的出口模式发生了深刻变化，中国高铁、中国航天、中国核电、中国深潜、中国安防、中国大飞机都得到飞速发展，在国际上具有重要影响力。细分领域中的"隐形冠军产品"越来越多，中国制造形象发生质的变化，由过去的"价格便宜质量差"转变为如今的"价格适当质量好"。二是中国的文化输出越来越普遍，中国的国际地位不断提升，文化影响力越来越强，带来生活方式的改变与价值观的全球传播普及。这些深刻变化导致我们公关站位和角度的提升，公关手段日益丰富和先进化。

2018 年是中国改革开放 40 周年。40 年来，中国各方面都取得了全球发展史上绝无仅有的发展，市场格局发生了根本性的变化。中国企业需要对市场有清醒的认识，只有顺应市场变化的企业才有生命力，只有深度关注消费者需求的企业才有市场价值，只有拥抱迎接高新技术发展的企业才能与时俱进。因此，中国的企业家们需要时刻对市场保持清晰的判断，主动变革、主动创新，从而推动企业的可持续发展，并在未来的市场中找到立足之地。这个市场就是我们公共关系的土壤，最后我们用马云的一句话来总结：鸡叫了，天亮了，并不是因为鸡叫天才亮；鸡不叫天照样亮，关键是谁醒了。

（本文根据作者于 2017 年 12 月 29 日在"2017 中国公共关系发展大会"上的发言整理）

公共关系在政府工作中的应用：政府传播 4.0

董关鹏 郭晓科 *

　　中国公共关系协会于 2016 年推出我国首部公共关系蓝皮书，主题为"政府公共关系"，引起各级党委政府和社会各界广泛关注。十二届全国人大常委会委员、教育科学文化卫生委员会主任委员、中国公共关系协会会长柳斌杰同志在序言中指出：要引入公共关系管理，支持政府通过各种公关行为与公众建立良好的关系，与公众分享信息和权力，完善积极吸纳公众意见和公众参与的机制，实现公共管理的创新。通过整合各项建议和意见，调整组织行为和决策，消除紧张关系，通过尊重公民主体性地位，改善政府形象，建立良性的政民关系，防范危机和冲突的发生，促进社会和谐。[1]

　　公共关系（Public Relations）的理论和方法是"舶来品"，在我国最早主要应用于企业商业领域，随着形势的变化，尤其是伴随着媒体格局、舆论生态、受众对象、传播技术等方面的深刻变化，公共关系的理念逐渐为国家和各级政府所重视。

　　公共关系的核心功能是协调关系、沟通信息、塑造形象、合作共赢。政府公共关系是指政府与公众之间的传播管理和关系管理，政府的公共关系，其本质是政府与人民群众的关系，媒体是政府公共关系的桥梁、纽带和总平台，媒体已成为政府公共关系的关键变量。

　　政府传播是指党政机构通过各类媒体与公众沟通的过程，是以执政党和政府为主体而开展的新闻舆论工作。习近平总书记强调，新闻舆论工作是"党的一项重要工作"，是"治国理政、定国安邦的大事"，这是对新闻舆论工作性质作用的新定位，把政府传播作为党和政府的执政能力建设的重要组成部分。

---

* 董关鹏：中国传媒大学教授、博士生导师，媒介与公共事务研究院学术委员会主任，中国公共关系协会常务理事、副会长。
　郭晓科：中国传媒大学副教授、硕导，媒介与公共事务研究院副院长。
[1] 柳斌杰主编：《中国公共关系发展报告（2016）》，社会科学文献出版社 2016 年版，第 9 页。

新时代 新公关

一、什么是政府传播4.0

政府传播1.0是为知名度而战，主导的传播模式是"命令模式"，在"非典"前我们的政府传播就处于1.0的时代，那个时代的特点是：只做不说，不鼓励说，最好不说，被逼才说。但是"非典"从一场公共卫生危机演变为政府治理危机，卫生部门最高的行政领导引咎辞职，所以"非典"之后我们的思想观念发生了变化，进入2.0的时代。

政府传播2.0是为美誉度而战，主导的传播模式是"被动模式"，政府部门和官员开始认识到既需要知名度也需要美誉度，美誉度可以在突发事件发生的时候产生一定保护，往往是多做少说、先做后说、好的才说、坏的不说。但随着互联网迅速普及，基于移动互联网的社交媒体带来舆论格局、传播链条的深刻变化，这种被动模式的弊端日益凸显。

政府传播3.0是为忠诚度而战，主导的传播模式是淹没模式，经历了奥运会、世博会之后，中国有了与一些国际媒体打交道的经历，我们就进入了3.0时代——边做边说，大家都说，不太会说，开始学说。

政府传播4.0是为维护党和政府与人民的血脉关系而战。党的十八大以来，习近平总书记对加强和改进党的新闻舆论工作提出一系列富有创见的新观点新论断新要求，形成了体系完整、科学系统的新闻思想，是政府传播4.0的根本理论遵循。习近平总书记在学习贯彻党的十九大精神研讨班开班式上提出"时代是出卷人，我们是答卷人，人民是阅卷人"的精辟论述，人民决定工作方向，人民评判工作成绩，人民决定政党前途，人民是党和政府工作的最高裁决者和最终评判者，政府传播工作要在服务人民的过程中不断完善自己。

二、政府传播4.0的新规律

当前，全媒体在改变一切，媒体"产能过剩"与党委政府信息供给不足形成重要阶段性矛盾，全媒体成为海量信息源、思想集散地、局部放大器和情绪大卖场。各级党委政府公共关系面临的全新挑战是：对手平台分散化，人员动机复杂化，网络回应集中化，国内问题国际化，民生问题政治化，网上议题实体化等。政府传播需要尊重新闻传播规律，特别是新的媒体环境下的四个新规律。

（一）24 小时舆论非理性规律

别名"态度优先"论，舆情刚刚爆发的 24 小时内，网言网语的典型特征是情绪化与非理性，但当时非理性并非长期不理性，要用诚恳的态度赢得处置时间和理性空间。作为当事方，在突发事件第一时间的发声要"态度优先"，先要态度及格，才有后续对话；没有态度及格，理性会全军覆没。

（二）碎片 + 滚动的引导规律

别名新"挤牙膏"论，故意隐瞒事实、"犹抱琵琶半遮面"的"挤牙膏"式的发布固然不可取，然而不要等到有终极结论才启动引导，而是应当坚持"少量多次高频率，小步快跑不失语"，因应碎片化的舆论生态，滚动发布最新信息，这是让公众陪同等待结论的权宜之计。

（三）移动互联平台优先规律

别名"双微科普"论、"压力提前释放"论，人民群众在哪里，我们的发布就在哪里，当前微博、微信等社交媒体是最活跃的舆论场，因此要用好官方微博、微信等社交媒体平台，两微急先锋，一网做总汇，重点突破靠专访，大会发布谨慎来。

（四）移动互联专属创新话语与修辞规律

移动互联网带来的是信息传播碎片化、话语体系网络化、表达修辞个人化，因此要创新话语体系与修辞表达方式，着力打造新概念、新范畴、新表述，多用通俗易懂、具体生动、公众喜闻乐见的方式讲故事，使人爱听爱看、产生共鸣。不仅在网上要创新，网下与记者面对面沟通也需要创新表达。例如，在接受采访时的"三六九"原则，就是要求"一次讲三句话，符合小学六年级的阅读水平，不超过九十秒钟"；还要学会精心提炼标题句，做好注意力曲线管理等。

三、政府传播 4.0 的新平台

习近平总书记指出：现在媒体格局、舆论生态、受众对象、传播技术都在发生深刻变化，特别是互联网正在媒体领域催发一场前所未有的变革。读者在哪里，受众在哪里，宣传报道的触角就要伸向哪里，宣传思想工作的着力点和落脚点就要放在哪里。[1]

---

[1] 习近平总书记于 2015 年 12 月 25 日在视察解放军报社时的讲话。新华网，2015 年 12 月 25 日，http://www.xinhuanet.com/politics/2015-12/26/c_1117588434.htm。

要面向传统媒体和网络媒体两个阵地建设主动发布平台，要做到：能说话、会说话、说真话，按照流程与规范不停地说话。

面向传统媒体的主动发布平台建设的核心是新闻发言人制度建设，将新闻发言人工作制度化、常态化、专业化。媒体关系和新闻发布，是党政部门都已在开展的工作。无论媒体环境如何变化，万变不离其宗的是传播规律。因此，了解新闻传播规律，完善发言人制度建设和新闻发布工作流程，懂媒体、善待媒体是做好媒体关系、新闻发布工作和政府传播工作的首要因素。应持续推进新闻发言人制度建设，重视发言人培训工作和实战演练，将培训工作常规化，制度化；要变被动型发布为主动型议题管理，重视正面主动传播，让正面传播和典型人物入媒体的眼，入公众的心。

面向网络媒体的主动发布平台依赖于社会化媒体传播。当前，微博、微信等基于移动互联网的社交媒体已经成为舆论主阵地和开展政府传播工作的重中之重。各党政部门和领导干部要学会开微博、用微博，按照习近平总书记要求的，"各级党政机关和领导干部要学会通过网络走群众路线，经常上网看看、潜潜水、聊聊天、发发声，了解群众所思所愿，收集好想法好建议，积极回应网民关切、解疑释惑。善于运用网络了解民意、开展工作，是新形势下领导干部做好工作的基本功。"[1]

四、政府传播 4.0 的新战略

习近平总书记深刻指出："今天，宣传思想工作的社会条件已大不一样了，我们有些做法过去有效，现在未必有效；有些过去不合时宜，现在却势在必行；有些过去不可逾越，现在则需要突破。'不日新者必日退。''明者因时而变，知者随事而制。'做好宣传思想工作，比以往任何时候都更加需要创新。"[2]

长期以来，政府传播的瓶颈与薄弱环节包括：基层政府官员普遍媒介素养偏低、应变能力弱、实战经验少；基本素养尚可，但缺乏实战锻炼、媒体意识薄弱；应急预案过于概括、操作性欠佳、无及时更新；遇到突发事件中的舆论引导问题，基层单位寄希望于上级领导，寄希望于宣传部，寄希望于旧手段；出台政策、上马项目的前期舆论风险评估不足；出台政策、上马项目的前期舆论引导不到位；长期积累的社会矛盾排查不足、相关舆情了解不够、提前技术性引爆与化解不到位；快速反

---

[1] 习近平总书记于 2016 年 4 月 19 日在网信工作座谈会上的讲话。新华网 2016 年 4 月 25 日，http://www.xinhuanet.com/politics/2016-04/25/c_1118731175.htm。
[2] 习近平总书记 2013 年 8 月 19 日在全国宣传思想工作会议上的讲话。人民网，http://politics.people.com.cn。

应不快、现场取证不足、规范操作缺失；程序不清、责权不明、没有口径、事实错乱等。

在面对突发事件时，我们必须达成这样的共识：不能"不做不说，瞒天过海""只做不说，行胜于言""先做后说，后发制人"，而是应该"边做边说，主动＋创新"。

不能让我们的"缺位"为造谣者的"越位"提供舞台，不能让权威信息的"失声"为小道消息的"发声"提供空间，最大风险就是"知识沟""事实沟"，我们必须努力尽快促成知识变成常识，事实变成共识。

五、政府传播 4.0 的新标配

习近平总书记强调，领导干部要解决好"本领恐慌"问题，真正成为运用现代传媒新手段新方法的行家里手。[①] 面对新形势新挑战，政府传播要以标配实现兵来将挡，用高配做到未雨绸缪，以绝配实现出奇制胜。

（一）标配：兵来将挡

政府传播的标配是有效开展政府传播工作的基础。一是要建章立制，不断完善流程与机制；二是有专设团队，要全面统筹，专业运作；三是有专业人员，要经验丰富，还要注重全面培养；四是要配齐平台，即一网（官方网站）两微（官方微博、官方微信）客户端；五是要全员共识，政府传播既是"一把手工程"，也是"人人工程"，各级政府部门主要负责人要当好"第一新闻发言人"，同时也要提高全员媒介素养；六是垂直联动，这是出现各类突发事件后快速反应的前提；七是防患于未然，建立预案—培训—演练—长效机制。

新闻发言人要进入"三圈"，即知情圈、决策圈、执行圈；政府部门要"三有"，即有制度、有流程、有授权；还要建好"三库"，即口径库、案例库、工具库。

（二）高配：未雨绸缪

一是防患于未然，日常做好科普传播，不断健全预案体系，公共政策发布前做好舆论风险评估、舆论预热、舆论铺垫；二是平台升级，积极运用微视频、微直播、头条号、知乎、分答等多种信息分发平台，开展对象化分众化传播；三是不断提升议程设置能力，抢占舆论先机。

---

① 习近平总书记 2013 年 8 月 19 日在全国宣传思想工作会议上的讲话。人民网，http://politics.people.com.cn。

（三）绝配：出奇制胜

一是内容为核心，口径的准备料要足，量要大。口径是舆论引导的子弹，是以事实为依据的、提前准备的、言简意赅的、精心措辞的、反复推敲的、通俗易懂的、上级授权的正确之表述。根据多年经验，我们总结了口径的"4步工作法"，这是口径准备的必备之流程，缺一不可，即：相关部门起草，务求准确；法务专家修改，务求合法；传播专家润色，务求易懂；上级领导放行，务求授权。

二是说话有技术，有话还需好好说、认真说。建议撰稿六步骤：头脑风暴列要点，根据逻辑做排序，依据容量做取舍，包装润色精心打磨，个性化调整与模拟演练，最后才能精彩呈现。

三是渠道要丰富，群众在哪里，我们就去哪里。

四是处置有程序，遇有突发事件或社会关切，我们必须在全面、客观和理性分析之后，按照媒体与舆论规律进行回应与引导。

五是练兵要提前，不要把人生的第一次采访，留到突发事件的紧要关头。

六、结语

在政府的实际工作中，各种矛盾不断涌现，各项工作千头万绪，没有良好舆论环境，就会人心涣散，任何事情都会举步维艰，任何工作都难以开展。政府传播工作的任务就是要维护良性的舆论环境，通过宣传引导、促进共识，造势助力，铺路架桥，推动各项工作顺利发展。

我们必须清醒地认识到，新闻舆论的影响日益凸显，亟须汲取公共关系的理论和方法，适应舆论环境、媒体格局、传播方式的新变化，提高政府传播能力水平，全面增强执政本领。

增强执政本领，要求执政党和政府科学执政、民主执政，充分沟通、社会共治，公共政策的设计、谋划、决策、执行等过程中，都需要充分发挥新闻舆论宣讲政策、发现问题、反映民意、引导情绪、化解矛盾、推动工作等作用，充分听取公众意见，集中反映群众智慧，使各项公共政策建立在民意基础上，使各项公共政策赢得群众的理解支持，使各项公共政策都在群众监督之下，通过政府传播促进科学执政、民主执政、依法执政水平的提高。

如何增强政府公关职能

杨宇军 *

2016 年 12 月 17 日，我参加了中国公共关系协会举办的《中国公共关系发展报告（2016）》发布仪式，我记得那天是个非常严重的雾霾天。北京在经过连续多日晴朗之后，不想今天又是雾霾，当然比去年的空气质量要好得多。这也许契合了我们政府的公关工作，虽然付出很多努力，取得一些成绩，但依然任重而道远。

一、公关故事三则

1. 说话的故事

公关活动最基本的一条要求是会说话。有一次外事活动后召开中外联合记者会，双方领导回答记者提问。记者会结束后，中方随行人员上前向其领导竖大拇指表达敬意。而外方的发言人悄悄走到他的领导身边说，刚才讲的某个问题，如果再增加一句什么话，效果就更好了。外方领导点点头说："好，我知道了。"

这说明什么呢，中国有句古话："闻道有先后、术业有专攻。"公共关系、媒体沟通，是一门专业，一门艺术，也是一门技巧，并不是说做领导的就一定比别人做得更好。

有一次某单位一位领导去国外参加一个非常重要的多边会议，这个会议既是外交斗争的舞台，也是舆论交锋的战场。在会议准备期间工作人员给领导做汇报，在谈到回答外国专家学者、媒体精英提问的注意事项时，这位领导大手一挥，说不要跟他讲这些，这都是纯粹具体的技术层面的东西。作为领导，不需要跟他们讲技巧，而是要跟他们讲战略、讲政策、讲道理。结果这位领导在众多国内外专家和媒体面前讲了战略、讲了政策、讲了道理，可同时也讲了一些不应该跟媒体讲、或者不适合采取这种方式跟媒体讲的话，引发了外媒的负面炒作。

其实我们也有很多领导同志非常重视这项工作，也非常善于倾听下属的意见建议。一次，军队的一位领导同志接待美国军方领导人访华，正式会谈后要召开联合

---

* 杨宇军：中国传媒大学媒介与公共事务研究院院长、高级研究员，国防部新闻局原局长、国防部原新闻发言人。

记者会。这位领导是第一次召开中外联合记者会，而且还是和美国人同台演出，所以非常重视。记者会召开前两天，领导秘书给我打电话，让我去给他汇报情况，重点是记者提问有哪些特点以及回答提问的方法策略技巧等等。我说，我这个上校级别太低，给上将汇报不合适啊。领导秘书说，没关系，不需要什么级别，熟悉相关工作，有实战经验的同志给我们讲讲就够了。于是我请国防部新闻事务局时任局长耿雁生同志带着我一起去给领导汇报。我们把平时在工作中学习到的应对媒体的方法技巧、一些具体的战例都给领导报告了。领导听得很认真，之后还留下我们的书面材料。两天以后的联合记者会上，这位领导把我们给他汇报的这些技巧，几乎全都用上了。那场记者会，效果非常之好。

2. 办事的故事

做公关还要会办事。我还是先举一个外国的例子吧。以色列军队将信息发布、舆论引导等工作作为作战训练筹划的重要组成部分。以军专门成立了一支发言人部队，受总参谋长直接领导，参与重大军事行动的顶层筹划设计。发言人部队在全军的各个战区、各军兵种和旅以上作战部队派出代表，从作战行动的首次计划会开始，他们都要参加本级部队的作战会议并可以从公共关系的角度提出意见建议。每次筹划作战行动，是由负责作战的军事指挥官和负责舆论的发言人共同研究、共同决定。仅仅是军事指挥官认为在作战上能够获胜，但是发言人觉得在舆论上难以获胜，这样的仗是不能打的。有时如果两个人的意见相左，就把相关意见上报给总参谋长，由总参谋长做出决定。为什么以军这么重视公关工作？因为以色列长期处于战备和备战状态，黎巴嫩真主党、哈马斯等武装组织还经常利用媒体向以军发难，指责以军的行动造成平民伤亡、违背人道主义精神，给以军带来战略上的被动和军事上的困难。

与以色列国防军相比，我们当前面临的舆论环境同样复杂。在国际上美国等西方国家以及周边有的国家不断对我们进行舆论上的抹黑诬陷，企图遏制我们发展。随着改革开放的不断深入和媒体生态的快速演变，公众参政议政的意识越来越强，国内的舆论环境也异常复杂。习主席在兰考调研的时候提到"塔西佗陷阱"时说，古罗马历史学家塔西佗提出了一个理论，当公权力失去公信力时，无论发表什么言论、无论做什么事，社会都会给以负面评价。我们当然没有走到"失信于民"那一步，但存在的问题不可谓不严重，必须下大气力加以解决。如果真的到了那一天，就会危及党执政基础和执政地位。这就需要我们的各级政府部门在工作当中一定要把中心工作和公关工作、舆论工作密切结合起来。

但是我们的一些部门在工作中有没有充分地考虑到公关工作、舆论工作的重要性呢？我相信绝大多数部门绝大多数同志工作出发点是好的，目的是积极的，干好了也应该达到很好的效果。但是在开展这些中心工作的时候，没有提前和老百姓沟通，没有针对性地解决百姓们的疑虑，满足百姓关切，结果导致有些中心工作虽然开展了，但是在百姓中落下很多埋怨，有的工作甚至只能半途而废，完全没有达到预期目的。

其实我们相关部门的工作也是完全可以办好的，我举一个简单的例子。最近几天我父母所在的北京海淀区一个小区接到通知，说要对老旧楼房加装外挂电梯。这项工作是怎么干的呢？据我了解，有关部门先选择几个区县的小区楼房做试点，听取公众意见，了解改造中会遇到哪些麻烦问题，完善方案，再逐步推开。在推开的时候，首先是征求相关小区每一个单元、每一户居民的意见，只有一个单元里所有的居民都同意，才能安装电梯。有的个别居民不同意，街道和居委会的同志还登门去做思想工作，希望这些住户能够从大局出发，从长远考虑。结果这项工作受到了小区里大多数居民的交口称赞，不仅是老年人，包括他们的子女亲属朋友，都说这项工作做得好。虽然说有的小区的电梯还没有装上，但是政府的口碑已经树立起来了。

3．处突的故事

公关还要会处置应急突发事件。这些年应急突发事件越来越多，很多单位在迅速处置的同时，也积极开展公关和舆论工作。比如说2015年"东方之星"客轮在长江沉没，造成400多人死亡，国内外1000多名记者赶到现场采访报道。相关部门通力合作，在中央领导下、在国务院新闻办的指导下具体组织开展各项工作，效果很好，成为国内组织抢险救灾舆论工作的一个范例。

而与之形成鲜明对比的是2015年天津港爆炸事故，虽然说主办方也组织了14场新闻发布会，但是由于没有真正从思想上重视起来，没有按照新闻规律办事，最后每开一场发布会就增加一次次生灾害。也许实际救援工作并不差，但是舆论工作是相当失败的。

上述这些例子告诉我们，公共关系工作在党和政府工作当中是多么重要；也告诉我们，我们党和政府的绝大多数领导同志，是有水平、有能力、懂政策的，如果他们重视这项工作，了解工作规律，完全是有可能搞好公关工作的。为什么有些部门单位公关工作做得不好，我想主要是出于以下几种原因：一是思想上不够重视；二是组织上没有机制；三是工作上缺乏意识；四是专业上缺少知识。

二、帮助政府搞公关的重点工作

1．帮助转变观念——明道

今天大会开场播放的专题片强调一个理念——公关即道。我认为转变观念是最重要的。要让大家懂得，舆论工作、公关工作没有做好，会影响党的威信、破坏政府形象、削弱我们工作的执行力，最终受损的是党和国家的利益。中国有句古话，千里之堤，溃于蚁穴。如果我们的舆论工作、公关工作总是跟不上去，那就是在我们共和国的堤坝上挖出一个一个的蚂蚁洞，有朝一日万一洪水来了，谁也阻挡不住。

2．帮助掌握规律——知术

很多公关的技巧技术纯粹是一张窗户纸，只要你明白了一捅就破，并没有什么神秘的。那么公关协会的一项重要任务就是帮助党委和政府捅破这张窗户纸。

3．帮助搞好策划——善谋

假如相关部门找到我们专家智库，不论是公关机制的建设，还是一个具体事务的处理，乃至具体公关方案的拟制，都需要我们出大主意、出好主意，让这些部门能够从中受益，并且逐步养成重视公关、善于公关的好习惯。

4．鼓励多做公关——壮胆

对于政府公关中，有时候出的一些疏漏，大家一定要包容。特别是对于有些一线同志，本身非常想要和百姓沟通接触，但是由于自身经验不足或者是外部条件限制，公关中还有一些瑕疵。对于这样一些情况，我们的公关协会要起到和公众沟通的桥梁作用，争取公众对政府更多的理解、支持和包容。因为有这样一些人敢于在公共领域做新尝试不容易，我们要帮助他们逐步地改进工作。我们不能让王勇平事件再发生了，一位优秀的发言人，因为说错了一两句话，最后黯然离场。这种情况发展下去只会使搞公关的人不敢再公关了，该说话的人不敢再说话了。

三、帮助政府改进公关的具体建议

对政府具体的帮助方式很多：开展专题研讨、提出建议报告、组织对外交流、开展专业培训、参与公关策划等都可以，不一而足。对此我有几点具体建议：

1．睁大眼睛，看不愿看见的问题

做公关是很辛苦的一项工作。过去我当发言人时就有这种职业病。每当看到一个消息，第一个感觉就是这是不是个假消息，有没有信源，可靠不可靠？拿到一个新闻稿或者表态口径，第一个反应是记者能提什么敏感问题？到基层单位检查指导工作首先想到这会引起哪些负面炒作？帮助政府搞公关就要有这样一双发现问题、发现错误的眼睛，某种意义上专家学者们需要付出比政府人员更多的辛劳和努力。

2．撕破脸皮，讲不好意思讲的话

有时候专家学者和政府官员会从两个不同的视角看问题、谈问题，专家讲半天，官员听不懂，专家讲轻了，官员听不进去。这时候，需要我们专家不要爱惜羽毛，该讲重话的时候还要讲重话，响鼓还需重槌敲。

3．用好资源，影响有影响力的人

说实话，在各级政府的公关工作中，除了负责这项工作的同志需要提高能力外，更多的是相关的领导同志需要提高能力，提高水平。我知道在座各位都有各自的许多资源，我真心希望大家能够适时运用自己的资源，去影响那些处于关键部门重要岗位的同志，如果他们能够提高领导能力，对于整个政府的公关工作将是极大的促进。

4．摆正心态，以公关规律帮助公关

我个人理解公关工作的一个重要特点是"潜移默化、润物无声、循序渐进"，我们帮助政府改进公关工作也是一样，不可能渴求一夜成功，不要急于求成。同时我们每一位同志也不能气馁，只要我们不断努力，政府的公关工作一定会不断加强，也一定能够促进我们党和政府的公信力、执行力、决策力的提高。

（本文根据作者于 2017 年 12 月 29 日在北京举行的"2017 中国公共关系发展大会"上的发言整理）

如何让公共关系
更好地服务大企业工作

吕大鹏 *

企业是公共关系的需求者。作为一个企业宣传文化部门的负责人，对企业到底需要什么样的公共关系服务，我有以下几个想法。

第一个想法是建议公共关系的从业者要认真研究习近平总书记对企业的要求。在十九大报告中至少有 8 个方面提到对企业发展的要求，我只讲三个方面：

一是习近平总书记提出，企业要贯彻新发展理念，建设现代化的经济体系。新发展理念就是创新、协调、绿色、开放、共享。企业如何落实好这些发展理念，如何向社会展示企业践行新发展理念的形象，需要公共关系的支撑。

二是习近平总书记提出，要激发和保护企业家精神，尤其是发挥好国有企业家的作用。国有经济是我国经济发展中的主力军，但无论是过去还是现在，对于形象塑造，民营企业家们更重视、更到位。

三是习近平总书记提出，要构建政府为主导、企业为主体、社会组织和公众共同参与的环境治理体系，对"环境"提出了要求。企业在"环境"也就是生态文明建设当中责任非常重大，对内，需要引导干部员工上下同心、共同重视，对外，要努力树立和提升良好的企业形象。这中间，公共关系手段能够发挥什么作用，应该仔细研究。

所以，公关企业们，你的客户在想什么？他们在认真学习贯彻落实十九大精神，尤其是国企。

第二个想法，我认为如果将公关空间化，一共有三个圈，分别是企业内部的公共关系（围墙内）、企业外部的公共关系（围墙外）和境外的公共关系。

关于"围墙外"的公共关系。近年来随着价值观的变化、社会的进步，民众主

---

* 吕大鹏：中国石油化工集团公司新闻发言人、宣传工作部主任、新闻办公室主任。

体意识逐渐增强。国内一些经济发达地区，从前非常热衷于引入重化工业，那时候地方追求 GDP，央企和大企业非常受欢迎，现在情况已大为不同，变为"不欢迎"重工业企业，有的还希望这些企业"迁址"。这说明，现在的地方更重视综合性发展，对于 GDP 的渴望，已经远不如对企业可能带来安全压力、环保压力、稳定压力的反感和担忧。与此并存的一个问题是，央企国企的税收大多直接上交中央，并不会太多地贡献地方经济，所以地方对央企国企的态度逐渐出现转变也就顺理成章了。因此，所谓"围墙外"的公共关系，很重要的一方面，是政府角度的公共关系。

还有一方面是民众角度的公共关系。比如，镇海炼化 2012 年有一个"PX"项目，认证了 5 年计划投资 500 亿，在 5 天之内被闹黄了，就是因为民众之间散布 PX 的污染性谣言。其实 PX 的污染性等同于柴油和汽油，但是在项目运作过程中与公众之间沟通出现了问题，以至于政府出面保证不上马 PX 后，这场谣言风波才过去。但是这场风波带来了很大的后继影响。在"十二五"期间，我们国家的 PX 基本上没有发展，目前 PX 进口量占需求量的 50% 以上。这个例子可以看出，跟社会民众的沟通是企业很苦恼、很需要公关界支持的事情。

关于境外的公共关系。这些年来随着我国提出"一带一路"倡议，央企"走出去"的步伐非常迅速，有数据显示央企参与"一带一路"沿线投资合作的项目达到了 1713 个。从中国石化自身来说，大约有三分之一的资产和五万员工在海外，与近 80 个国家有业务往来。在这几年"走出去"的过程当中，我们感到了很强烈的困惑，我们服务了许多国家，也注重境外的社会责任，但我们没有得到相应的肯定。我们做过一些调研，许多国家对中国的印象就像是一个"神秘的大象"，面目模糊，另外就是买走了很多资源。总的感觉就是与海外国家"生意不少、沟通不多"。通过研究各种案例我们发现日本企业"走出去"和我们是完全不同的。日本的企业在 20 世纪 80 年代进入中国，首先做到公关先行、品牌先行、文化先行，包括我们熟知的"中日友好医院""中日青年大联欢""中日友好城市建设"，随后广告接踵而至，然后是合资企业逐步打开市场。中国企业"走出去"却是资金先行、工程先行、实力先行，而品牌、文化、形象、公共关系相对滞后。所以我强烈呼吁在座的各位，包括各个省市的公共关系协会等单位，一定要加快本身的国际化步伐，帮助中国的企业走出去，先做品牌，先做形象，先做公共关系。

关于"围墙内"的公共关系。习近平总书记在十九大报告中指出："完善政府、工会、企业共同参与的协商协调机制，构建和谐劳动关系"。当今是信息时代，发展很快，员工的价值观多元化、信息碎片化，诉求和想法要统一很难。"围墙内"的公共关系怎么做，对企业而言是一个很大的问题，这也是一块很大的市场。

第三，我们需要有特色、有价值、有境界的公关服务。

危机来临时，我们特别希望公关界能给以与我们实实在在的指点，不是说公关公司组织一个"水军"就完了。

在正面的新闻宣传上，能更多地帮我们策划出新点子，使传播成为有效传播。

在各个企业的企业文化建设上，"旁观者清，当局者迷"，能否给予相应的指点。

举个例子，"央企"的企业文化最核心的就是报国。在中国石化汇编的关于企业文化的各类图书资料中，七成以上的内容是围绕"精忠报国，爱我中华，我为祖国献石油"等展开的，这些是根和魂。但是在新时代下，我们也要考虑"为人民谋幸福"的内容。

在"一带一路"框架下"走出去"的过程中，如何在走出去企业的企业文化中融入"人类命运共同体"的精神和理念，这个是很需要明白人在旁指点的。如果"走出去"的文化滋生出来的仅仅是去资源国将资源拿回来，那就会很难与外界共享发展。只有解决好文化的问题，深入沟通、共享发展的问题才能真正解决。

品牌传播上要精准传播，也需要各位公关界的支持。举个例子，2013 年中国石化赞助了世界田径锦标赛，俄罗斯那一站给予了我们广告权限，可以做宣传。那个时候国内给予企业最大的压力就是环保，因此我们在国内做的专题片、资料片和宣传片都是环保方面的，到了俄罗斯，我们也在各个渠道做了宣传，等到活动结束的时候俄罗斯方面有人提出说我们的宣传不太成功，原因是俄罗斯对于环保的问题并不敏感。

我们经过研究发现去不同的国家宣传企业，方向和方法都是不同的，而不是一个品牌走遍全天下。这些都是我们在研究当中感到困惑的事情，所以特别渴望公关界的同志能给予我们帮助，不论是在"围墙内"还是"围墙外"或者是境外，都能给我们企业带来更多的指点、支持和帮助。

最后，在中国公共关系协会成立三十周年之际，预祝其在后三十年里"不忘初心，再创辉煌"！谢谢大家！

（本文根据作者于 2017 年 12 月 29 日在北京举行的"2017 中国公共关系发展大会"上的发言整理）

"一带一路" 大道之行

以古丝绸之路文明圈为中心建设"一带一路"软实力

李希光 *

摘要：本文就"一带一路"上的文化软实力建设思考了五个话题：①古丝绸之路文明圈；②"东西双向开放"与"一带一路"文明圈；③"制度性话语权"与"建设文化强国"；④文化共同体与价值共同体；⑤复杂化、精细化的"一带一路"。

关键词：一带一路 软实力 文化战略

一、古丝绸之路文明圈

"丝绸之路"是一百多年前由德国地理学家李希霍芬命名的，张骞、安世高、法显、宋云、玄奘、慧超等这些丝绸之路的先行者和记录者，他们并不称这条路为"丝绸之路"，纵观丝绸之路的发展轨迹，中国在古丝绸之路上大致经历了三次伟大崛起，并形成了"古丝绸之路文明圈"。

中国在古丝绸之路上的首次崛起初始于汉朝。据《史记》记载，张骞及其使团出西域时，不仅到了今阿富汗的大夏，还到了位于大夏西南的今巴基斯坦的信德省。张骞通西域，打通了河西走廊，建立了西域都护府。张骞使团穿过兴都库什山、喜马拉雅山到了大夏和今天的巴基斯坦信德省，这是中国第一次把战略触角伸进中亚，并通过河西四郡和西域都护府控制了新疆，影响了今天的阿富汗和巴基斯坦这一带的中亚。通过实现对中亚的治理，带来了大汉王朝的稳定和繁荣。班固所著《汉书·西域传》不仅报告了中亚、西亚和罗马的社会政治情报，还准确地记录了葱岭、兴都库什山、喀喇昆仑山和阿姆河的地理方位，记录了玉门关以西的新疆到今巴基斯坦的中巴走廊和周边的丝绸之路古城至唐朝在新疆的管辖机构——都护治所多少里、至阳关多少里。这些信息都是前人用脚丈量出来的："大夏本无大君长，城邑往往置小长，民弱畏战，故月氏徙来，皆臣畜之，共禀汉使者。有五翕侯：一曰休密翕侯，

* 李希光：清华大学国际传播研究中心主任，联合国教科文组织媒介素养与跨文化对话教席负责人。

治和墨城，去都护二千八百四十一里，去阳关七千八百二里；二曰双靡翕侯，治双靡城，去都护三千七百四十一里，去阳关七千七百八十二里；三曰贵霜翕侯，治护澡城，去都护五千九百四十里，去阳关七千九百八十二里，四曰胁顿翕侯，治薄茅城，去都护五千九百六十二里，去阳关八千二百二里；五曰离附翕侯，治高附城，去都护六千四十一里，去阳关九千二百八十三里。凡五翕侯，皆属大月氏。"①

中国在古丝绸之路上的第二次崛起是唐朝。唐朝时中国在丝绸之路上走得更远，治理和影响的范围更大。唐朝势力范围超越天山、帕米尔高原、兴都库什山和喀喇昆仑山，以库车为中心，设立了安西四镇，最西边的是在今天吉尔吉斯斯坦境内的碎叶城。唐朝大将军高仙芝率领远征队穿越帕米尔高原，走过河西走廊，征服了今天的克什米尔、阿富汗和乌兹别克斯坦这些地区。

在隋唐之前的北魏时期，中国与西域和中亚来往已日益密切。喀喇昆仑山里的罕萨河谷的断崖上有块巨大岩石，上面有一处在古丝绸之路上唯一能看到的汉字石刻"大魏使谷魏龙今向迷密使去"。谷魏龙其人，史书没有记载，但是短短的12个汉字包含着有关丝绸之路的大量历史、地理和外交信息。《魏书》中对"迷密国"的表述是："迷密国，都迷密城，在者至拔西，去代一万一千六百里。正平元年，遣使献一峰黑橐驼。其国东有山，名郁悉满，山出金玉，亦多铁。"在佛教上，摩崖石窟的开辟深受包括犍陀螺艺术在内的印度佛教艺术影响。其中著名的有莫高窟、云冈石窟、龙门石窟、麦积山石窟等。这些石窟寺有数以万计的佛像，成为世界艺术宝库。北魏时期的主要宗教是佛教、道教和琐罗亚斯德教。其中佛教和琐罗亚斯德教这两种分别源自北印度和伊朗的宗教表明当时的中国与葱岭南部和西部国家有着密切文化交往。迷密国是粟特人国家，位于今天乌兹别克斯坦撒马尔罕附近。当丝绸之路开通贸易时，粟特人的国家成为丝路贸易中心。粟特人利用位于河中地区的位置，贸易不仅到了新疆的绿洲城市，还到了北魏的都城洛阳，成为丝路商人中最富有的人，迷密国附近的撒马尔罕最终成为中亚最富有和最辉煌的大都市。北魏时，波斯萨珊王朝还遣使来华，此后直到西魏，信使往来不断。

清朝是中国在古丝绸之路上的另一次伟大的崛起，把中原王朝带回新疆，重新获得中亚治理权。美国学界和日本学界常说南宋和明朝是中国最好的朝代，但是明朝把中国西部边界定在嘉峪关，把敦煌划在了关外。到了清朝，乾隆收复新疆，并以"旧土新归"把西域命名为新疆。

① 选自班固《汉书·西域传》卷六十六，中华书局。

"一带一路"大道之行

　　以中国汉朝、唐朝和清朝在古丝绸之路上的三次崛起为基础而形成的文明圈，可称之为"古丝绸之路文明圈"。"古丝绸之路文明圈"在地理上集中在中国边疆最西部——帕米尔高原地区。帕米尔在伊朗语里的意思就是世界屋脊，这里是喜马拉雅山、喀喇昆仑山、昆仑山和兴都库什山聚首的地方。自古以来这个地方是丝绸之路必经之地。从地图上看，在中世纪亚洲的古代商道，密密麻麻的交通线、商道都集中在中国最西边的帕米尔地区。从中国在丝绸之路崛起过程看，汉朝张骞通西域，远征匈奴的多次战争发生在新疆帕米尔；唐朝丝路繁盛时期，唐朝最有名的远征丝绸之路的大将军高仙芝率军作战，主要的战争都发生在帕米尔及其周边地区，即今天的克什米尔、阿富汗、乌兹别克斯坦等地区。

　　"古丝绸之路文明圈"是一个多个国家民族血脉相通的文明圈，是一个多个国家语言相通的文明圈，是一个多个国家共享信仰的文明圈，是一个多个国家有共同文化遗产的文明圈，是一个山水相连的文明圈，是一个历史上与中国有朝贡关系的文明圈，是一个山口、道路、口岸相通的文明圈，是一个在经济上与中国高度互补的文明圈。

　　习近平总书记提出"一带一路"倡议，"一带"指丝绸之路经济带，即从西安出发，经由河西走廊，路过新疆、中亚、海湾地区，或经过乌兹别克斯坦、哈萨克斯坦等一直到达欧洲；"一路"就是21世纪海上丝绸之路，主要经过东南亚、孟加拉、印度、斯里兰卡、巴基斯坦等进入地中海等海湾地区。"一带一路"沿途涉及众多国家，不可避免地面临一些问题，也给我们带来重大的历史机遇和挑战。不难发现，"一带一路"有一个节点，也就是"一带"和"一路"之间有个走廊，它是连接另外两条干线的地方，这个节点所在区域正是古代中国征服西域的制高点帕米尔地区。

　　从汉朝、唐朝和清朝中国在丝绸之路上的崛起看，中华民族的前三次复兴与中国的三次崛起都是围绕克什米尔地区、阿富汗、巴基斯坦、乌兹别克斯坦等中亚和中东国家和地区以及中国新疆展开的。美国前国家安全助理布热津斯基以这个地区为中心，画了一个"椭圆形"，这个椭圆形内的国家正是欧亚大陆上石油及各种矿产资源丰富、地缘战略位置重要而政治宗教问题却极度复杂的地区。

　　从中国的油气管道图来看，今天中国的大城市、沿海城市，从北京、天津、上海到香港，这些城市的天然气基本上都是来自于包括中亚五国在内的西气东输。通过四条线路连接哈萨克斯坦的石油管线、土库曼斯坦的天然气管线，西气东输、西油东输，到达我们中国的沿海地区，而这些密密麻麻的管线与古代的丝绸之路基本上是重合的，古今中外所有历史地图的中心都指向"一带一路"的中心区，该地区石油及各种矿产资源丰富、地缘战略位置重要，被称为"中国的管道斯坦"。而这个椭圆形的核心区正是中国前三次崛起征服或治理的核心地带。按照布热津斯基的观点，谁征服了这个地区，谁就将统治和主宰这个世界。

关于大丝绸之路文化圈的构想，就是通过研究古代丝绸之路的贸易和文化，发现大丝绸之路文化圈承载着多样的东方文化，包括两方面内容，一方面是宗教内容，一方面是文化内容。所谓宗教就是儒教、佛教、道教、伊斯兰教、印度教、拜火教、萨满教、东正教。所谓文化就是基于这些宗教上的中国文化、阿拉伯文化、印度文化、希腊文化、波斯文化、突厥文化、俄罗斯文化、蒙古文化。

二、"东西双向开放"与"一带一路"文明圈

中国共产党第十八届中央委员会第五次全体会议审议通过的《中共中央关于制定国民经济和社会发展第十三个五年规划的建议》有三点引发人们的思考：一是"积极参与全球经济治理和公共产品供给，提高我国在全球经济治理中的制度性话语权，构建广泛的利益共同体"；二是"完善对外开放战略布局。推进双向开放，推进'一带一路'建设，推进同有关国家和地区多领域互利共赢的务实合作，打造陆海内外联动、东西双向开放的全面开放新格局；"三是"加快文化改革发展，加强社会主义精神文明建设，建设社会主义文化强国"。其中的"制度性话语权""东西双向开放"和"建设社会主义文化强国"应该成为我们思考"一带一路"文化建设的关键词。从"东西双向开放"看，习近平总书记倡议的"一带一路"包括"丝绸之路经济带"和"21世纪海上丝绸之路"。"丝绸之路经济带"是向西，经过中亚、西亚、东欧，一直延续到西欧。"21世纪海上丝绸之路"从中国东部沿海经南海连接东盟后进入印度洋，然后再往西连接中东、非洲和欧洲。

"东西双向开放"等于重新定位中国的地缘政治关系。按照"一带一路"的构想，中国既是一个中亚国家，也是一个印度洋国家。作为一个印度洋国家，从新疆到印度洋的距离比从新疆到北京的距离还要近。考虑到中国—东盟泛亚铁路、孟中印缅走廊、中巴走廊和青藏铁路，印度洋将成为界定中国的新的地理视角。随着"一带一路"倡议的落实，"一带一路"变中国为印度洋国家：在阿拉伯海和海湾地区建立港口，作为中国在印度洋的落脚点，如在巴基斯坦建瓜达尔港，在孟加拉建吉大港，

"一带一路"大道之行

在缅甸建皎漂港,在斯里兰卡建汉班托特港。特别是随着中巴经济走廊的建成,中国将进入"两洋"时代,即太平洋和印度洋时代。"东西双向开放",通过"一带一路"发展倡议,中国还将变成一个中亚国家。"一带一路"以西域为中心重新界定中国与世界。我们不再是站在太平洋岸边看世界,不再以深圳和上海为视角看世界,而是以西域为出发点,站在天山或帕米尔的雪山上看世界,构思"一带一路"文明圈:那是一个突厥、阿拉伯、波斯、俄罗斯和汉文化并存、交流、重叠、融合的文明带。站在塔什库尔干往东看中国,用汪晖的话,那是"一个幅员辽阔、层次复杂、无分内外却又文化多样的文明古国","是一个完全不同于理学的夷夏之辨、不同于郡县制国家的内外差异、当然也不同于内部同质化的欧洲民族 - 国家的政治视野"。①随着"一带一路",特别是中巴经济走廊的开通,中国与中亚和西亚的边疆地带将成为华夏新中原、华夏新腹地。

"东西双向开放"将加速形成"丝绸之路经济带"。"一带一路"沿线 64 个经济体的贸易额在中国贸易总额中的占比从 2001 年的 16.2% 增加到 2014 年的 26%。自 2001 年以来,与这些国家的贸易额已经增长了 22.2%,这比中国贸易总额的增长率高出 4.4 个百分点。中国希望通过"一带一路",带动全球经济进入一个新经济时代、新经济体、新经济带:从"跨太平洋时代""跨大西洋时代"到"亚欧时代";从"跨太平洋经济体"和"跨大西洋经济体"到"亚欧经济体";超越欧盟、TPP、欧亚联盟、伊斯兰国家组织现有的四个经济带,形成"丝绸之路经济带"。

近现代以来,以大西洋海上贸易路线和太平洋贸易为纽带形成的"跨大西洋经济体"和"跨太平洋经济体",承载着全球最大的经济活动总量。今天,以中国为中心的东亚区域已成为世界经济的新中心,"一带一路"将联通东亚、中亚、西亚与欧洲成为全球经济新增长动力,全球经济合作将进入"亚欧时代"。"一带一路"将欧洲经济圈、亚太经济圈这当今世界最具活力的两大经济圈连接起来,成为未来世界最具发展潜力的世界经济走廊,极大地改变世界经济地理布局,成为世界最大的经济体。

此外,中国经济发展越来越依赖国际油气资源,石油对外依存度逼近 60%,以后继续向 70%、80% 进军。②中国十大石油进口国八个分布在"一带一路"沿线国家:沙特阿拉伯、安哥拉(南部非洲)、伊朗、俄罗斯、阿曼、伊拉克、苏丹、委内瑞拉(南

---

① 汪晖:《两洋之间的文明》,《经济导刊》2015 年第 8 期。
② 中国石油集团经济技术研究院主编:《2013 年国内外油气行业发展报告》,2014 年 1 月。

美）、哈萨克斯坦、科威特。从海上丝绸之路的运输通道看，无论中东和中亚出现什么样的乱局，中国都不会远离这个地区。海湾国家的稳定，特别是扼守亚丁湾的也门和索马里的和平对中国的能源供应和贸易往来至关重要。

三、"制度性话语权"与"建设文化强国"

从提高"制度性话语权"看，中国要建设"一带一路"，需要建成一个拥有自己的文化圈、文明圈和文化影响范围的"文化强国"。

中国经济增长连续 37 年高速而不间断，人均 GDP 增长 30 倍。2014 年的 GDP 增长速度尽管只有 7.4%，是 20 年来最低的，但是，其增长量等于印度或俄罗斯一年 GDP 的 1/2。[①] 中国作为第二大经济体，如果不参与新规则制定，就没有更多优势。中国在世界银行、亚洲发展银行都没有发言权，美国有一票否决权。亚投行的出现，是中国开始撼动世界现有地缘政治经济的里程碑。而"一带一路"倡导的合作原则是"和平合作、开放包容、互学互鉴、互利共赢"的丝绸之路精神，倡导文明宽容，尊重各国发展道路和模式的选择，加强不同文明之间的对话。中国要提高"制度性话语权"，首先要破解美国对中国的政治、思想和文化围堵。中国与"一带一路"沿线国家，特别是与周边国家目前尚未形成紧密的命运共同体，在"一带一路"沿线国家，特别是周边国家没有自己的政治和文化势力范围。一方面，中国在"一带一路"沿线国家，特别是周边国家没有自己的军事盟国，在海外没有军事基地（唐朝在西域设有安西四郡），保护"一带一路"的安全畅通。美国依赖军队和在全球设立的 900 多个军事基地来保护美元的国际地位。军费仅有美国六分之一的中国怎样在占全球陆地面积三分之二的"一带一路"沿线地区捍卫自己在公路、铁路、电站和其他基础设施中数以千亿美元计的投资呢？另一方面，在文化上、思想上和意识形态上，中国失去了几千年来曾与日本、朝鲜、越南、泰国、缅甸等周边国家形成的那种"中国—边地"的二级文化结构，而美国在思想上和意识形态上却与中国的大多数周边国家形成了"美国—边缘"的二极文化结构。近年来美国对联合国和世界贸易组织等的兴趣越来越小，早已经把重点转向联盟建设，包括军事同盟（如美日同盟）、经济同盟和政治同盟（"民主国家"同盟）。美国为巩固其全球领导地位，通过颜色革命等手段，加快蚕食苏联解体后的欧亚大陆碎片化区域，许多"一

---

① 姚树洁：《亚投行是中国撼动世界地缘政治的里程碑》，《人民论坛》2015 年第 12 期。

"一带一路"大道之行

带一路"沿线国家是美国的盟友或有美军基地，在政治外交、军事经济战略上对中国推进"一带一路"形成巨大障碍。美国领导的政治同盟是建立在二元对立的世界观上的。这种世界观把世界简单地分为民主国家和非民主国家，而这两者之间是不平等的。一个国家如果是西方式民主国家，那对美国来说就是"我类"；如果不是，那就是"异类"。

中国最终在"一带一路"上的崛起，必须是以一个文化强国的姿态崛起。历史上，每一个帝国崛起都有与它崛起相关的全球化地带和文化影响圈——治理的最远边疆，交通运输所能到达的最边区，宗教文化所影响的最远边地，贸易所达的最远国家。亚历山大帝国的崛起：军事、文化艺术、佛教；贵霜帝国的崛起：军事、佛教文化艺术；波斯王朝的崛起：军事、驿道、贸易、拜火教；唐王朝的崛起：军事、贸易、丝绸、儒教、佛教；阿拉伯王朝的崛起：军事、贸易、伊斯兰教；成吉思汗的崛起：军事、驿道、贸易、佛教、道教、伊斯兰教。中国历史上有过两次伟大的崛起：汉朝和唐朝。在汉朝，张骞通西域，到大夏寻求恢复与月氏的军事联盟，波斯高僧安世高来中国传播佛教。随后，东晋派出中国第一位高僧法显去西天极乐世界——白沙瓦和塔克西来学经；北魏又派出使臣谷魏龙经过罕萨，出使撒马尔罕。到了唐朝，更多的唐朝高僧经过瓦罕走廊、喀喇昆仑，沿着印度河来到斯瓦特、白沙瓦和塔克西来，求取佛教真经。

在"东西双向开放"的思路下，实施"文化强国"战略，标志着中国与周边国家和更远的国家建立一种新型的关系。从辛亥革命以来被动性地融入世界秩序，转入今天主动布局，将自身发展与塑造一个新的世界秩序结合到一起。"东西双向开放"下的"文化强国"建设的目标，不仅是中国与"一带一路"沿线国家形成一个地缘政治合作体、地缘经济合作体，更大的目标是中国与"一带一路"沿线国家形成命运共同体、安全共同体、利益共同体、文化共同体和价值共同体。

自古以来，从古代高僧、商队，到西方探险家，往来丝绸之路多走喀喇昆仑山和兴都库什山之间的瓦罕走廊。但是，除了法显、宋云、玄奘和斯坦因等中外旅行家留下的文字外，很难找到更多的书籍。《禹贡》一书是一部 2000 多年前记录最古老的地缘政治、周边外交和软实力外交的经典书籍，书中这样描述：天子所在都城外 500 里称甸服，靠征税治理；甸服外五百里称侯服，即内臣，靠分封诸侯实行政治控制；侯服外 500 里为边疆地区，称绥服，即外臣，为少数民族边疆地区，靠教化和军事控制；绥服外 500 里称要服，即朝贡国家，为周边国家，靠政治、军事和文化同盟治理；绥服外 500 里，为荒服，为蛮荒之地，古称戎狄蛮夷，让其放任自流的地方。包括中国、巴基斯坦、阿富汗、塔吉克斯坦、吉尔吉斯斯坦、伊朗、哈萨克斯坦、伊朗、土库曼斯坦在内的古丝绸之路文明圈应该属于《禹贡》里描绘的绥服和要服地区，中国跟这个地区的关系维持需要文化影响和政治军事结盟。帕米尔高原不仅是天山、兴都库什山、昆仑山和喜马拉雅山的汇聚之处，更是丝绸之路上的中亚、西亚、南亚文化交通要道和十字路口。例如，古丝绸之路上的"河中地区"的母亲河阿姆河发源于帕米尔高原。两千多年来，该地区孕育了多个中亚王朝和汗国，如阿契美尼德、大夏、萨珊、萨曼、花剌子模、察合台、帖木儿、布哈拉和浩罕等。

建设"一带一路"文明圈，等于重塑中国地缘政治与地缘文明圈。丝绸之路不仅是商业通道，而且是人类社会交往的平台，多民族、多种族、多宗教、多文化在此交汇融合，丝绸之路不仅是一条"经济带"，也是一条"文化带"。

四、文化共同体与价值共同体

"一带一路"文明圈是多样、共存、包容、共赢，跟哥伦布发现新大陆的那种文化清洗和种族屠杀文化完全不一样。2500 多年来，贯通亚欧大陆的丝绸之路文化是基于沙漠、绿洲、草原、游牧、高原为生活基础的特色文化，丝绸之路上的那些古老民族、文化、宗教，今天还健在。至今伊朗还有 2 万多拜火教信徒，伊朗议会里还保持着拜火教信徒的席位。丝绸之路文化崇尚自然、天人合一、热爱生活。比如北方草原图瓦人和蒙古人的呼麦、突厥人的沙漠绿洲歌舞。

丝绸之路文化自古以来是多国共同维护、扶植的文化。例如，从伊斯坦布尔、大马士革、伊斯法罕、希瓦、布哈拉、撒马尔罕、安集延、奥什、喀什、和田、敦煌到西安，形成一条长达几千公里的商道文化和商旅客栈文化。古丝绸之路欧亚陆路衰败不完全是海上丝绸之路开通导致的。19 世纪后半叶开始，由于英国与沙俄在中亚、西亚、南亚大国博弈，大国为了自身的利益，重新划分边界，在传统的丝绸之路的通道上，设置了人为的障碍。例如，英俄对瓦罕走廊边界的划分，把 2000 多年来的中国、印度、阿富汗之间，以及中亚和西亚的最大通道阻隔了。

按照习近平总书记提出的"一带一路"倡议的政策沟通、设施联通、贸易畅通、

"一带一路"大道之行

资金融通、民心相通的五通目标，①通过"一带一路"文明圈的投入与建设，争取与丝绸之路经济带国家建成命运共同体、安全共同体、利益共同体、文化共同体和价值共同体。有人疑问中国文化的主要元素儒教和佛教都是无神论，很难与信奉一神教的国家建成文化和价值共同体。然而，中华文化是世界上唯一没有中断的文化，这是因为其核心是中正平和，崇尚自然，追求和谐，不走极端，不搞民族斗争和宗教战争，这恰恰是一个唯一能够团结丝绸之路不同文明、民族和宗教信仰的文化。

通过"一带一路"文明圈建设文化强国，不是宣传中国中心论。"一带一路"很多国家都很为自己民族的文化、宗教、建筑、艺术、历史、领袖和社会制度骄傲。但是，中国要清晰、独到地表述中国的核心价值观是什么，要让"一带一路"沿线国家看到的中国价值和中国梦，不是狭隘地局限在中国。中国在"一带一路"倡导的中国价值和中国梦应该是每个人都想实现和都能实现的。中国需要设计一个能给人留下记忆的核心价值，便于在"一带一路"国家中传播。孔子的价值观是"仁义礼智信"，毛泽东的价值观是"为人民服务"，"一带一路"上的中国价值观一定要简单易记。

中国丝路文化价值用汉字"和""仁"二字概括，更容易被"一带一路"沿线国家理解和记住。"和"可以概括个人世界观、家庭观、社会观、国家观和天下观最美好的一面，如和美、和睦、和谐、温和、祥和、和气等。"仁"是人与人之间、邻里间、民族间、宗教间和国家最为高尚的价值观，如仁义、仁爱、仁政、一视同仁、宽仁大度、大仁大义等。"和"和"仁"不仅很好地表达了习近平总书记有关新型国际关系的合作共赢的义利观，更可以创新性地翻译成简单易懂、朗朗上口的英文句子，便于对外传播。"和"根据其文字结构和字面意义，可以翻译成"Eat and let eat"（自己吃，也让别人吃）；"仁"根据其文字结构和字面意义，可以翻译成"Live and let live"（自己活，也让别人活）。"和""仁"深刻表达了周恩来提倡的和平共处原则和习近平总书记提出的"命运共同体"。各国之间必须坚持合作共存、相互关爱、合作共赢、共同发展、共享发展成果，让"一带一路"成为沿途发展中国家共同富裕、共同繁荣的康庄大道。"和""仁"还意味着，大国要尊重各国自主选择的社会制度和发展道路，反对大国为一己之私到别的国家和别的地区以各种借口制造对抗、制造冲突、制造流血、制造战争。

---

① 《结束中亚之行离开比什凯克，习近平主席回到北京》，《人民日报》2013 年 9 月 14 日。
记者：杜尚泽。

五、复杂化、精细化的"一带一路"文化建设

中国外交政策的目标是建立新型国际关系和新型大国关系。这也应该是"一带一路"文明圈的目标、立场、议程和框架。目前,中东和中亚的局面是美国—伊朗对抗、美国—叙利亚对抗、沙特—伊朗对抗、胡塞武装在也门的崛起、逊尼派—什叶派对抗、阿拉伯之春后的中东碎片化。面对这种复杂的局面,"一带一路"文明圈的建设应该是一种复杂化、差异化、精细化和国别化的文化建设。

丝绸之路文化有其千年不变的共同文化,如商旅客栈文化、巴扎文化,但更要看到丝绸之路文化是多样化的文化。"一带一路"上的文化传播应该细致入微,一国一策,一对一交流、面对面交流、项目对项目交流,不可笼统地把"一带一路"上的文化笼统地分为中亚文化、西亚文化、南亚文化、中东文化等。当代世界的战争与冲突,不仅有大国直接入侵引发的战争,如苏联、美国入侵阿富汗,或者大国的代理人战争,如也门内战,更要看到中亚文化、西亚文化、南亚文化、中东文化内的那些国家本身在文化宗教上的差异,如西亚伊朗与土耳其的争斗、中亚乌兹别克斯坦与吉尔吉斯斯坦的争斗、南亚印巴的争斗、中东沙特与伊朗的霸权争夺。

"一带一路"沿线很多国家处在全球最为严重的争端地带:战略枢纽地带、民族冲突地带、宗教重叠地带、能源密集地带。"一带一路"中东和中亚段的国家可细分为经济资源型国家、地缘政治型国家和多民族多宗教型国家。我们在"一带一路"文化建设上,既要看到大国对经济资源富饶的伊斯兰国家的垂涎,如沙特、伊朗、伊拉克、叙利亚、苏丹、也门、阿富汗、巴基斯坦,也要看到在大国博弈中,其中的阿富汗、巴基斯坦、伊拉克、也门的地缘政治资源的价值远远高于其经济资源的价值。"一带一路"经过的中东和中亚国家也不是单一民族或单一教派的伊斯兰国家,他们都是多民族、多教派的国家,如伊朗、伊拉克、土耳其、叙利亚、黎巴嫩、也门、沙特阿拉伯、巴基斯坦和阿富汗。

从古丝绸之路地理分布看,沿线各个国家虽有自身的文明传统,但是,以中巴经济走廊文明圈为核心的"一带一路"文明圈是一个没有太多异质文明的组合体,如帕米尔走廊、天山走廊、兴都库什走廊、喀喇昆仑走廊等。包括中国、印度、巴基斯坦、伊朗、沙特阿拉伯等在内的广大丝绸之路国家都是非西方文明国家,这些国家更强调文化的亲缘性和共同的历史命运。从古到今,这里是大国博弈和谋取控制世界的地方。近代,这里的国家和人民被迫对强势的西方文明做出回应,并在这

"一带一路"大道之行

过程中艰难地塑造新的国家认同、政治认同和文化认同。

由于"一带一路"在地理上夹在多种文明体系中，"一带一路"文明圈是一个独特的跨多种文化的文明体系。"一带一路"文明圈需要一个更具有包容性和普遍性的意识形态支撑，即政治和文化上的多极化，尊重历史和传统。"一带一路"文明圈不从单一的意识形态和宗教出发，不鼓励引发冲突和暴力的二元对立的意识形态。"一带一路"文明圈只有回归、复兴古丝绸之路多样化的文化，才会平等相待、相互尊重、和平共处，才不会发生文明的冲突，才能保证"一带一路"的安全畅通。如汪晖指出的，"在今天的世界上，很多的冲突和矛盾就来源于压抑认同的内在多样性，或者以某种认同的单一性撕裂由多样性构成的社会，从而破坏了社会的共同性基础。"[①] 比如用"民主国家"和"非民主国家"，把世界简单粗暴地撕裂成二元对立的单一认同社会，否定了历史的、地缘的和文化的共同性。中国需要通过"一带一路"文明圈的建设，形成一个与"一带一路"基础设施规划和贸易大道规划相适应的"一带一路"文化共同体。在这个文明圈内，最大限度地激发不同文化、不同国家、不同民族和部落的认同感、凝聚力、自尊心和创造力，整合"丝绸之路"文明圈内的无限资源，让"一带一路"的建设成果惠及丝绸之路文明圈的全体人民。

由中国这样一个以多元性、异质性、复杂性为特征的文化强国倡议的"一带一路"文明圈应该是文化交融共生，不是西方文明上的同质性和排他性，不是二元对立和文明的冲突，而是如费孝通所言"各美其美，美美与共"上的共生、共存，既保持文化差异，又能在一个文化多样性的文明圈里和谐相处。

在"一带一路"文明圈建设中，要自觉防止在文化强国建设中搞一种新殖民主义文化，引发新的文明冲突。"一带一路"核心区是伊斯兰文明带，美国、英国和法国在这个地区用西方二元对立的排他性文化长期经营，但从塔利班、基地组织、阿拉伯之春到伊斯兰国，今天的伊斯兰世界与西方国家形成文化对立，并表现为"恐战"与"反恐"的伊斯兰与西方国家的军事战争。中国要慎用西方的黑白分明、敌我分明的一神教思想意识形态，避免重蹈美国为首的西方国家与伊斯兰世界的文明冲突覆辙。中国要用一种平等和包容的态度，跟"一带一路"沿线国家进行近似或共性文化圈的探索，挖掘和讲述中国与文化圈内国家在文化、宗教上的密切交往和相互学习的故事，让中华文化与沿线国家近似的、共生的或共性的文化，创造性地进行大融通，共同营造"一带一路"文明圈。例如，文化上寻找合作可行的契合点，

---

① 汪晖：《两洋之间的文明》，《经济导刊》2015 年第 8 期。

提出和实施文化上的共同和共通项目。比如配合"一带一路"上的经济走廊，设立内容丰富多样的丝路文化走廊，其中包括丝绸文化走廊、陶瓷文化走廊、巴扎文化走廊、商旅客栈文化走廊、伊斯兰建筑文化走廊、地毯文化走廊、天山文化走廊、帕米尔文化走廊、喀喇昆仑文化走廊、历史名城文化走廊、草原文化走廊、中国高僧西天经行处文化走廊等。

无论是搞文化强国项目，还是做"一带一路"的文化项目，政策制定者一定要接地气，不能只依教科书和媒体所给的角度来看世界，而要学习站在当地人的立场来了解他们所看到的世界。中国媒体在宣传报道"一带一路"时，需要一个谦卑的态度。"一带一路"上的很多国家，历史上多次被其他民族征服和同化，近代被西方国家殖民或半殖民。这些国家对外来民族在经济上文化上的突然涌入，是很敏感的，如蒙古、哈萨克斯坦、乌兹别克斯坦、阿富汗、土库曼斯坦、吉尔吉斯斯坦等。在"一带一路"文化传播中，要让当地人看到"一带一路"不是来征服的、不是来殖民的，而是伟大的丝绸之路精神的复兴。中国需要学习古人法显、玄奘的精神，怀着谦卑的心态，去尊重、了解、传播各地文明，而不是盲目的自信自大。"一带一路"文化强国的基础是民众间的面对面交流，要从小的项目和小事做起。"一带一路"沿线很多国家的人民对中国提出的"一带一路"一无所知，是白纸一张。中国要通过媒体报道、广告、论坛、茶道、风水、气功、武术、养生、绘画、音乐会、美食节、时装节、体育比赛、现代艺术展、画展、摄影展、电影节、文物展、"一带一路"旅行写作大赛等不同的方式，讲真实的"一带一路"上的人的故事，突破没有人物故事的口号、概念的宣传方式。

要强调的是"一带一路"文明的共同性和多样性。由于"一带一路"在地理上夹在多种文明体系中，"一带一路"文明圈是独特的跨多种文化的文明体系。例如，新疆多个少数民族是突厥语系，但是又属于不同民族，既有共享文化，也有不同文化，语言上既有相通处，也有不相通处。比如乌兹别克人可以懂得维吾尔语的95%，但是哈萨克斯坦人只能懂维吾尔语的40%。塔吉克人如果跟维吾尔族不住在一块儿，基本听不懂维吾尔语。吉尔吉斯人是突厥语系，但在文化上、历史上跟维吾尔族和乌兹别克又有严重的文化差异和民族矛盾。

因此，建设"一带一路"文明圈是多样性文明的回归，而不是追求单一文化认同，这需要一个更具有包容性和普遍性的意识形态支撑，既包容政治和文化上的多极化，又尊重历史和传统。汪晖讲的这句话很好，就是在今天的世界上，很多的矛盾就来源于压抑、认同的内在多样性，或者与某种认同的单一性撕裂，由多样性构成的社会，从而破坏了社会的共同性基础。比如用民主国家和非民主国家把世界简单粗暴地撕扯成二元对立的单一认同社会，否定历史的地缘和文化的共同性。[1]

中国在漫长历史上形成的家国天下多元一体的复杂国家概念与欧洲民主国家概念相比，不是西方意义上的同质性和排他性的平等，而是如费孝通所讲的"各美其美，美美与共"意义上的平等，保持差异，又能保持统一。与以公民社会和文化的同质性为基础的西方国家相比，中国是一个以多样性、异质性、复杂性为特征的文明国家，是一个包容儒教、佛教、伊斯兰教等宗教，让其共存、共生、共赢的国家。

（选自公共关系蓝皮书《中国公共关系发展报告（2016）》）

---

[1] 汪晖：《两洋之间的文明》，《经济导刊》2015 年第 8 期。

"一带一路"开创大国崛起新模式

郭万超 *

摘要：当今时代，正处于中国崛起的时代，中国的崛起不能走西方霸权主义的老路，必须进行策略创新，走和平发展、互利共赢的新路。"一带一路"倡议就是符合时代要求的策略设计。它是和平型、文化型、共赢型、开放型模式。

关键词：大国崛起 "一带一路" 中华文明。

一、"一带一路"是中国崛起时代的策略创新

从大国崛起视角来观察"一带一路"，可以增强我们发展的战略定力。我们处于一个什么样的时代？从一个新的角度看，我们处于中国崛起的时代。中国改革开放只有短短 40 年，却创造了世界发展史上的奇迹，经济增长速度多年保持世界第一，经济规模上升到世界第二位，贫困人口大幅度减少，工业化、现代化、城市化水平大大提高，综合国力快速提升。中国作为一个东方文明大国，其崛起具有世界历史意义，标志着一个新时代的开始。

新加坡国立大学的王赓武教授提出，从整个中华民族的发展历史看，今天的中国正处于第四次崛起之中。其实，中国在很长的历史时期内，都是世界上最强大的国家。仅仅从城市发展看，我们今天说起世界城市，会想起纽约、伦敦、东京、巴黎，而在古代，很长时间世界最大城市是在中国。我们汉代的长安就曾是世界上最大的国际都市。大约 1850 年，伦敦才超过中国的北京，成为世界上最大城市。

一个国家的崛起包括内部崛起和外部崛起，而只有外部崛起才是真正的崛起。中国发展到今天，已经进入到影响世界的阶段，外部崛起的重要性凸显。"一带一路"倡仪就是世界大国在全球博弈的结果。所以，习近平总书记不光是站在中国，而且是站在全球的视角，提出了"一带一路"倡议。它不是简单的经济贸易、文化交流倡议，而是大国博弈的重器。

---

* 郭万超：北京市社会科学院传媒研究所所长，北京市文化创意产业研究中心主任、研究员。

二、大国兴衰是一条历史规律

从全球视野观察，大国兴衰是一条历史规律。在人类历史上，总是会出现一些大的发展机遇，在每一次重大的历史机遇中，都会产生一些新兴国家，也总会淘汰一些原来有影响力的国家，新旧国家更替也是一个世界历史现象。仅仅从近代以来，我们就看到，英国借助工业革命力量的推动，从一个岛国膨胀为世界霸主，又在20世纪退缩回本国成为二流强国。与此同时，美国在一百多年的时间里从北美殖民地成长为唯一的世界超级大国；20世纪，出现了德国、日本两个法西斯匪徒国家，在两次世界大战中战败才迫使它们回到正轨，而后又一跃成为世界经济大国，苏联崛起和覆没也成为20世纪末的悲喜剧；从公元元年到19世纪初，中国一直处于世界的前列，是世界第一经济大国，经济总量占世界的20%以上，远远领先于其他国家。但从15世纪以来，中国多次丧失历史机遇开始衰落。

那么，现在，也有人讨论欧洲的衰落。目前的欧洲面临三大问题的困扰：高福利主义、欧元困境、全球化时代的竞争力不足。也有人写书探讨美国的衰落。比如加拿大籍华人马耀邦的《美国衰落：新自由主义的穷途末路》；日裔美国政治学家、《历史的终结》作者福山在美国《外交》（*Foreign Affairs*）双月刊9/10月号上撰文《衰败的美利坚——政治制度失灵的根源》，剖析了美国政治制度的诸多弊端，并最后认为改革无望、"死路一条"（No Way Out）。美国前劳工部长罗伯特·赖克指出："在美国，一个贫困家庭的孩子想要变成中产阶级或者有钱人也比以前难了。主要原因就是不断扩大的平等差距。现在，平等在美国已经成为一个白日梦。美国中产阶级正在沉沦，低收入阶层的规模日益扩大。"[①] 如何看待这个问题？如果指望短期看到美国被取代或彻底衰败好像是不现实的，只能说美国出现了某些衰落的迹象或趋势。

谈到大国崛起，从近代以来，我们大致可以归纳出三种主要方式。一是挑战现存大国的军事战略方式。德国、日本当年就是采取这种方式，最后导致整个国家崩溃；苏联以意识形态和军事力量为核心，与美国形成两极对抗格局，最后耗尽了国力，使国家走向解体。二是搭便车方式。二次世界大战后，在美国的盟国体系内，德国、日本又用这种方式在一定程度上实现了崛起，但这并不是真正的崛起，或者说是一种不完整的崛起，其消极影响至今仍然存在。三是以经济利益优先的霸权方式。19世纪末20世纪初，美国以经济利益优先，不主动挑战英国霸权，逐步获得了世界

---

① ［美］罗伯特·赖克：《美国的逻辑》，中信出版社，2011年4月。

霸主地位。乘当时居于世界霸权地位的英国与后起之秀——德国争霸之机，美国首先打击已经衰落的西班牙，在古巴和菲律宾取得了战略基点，随后借法国财力不足，拿下了巴拿马运河的控制权。经过两次世界大战，美国综合国力大大提升。美国采取的崛起方式是近代史上唯一成功的大国崛起方式。

然而，今天的中国崛起不可能采取以上三种模式的任何一种，因为无论国际环境，还是中国自身的发展，都决定了她必须选择一条新路。

三、"一带一路"开创大国崛起新模式

从"一带一路"这个大国崛起新模式的特点，我们可以看出它与近代大国崛起模式的巨大差异。

其一，它是和平型模式

正如习总书记所言，中华民族的血液中没有侵略他人、称霸世界的基因。英国哲学家罗素也说过"如果世界上有'骄傲到不肯打仗的'民族，那么这个民族就是中国"。常常有外国人会问：是什么精神支撑中国人投入那么多人力物力修筑长城？实际上是一种爱好和平、追求和平的精神。而西方文明是一种竞争性、排他性很强的文明，从希腊、罗马时代的独立城邦，到中世纪欧洲大陆的封建诸侯，直至近代的民族国家，国与国间的实力竞争与利益冲突构成了西方世界体系演变的主线。"力量所及，则尽力扩张"，国家"以实力来确定自己的利益"，国家战略的核心是在相互冲突的国际环境中如何使用国家权力以实现国家目标和扩张国家利益。而中国的历史传统基本是一种战略内向型文化，历代关注的重点是天下秩序的崩溃与重建，即所谓"国家兴亡，肉食者谋之；天下兴亡，匹夫有责"。保护国家不被倾覆，是帝王将相文武大臣的职责；而保护道德价值观不被颠覆，即使普通百姓也有一份责任。鲜明的道德意识与天下情怀成为中国战略文化的基调。中国历史上对外几乎没有以土地、财富、人口掠夺为目的的征战，而西方世界历史，从古希腊开始就充斥着侵略扩张，仅古罗马帝国的征战就有 100 多年的时间，而后的"十字军东征"则有 200 多年，14 世纪以来，西方国家对外扩张的时间更是长达 600 多年。

其二，它是文化型模式

以往大国对世界的影响主要是依靠军事或经济力量，而中国将来对世界产生影响，主要靠的是自己的文化。中华文化是伟大的优秀的文化，我们应该确立这种文

化自信。根据英国历史学家汤因比的研究，人类历史上曾经出现过二十多种重要的文明，包括波斯文明、希腊文明、罗马文明几乎都中断了。而中国是世界上唯一未曾中断的文明。五千年来，作为中华文明象征的语言文字和文化传统不曾中断。这种连续性、独特性是中华文化强大创造力、生命力的表现。毛泽东同志说过：一个民族能在世界上在很长时间内保存下来，是有理由的，就是有其长处和特点。当然我们也不要贬低别人，中西方文化各有千秋。

中华文化的主要特点：第一，具有高度的包容性。春秋时期伟大思想家孔子就明确地提出"和而不同"，但"和为贵"。中华文化可以将各种类型文明的优秀因子加以黏合，其他文化如佛教、社会主义、市场经济的种子都在中华文化的母体内找到自己发展的土壤。保罗·柯文认为，西方文明是最狭隘的文明，西方人从不把其他民族的观点放在眼里。而且，西方人为了留存自己的文化，往往强迫别人放弃自己的观点。在未来的日子里，西方必须了解其他国家并向他们学习，不再假定自己拥有根本的优越性。如果西方不能改变自负心态，这将成为其衰落的最终原因。[①]第二，整体思维方式突出。无论是对自然现象的考察和分析，还是在医学、建筑工程、艺术等实践领域，都充分体现出这种思维的魅力。人类思维的进步、升华，既需要科学的分析，更需要整体的把握，需要二者的有机结合。中华文化中的整体思维和系统方法对推动现代科学技术的整体化、综合化的发展，对后现代化社会的思维方法都会产生重要的影响。季羡林先生曾指出：以分析为基础的西方文化也将随之衰微，代之而起的必然是以综合为基础的东方文化。[②]第三，中华文化中人学思想非常丰富。中华文化强调人的道德自觉与自律，注重人的自我修养与提升，明"人伦"、讲"中和"，求"致和"，包含着讲究心态平衡、协调人际关系的人生哲理。欧美式现代化虽然提高了人们的物资生活水平，同时也破坏了人与人之间的关系，出现夫妻离异、家庭崩溃、人情冷漠等社会现象。伴随西方宗教的教化功能的弱化，中国人学思想的现代价值更加凸显。第四，人文精神十分丰富，例如，爱国主义、天人合一、礼仪文化、君子文化、尚贤文化、忠孝文化等。这些都将是中国崛起和人类文明进步的宝贵精神财富。

其三，它是共赢型模式

中国提出的"一带一路"倡议，之所以能够达成广泛共识，并获得越来越多国

---

① 保罗·柯文：《在中国发现历史——中国中心观在美国的兴起》，林同奇译，中华书局1989年版，第1页。
② 季羡林：《季羡林谈东西文化》，浙江人民出版社2016年版，第65页。

家的支持，一个根本原因是，它所奉行的互利共赢、平等合作、共同发展等理念，与团结协作、共同应对全球挑战的时代要求高度契合，与沿线各国渴望和平与发展的诉求不谋而合，鲜明体现了人类命运共同体意识。

其实，从历史上看，中华文明越是繁荣，"和平"因素输出的就越多，奉献给世界的"红利"就越多。唐朝开辟的通向西域的丝绸之路，不是为了用兵打仗，而是为了把中国的丝绸、茶叶、瓷器等物品销往世界。唐朝坚持对周边国家修德结好，和睦相处。繁盛的大唐派出去的不是强大的军队，而是西天取经的玄奘和尚；强大的明成祖派出去的不是军队，是给世界送去礼物的郑和。而美国学者牟复礼和英国学者崔瑞德在其主编的《剑桥中国明代史》中讲到了明成祖与亚洲国家发展合作的情况。他们讲："永乐帝大力培植了与中亚各国的关系。在他统治时期，朝廷接待了撒马儿罕和哈烈的22个使团、32个中亚绿洲国家的使团、13个吐鲁番的使团和44个哈密的使团。这些使团都需要丰厚的礼物和贸易。它们给朝廷带来了诸如贵金属、玉、马、骆驼、羊、狮和豹；它们得到的赏赐是精美的丝绸和其他织品、白银以及纸钞和其他贵重物品。"

其四，它是开放型模式

唐朝之所以出现盛世局面，与唐朝时期的开放包容的政治社会氛围有很大关系。唐长安的人口中，外国的商人、使者、留学生、留学僧等总共有三万多人。当时来长安与唐通使的国家、地区有三百多个。一些外国人在中国朝廷做官。而清朝的衰落主要是因为闭关锁国，错过了第一次工业革命与市场经济文明。因此，一个开放的文明才是真正强大的文明。在推动中华复兴的伟大历史进程中，我们一定要打开胸怀，努力学习和吸收一切最先进的文明因子，才能保持发展的可持续性，才能真正地实现国家崛起。

2015年9月，中共中央国务院下发了《关于构建开放型经济新体制的若干意见》，提出了建设开放型经济强国的目标任务，并指出，面对新形势新挑战新任务，必须加快构建开放型经济新体制，进一步破除体制机制障碍，使对内对外开放相互促进，引进来与走出去更好结合，以对外开放的主动赢得经济发展和国际竞争的主动，以开放促改革、促发展、促创新。这个文件的出台必将促进"一带一路"倡议的推进与实施。

"一带一路"倡议的推进路径思考

王志民 *

摘要： 战略对接是推进"一带一路"的主要路径。"一带一路"倡议之所以能够得到 100 多个国家和国际组织的积极响应和参与，正是因为"一带一路"沿线国家和地区有着共同发展与合作发展的诉求，同时也是因为"一带一路"倡议的核心内容与沿线国家的发展战略有着广泛的契合点。国际产能合作是"一带一路"的主要实现形式，是发挥各自比较优势的互利共赢之举。推进"一带一路"，必须要照顾沿线各国利益关切，扩大各方利益汇合点，构建新的利益共同体，进而形成新的命运共同体和责任共同体。"一带一路"沿线国家的产能合作是大势所趋，是发挥各自比较优势的合作共赢之举。

关键词： "一带一路" 国际产能合作 战略对接 第三方市场

2016 年 8 月 17 日，习近平主席在"一带一路"建设工作座谈会上指出：推进"一带一路"，必须牢牢把握重点方向，聚焦重点地区、重点国家、重点项目，抓住发展这个最大公约数，不仅造福中国人民，更造福沿线各国人民。[①]"一带一路"作为中国政府提出并积极推进的参与和引导全球治理的中国方案，就必然离不开与沿线国家实施国家层面的合作，其形式是战略对接，并在战略对接基础上进行中观层面的产能合作及微观层面的企业之间的合作。

一、"一带一路"倡议与沿线国家的战略对接

2008 年国际金融危机之后，世界经济仍然在底部徘徊，经济增长缺乏动力，而且同时"逆全球化"潮流不断涌现，贸易保护主义盛行，动辄威胁提高关税或实施经济制裁。随着英国脱欧和主张"美国优先"的唐纳德·特朗普当选美国总统，世界经济出现了更大的不确定性。包括"一带一路"沿线国家在内的世界各国都试图

---

* 王志民：对外经济贸易大学全球化与中国现代化问题研究所所长、对外经济贸易大学习近平对外开放研究中心教授、北京高校国际政治研究会副理事长、北京市学科带头人、中国"一带一路"倡议研究院咨询专家、国土资源部全国国土规划纲要领衔专家。
① 《总结经验坚定信心扎实推进，让"一带一路"建设造福沿线各国人民》，《人民日报》2016 年 8 月 18 日。

趋利避害，制定本国的经济发展战略，以应对世界经济的不确定性带来的挑战和风险。"一带一路"倡议正是在这种背景下出台和推进的，其宗旨是促进沿线各国之间的政治互信、经济合作、文化交流等，其目标是实现沿线国家和地区的互利共赢，已经为当今世界描摹出一幅共同发展的路线图。

"一带一路"倡议是"中国方案"，也是"世界方案"。然而"一带一路"沿线国家数量之众多，发展水平之悬殊，政治环境之复杂，文化传统之差异，这些落差均直接影响"一带一路"的推进。虽然"一带一路"倡议是一个世纪工程，也是一个系统工程，但是"一带一路"的推进，必须考虑沿线不同国家的国情，与沿线国家和地区经济合作组织的经济发展战略进行对接。从广义上来说，这种战略对接可以是双边的，也可以是多边的；就发展进程而言，这种战略对接可以是长期的，也可以是中期的，有些甚至可以是短期的。截至2017年12月，中国已与约70个国家和国际组织签署"一带一路"合作协议，初步形成覆盖亚、非、欧、拉美大洲的布局。

其一，"一带一路"与俄罗斯国家复兴战略的对接

俄罗斯一直抱有复兴大国之梦，近年来出台过多个国家复兴战略，并试图将独联体联合起来，已经建立所谓的"欧亚经济同盟"。习近平主席在中亚的哈萨克斯坦提出"一带一路"倡议后，因直接涉及俄罗斯的传统势力范围，俄罗斯对此抱有怀疑态度。此后，俄罗斯之所以能够接受"一带一路"倡议，一是习近平主席于2014年2月参加索契冬奥会期间与普京总统进行了深入沟通，普京总统比较全面了解了中国推进"一带一路"以实现经济上互利共赢的目的；二是乌克兰危机之后俄罗斯遭到美欧等西方国家的严厉制裁，卢布贬值三分之一，原油价格大幅下跌，重挫了俄罗斯经济。中国不仅反对制裁俄罗斯，而且坚决声援和支持俄罗斯。其实，美国2011年提出的"新丝绸之路计划"将中俄均排除在外，俄罗斯也曾提出过"新丝绸之路"计划，该计划由中国作为起点经过中亚和俄罗斯抵达德国的杜伊斯堡，并要建立连通欧洲铁路网和港口的"中欧运输走廊"。普京总统对习近平主席表示，俄方积极响应中方建设"丝绸之路经济带"和"21世纪海上丝绸之路"的倡议，愿将俄方跨欧亚铁路与"一带一路"对接，创造出更大效益。面对乌克兰危机后的西方制裁，俄罗斯经济加快了"向东看"的步伐，"一带一路"为其提供了一个很好的平台。

从某种意义上说，"一带一路"与俄罗斯国家复兴战略对接，实际上也为与俄

"一带一路"大道之行

罗斯主导的欧亚经济联盟对接奠定了基础。俄罗斯联合白俄罗斯、哈萨克斯坦、亚美尼亚、塔吉克斯坦、吉尔吉斯斯坦签署欧亚经济联盟条约，于2015年1月1日正式启动。《欧亚经济联盟条约》涉及能源、交通、工业、农业、关税、贸易、税收和政府采购等诸多领域，还列出了自由贸易商品清单。欧亚经济联盟决定于2025年将实现商品、服务、资金和劳动力的自由流动，推行协调一致的经济政策，形成一个拥有1.7亿人口的统一市场。欧亚经济联盟国家均是中国"一带一路"倡议的沿线国家，经济合作几乎不存在政治障碍。欧亚经济联盟是一个一体化程度较高的地区经济合作组织，联盟内国家最大优势是拥有丰富的资源，但又缺乏资金，基础设施较为落后，正好与中国经济形成互补。2015年5月8日，中俄签署并发表《关于丝绸之路经济带建设和欧亚经济联盟建设对接合作的联合声明》，同时签署32份合作协议，总价值高达250亿美元，不仅包括高铁、飞机、基建、能源，还包括金融投资、双边贸易、债务合作、国际信息安全等诸多方面的合作。2014年12月23日，普京在欧亚经济委员会最高理事会会后的新闻发布会上指出：欧亚联盟将对所有邻国开放，不仅包括独联体国家，还包括俄罗斯在东西方的合作伙伴。吉尔吉斯斯坦总统阿坦巴耶夫认为："未来中国与包括吉在内的所有欧亚经济联盟成员国的关系只会更加巩固，丝绸之路经济带沿线国家也将从中受益。"[1]

其二，"一带一路"与印度"东向行动政策"的战略对接

印度曾是最早承认新中国的民族独立国家，双方有过良好的合作关系，也曾经因领土争端爆发过战争。印度与中国是当今世界上两个人口最多的发展中国家，都有着大国崛起之梦。印度的大国情结由来已久。印度独立后的首任总理尼赫鲁曾对印度的大国梦有过这样的阐述："印度以他所处的地位，是不能在世界上扮演二等角色的。要么就做一个有声有色的大国，要么就销声匿迹。"[2] 他甚至认为：巴基斯坦"不应该成立……总有一天合并必然会到来。"[3] 1959年，尼赫鲁在人民院发表讲话，公然支持发生在中国西藏的武装叛乱并鼓吹"西藏独立"，还将逃亡印度的达赖称为印度"政府客人"。尼赫鲁的"大印度联邦"的思想为之后印度历届政府所继承。1971年，印度军事支持导致巴基斯坦分裂为巴基斯坦和孟加拉两个国家，1975年印度正式吞并锡金王国。从某种意义上说，印度继承了英国殖民统治者的衣钵，不仅要控制南亚诸国，而且将中国视为其推行地区霸权主义的眼中钉。近年来，印

---

① 《欧亚经济联盟正式启动》，《人民日报》2015年1月2日。
② 《为啥印度老爱和中国较劲》，《钱江晚报》2015年2月4日A0018版。
③ 姜兆鸿、杨平学：《印度军事战略研究》，军事科学出版社1993年版，第121页。

度不断挑衅中国，2013 年 4 月印度军队在中印边境制造"帐篷对峙"事件，2017 年 6 月印度边防人员在中印边界锡金段非法越界，闯入中国亚东的洞朗地区，阻挠中方人员修建道路，由此形成了对峙事件。中印两国存在瑜亮情结，两国关系敏感而复杂，印度对 1962 年中印战争难以释怀。

印度是中国周边最大的国家，也是除中国之外最大的发展中国家。金砖国家积极筹划货币合作，构建多元化的国际货币体系，也为中印合作提供制度化平台。中印有着金砖国家合作机制，都是上海合作组织成员。2015 年 7 月开业的金砖国家开发银行总部设在上海，首任行长由印度人瓦曼卡·马特担任。印度作为正在崛起的大国，不可能轻易表态接受和参与"一带一路"，但也未曾明确反对。2014 年，莫迪总理举行的第十二届东盟—印度峰会上明确表示"东向政策"已经变为"东向行动政策"。印度的"东向行动政策"则以南亚的孟加拉国为起点向东呈扇形扩展，深化与亚太地区的政治、经济与安全联系，可以最直接地影响中国的对外行为，以服务于印度对核心利益的关切，包括与中国竞争对东南亚地区的影响力，影响中国在印度洋地区的行为等。中国必须防范印度"东向行动政策"的政治及安全领域的霸权倾向，并引导其朝着经济合作的方向发展，这符合中印共同利益。2015 年 5 月，习近平主席会见印度总理莫迪时指出：中印双方可以就"一带一路"、亚洲基础设施投资银行等合作倡议以及莫迪总理提出的"向东行动"政策加强沟通，找准利益契合点，实现对接，探讨互利共赢的合作模式，促进共同发展。① 中印两国经济互补性很强，中国在装备制造业方面有着明显优势，被誉为"世界工厂"，而印度在软件产业有着领先的优势，被誉为"世界办公室"。莫迪就任总理后积极推动"印度制造"，目标是将工业产值在印度国民经济中的比重从 27% 提升至 40%，不仅将发挥印度拥有庞大劳动力群体的优势，也为中印产能合作提供了条件。目前，中国已在印度的古吉拉特邦和马哈拉施特拉邦建立了产业园区，在未来 5 年时间内向印度的工业和基础设施投资 200 亿美元。

其三，"一带一路"与"欧洲投资计划"的战略对接

中国与欧盟国家分别处于"一带一路"的最东端和最西端。中国所在的东亚地区是当今世界上经济发展最具活力的地区，而西欧经济圈是经济发展最为成熟的地区。中国是世界上外汇储备最多的国家，欧盟经济却被债务问题所拖累。中国的制

---

① 《习近平会见印度总理莫迪》，新华网，2015 年 5 月 14 日，http://www.xinhuanet.com/politics/2015-05/14/c_1115289917.htm。

"一带一路"大道之行

造业处于中端水平，亟待升级，而西欧国家中的德、法、英等国制造业全球领先。西欧发达国家并不像美国那样完全从冷战思维出发对中国在技术转让和合作方面处处封锁。双方经济合作对解决欧债问题和中国的产能升级均有好处，可以实现双赢。中欧已经建立全面战略伙伴关系，双方建立起近70个磋商和对话机制，涵盖政治、经贸、人文、科技、能源、环境等各领域。欧盟是我国最大贸易伙伴、最大进口来源地、第二大出口市场。我国是欧盟第二大贸易伙伴、第一大进口来源地、第二大出口市场。2015年12月，中国加入欧洲复兴开发银行，将增强中国国际金融机构中的影响力，使更多中国企业获得投资机会，也有助于推进"一带一路"建设，为欧洲增加融资渠道和合作机会。

2014年，欧盟启动一项规模为3150亿欧元的战略投资计划，以刺激经济增长、增加就业。"欧盟投资计划"主要涉及知识、创新和数字经济，能源，交通，社会基础设施和资源与环境等领域。欧洲投资计划主要包括三条主线：一是建立一个新的欧洲战略投资基金，作为投资计划的融资平台；二是建立一套可信的项目通道系统，确保资金的合理分配和有效使用；三是划定一条消除投资壁垒的路线图，确保投资计划尽快顺利落实到位。而欧盟面临的主要问题是缺乏资金，中国的庞大外汇储备则可以为该计划提供支持。为使该计划真正落到实处，欧盟官员已经表示，可考虑与中国"一带一路"对接，共同推动世界经济发展，合作参与全球治理。亚投行的建立特别是英、法、德等西欧大国的参与，为中国与欧洲提供了经济合作新机制，也使中国倡导的国际秩序增强了感召力。"一带一路"与"欧洲投资计划"的战略对接，可以推动中国与德国、英国等国合作，包括"中国制造2025"与德国"工业4.0"的合作与对接。

其四，"一带一路"与中东欧"三海港区"的战略对接

中东欧曾经是一个地缘政治概念，当今的中东欧地区更多地被赋予地缘经济内涵。作为地缘政治概念，是因为其处于英国著名地缘政治学者麦金德设计的"心脏地带"，这些国家第二次世界大战后走上社会主义道路，加入以苏联为首的社会主义阵营；作为地缘经济概念，主要是因为这些国家在东欧剧变和苏联解体之后开始了经济转型，走上了自主发展的道路。目前，中东欧地区有16个国家，即波兰、捷克、斯洛伐克、匈牙利、斯洛文尼亚、克罗地亚、罗马尼亚、保加利亚、塞尔维亚、黑山、马其顿、波黑、阿尔巴尼亚、爱沙尼亚、立陶宛和拉脱维亚。其中，波兰、斯洛文尼亚、克罗地亚、罗马尼亚、保加利亚、黑山、波黑、阿尔巴尼亚、爱沙尼亚、立陶宛、

拉脱维亚为临海国，捷克、斯洛伐克、匈牙利、塞尔维亚、马其顿为内陆国。波兰、捷克、斯洛伐克、匈牙利、斯洛文尼亚、克罗地亚、罗马尼亚、保加利亚、爱沙尼亚、立陶宛和拉脱维亚为欧盟成员国，斯洛文尼亚、斯洛伐克、爱沙尼亚、拉脱维亚已经加入欧元区。这些国家在 20 世纪 50 年代初都与新中国建立过外交关系，有过密切的经济往来。

自 2012 年中国与中东欧 16 国达成合作对话共识并在华沙举行首次领导人会晤，形成了"16+1"机制。"16+1"机制围绕领导人会晤机制，建立了经贸合作论坛、合作秘书处、国家协调员会议、经贸促进部长级会议、地方领导人会议、高级别智库研讨会等平台，形成了从中央到地方、从官方到民间，涵盖诸多领域的多元交流沟通方式。中东欧是连接欧亚的重要枢纽和通道，"16+1"机制已经成为"一带一路"建设的重要组成部分，体现了"一带一路"建设的集群效应。2015 年 11 月 24 日，李克强总理在第五届中国－中东欧国家经贸论坛倡议提出：开展亚得里亚海、波罗的海和黑海'三海港区合作'，在有条件的港口合作建立产业聚集区。大力支持双方企业参与其中，拓展中国装备、欧洲技术和中东欧市场的结合，形成更多产能合作项目亮点。① 2016 年 11 月 5 日，中国－中东欧国家领导人在拉脱维亚首都里加会晤发表里加声明，加强三海沿岸港口合作。

其五，"一带一路"与中小国家的战略对接

"一带一路"作为世界上最长的经济走廊，主要覆盖亚欧大陆，无疑要有一个总体的顶层设计，但国别差异也决定了"一带一路"不仅仅局限于多边合作的范畴，双边的"点对点"的合作亦不可或缺，甚至可能成为更主要的合作形式。哈萨克斯坦是首个将"一带一路"与其"光明之路"经济发展战略对接的国家。2013 年 9 月 7 日，习近平主席在哈萨克斯坦的纳扎尔巴耶夫大学发表演讲首次提出"丝绸之路经济带"后，2014 年，哈萨克斯坦总统纳扎尔巴耶夫便相应地提出"光明之路"新经济计划，计划拨款 1 万亿坚戈（约合 56 亿美元）推动经济增长并扩大就业，促进经济结构转型，实现经济增长。2016 年 9 月，中华人民共和国政府和哈萨克斯坦共和国政府签署了有效期为 5 年的《关于"丝绸之路经济带"建设与"光明之路"新经济政策对接合作规划》，就战略对接的合作背景、合作原则、合作愿景、合作重点、实施保障机制等做了具体规划。

中国已提出将"一带一路"同土耳其的"中间走廊"计划对接，推动中土在基

---

① 《李克强提出中国与中东欧合作框架》，《新华每日电讯》2015 年 11 月 25 日。

"一带一路"大道之行

础设施建设、通信、轻工、新能源等产业合作。蒙古国则主动提出要将中国的"一带一路"构想与其倡导的"草原之路"实施战略对接。2015年5月，中国与白俄罗斯签署《中白友好合作条约》和《中白关于进一步发展和深化全面战略伙伴关系的联合声明》，宣布开创中白全面战略伙伴关系的新时代，推动"丝绸之路经济带"建设与白方"2030年经济发展战略"并轨发展。韩国也力图将其提出的欧亚倡议与"一带一路"结合，使中国7大战略新兴产业和韩国13大增长动力项目早日取得成果。"一带一路"与越南"两廊一圈"的战略对接，"21世纪海上丝绸之路"构想与印度尼西亚"全球海洋支点"规划的战略对接，"一带一路"倡议、"十三五"规划同老挝"变陆锁国为陆联国"战略、"八五"规划的有效对接，中国"一带一路"倡议、"十三五"规划同柬埔寨"四角"战略、"2015—2025工业发展计划"的有效对接等等都在有效实施进程之中。

二、产能合作是"一带一路"的主要实现形式

2008年国际金融危机之后，世界经济进入深度调整的漫长时期，石油、钢材、铁矿石、煤炭等国际大宗商品价格总体呈持续下跌走势。在这种背景下，无论是发达国家还是发展中国家，无论是新兴工业化国家还是能源生产国，都陷入经济发展的困境。即使沙特阿拉伯这样的富国也分别于2015年和2016年出现了979亿美元和872亿的财政赤字，哈萨克斯坦货币坚戈多年连续出现大幅度贬值。后危机时期的全球性问题需要全球治理来应对。世界各国经济发展水平参差不齐，资源禀赋各有不同，科技实力悬殊极大，但各国均有自己的比较优势，相互之间完全可以通过国际产能合作应对后危机时期世界经济的"新平庸"，以实现互利共赢。

"一带一路"构想，是中国参与和引领全球治理和地区治理的新型区域经济合作形式，基于共商、共建、共享原则，通过政策沟通、设施联通、贸易畅通、资金融通、民心相通，构建多条跨越亚、欧、非以实现合作共赢的陆上经济大走廊和海上经济大走廊。中国作为一个发展中大国，是拉动世界经济增长的重要引擎，2016年中国经济对全球经济增长的贡献率超过30%。习近平主席指出："世界那么大，问题那么多，国际社会期待听到中国声音、看到中国方案，中国不能缺席。"[①] "一带

---

① 《世界上问题那么多，中国如何不缺席》，新华网，2016年01月01日，http://www.xinhuanet.com/world/2016-01/01/c_128588623.htm。

一路"倡议正是与沿线国家实施战略对接，是通过产能合作主动参与全球治理和地区治理的中国智慧和中国方案的集中体现。2017 年 5 月 12 日，国家发展改革委副主任宁吉喆在上午的新闻发布会上介绍说，中国与"一带一路"沿线国家之间的产能合作机制已经广泛建立："中方同哈萨克斯坦、马来西亚等 30 多个沿线及其他国家签署了产能合作有关文件，把产能合作纳入机制化轨道，和有关国家对接规划和项目，共同为企业间合作穿针引线、铺路架桥。在多边层面，中方积极参与和引领区域、次区域合作，和有关国家共同谋划产能合作的重点领域和重大项目。"①

其实，国际产能合作伴随着世界经济发展的整个历史进程。不同国家和地区有着资源禀赋的差异，存在着以资源供求衡量的产能丰裕区和产能缺乏区，也存在着以要素价格衡量的产能高成本区和产能低成本区。②因而，任何国家，要想实现经济快速发展，不仅要主动学习先进技术和管理经验，更需要依托国际国内两种资源、两个市场。中国的改革开放就曾两次承接国际产能转移，从而发展成为制造业大国。第一次是 20 世纪 70 年代末，打开国门的中国积极利用自身优势承接了劳动密集型产业向发展中国家转移的机遇，逐渐发展成为加工工业大国；第二次是自 20 世纪 90 年代中期开始，中国又一次承接了中端制造业调整和转移的机遇，发展成为制造业大国。中国提出"一带一路"倡议，正是顺应中国经济发展推动着中国企业"走出去"特别是以国际产能合作为主的全球治理新趋势而作出的对外开放的重大战略抉择。

中国前两次产能合作是主动承接世界产业结构转移的"引进来"的合作，而"一带一路"背景下的产能合作则是中国企业"走出去"为主的产能转移，需要与相关国家达成共识并以相应的合作机制来保证。中国经济多年保持良好发展态势，是拉动世界经济增长的最大引擎，分享中国发展机遇，搭中国经济发展顺风车，成为"一带一路"沿线国家的共识。2016 年，中国对外非金融类直接投资创下 1701.1 亿美元的历史最高值，居世界第二位，超过同期中国实际使用外资（1390 亿美元），对外直接投资存量突破万亿美元大关，这标志着中国已经实现了从商品输出为主到资本输出为主的战略性转变。2017 年 6 月 6 日，胡润研究院携手易界 DealGlobe 发布的《2017 中国企业跨境并购特别报告》显示，2016 年，中国企业已经宣布且有资料可查的海外投资并购投资交易达到 438 笔，较 2015 年的 363 笔交易增长了 21%；而累计宣布的交易金额为 2158 亿美元，较 2015 年大幅增长了 148%。其中，民营企业成

---

① 《中国与 30 多个国家签署国际产能合作协议》，中国新闻网，2017-05-12，见 http://www.chinanews.com/jingwei/05-12/40861.shtml。
② 周民良：《"一带一路"跨国产能合作既要注重又要慎重》，《中国发展观察》2015 年第 12 期。

"一带一路"大道之行

为了中国企业海外并购的主要推动力量，其交易数量较上年增加了三倍，并在交易金额上超过了国有企业。

国际产能合作是推进"一带一路"进程的内生动力和外生动力相互促进的结果。中国正在从制造业大国向制造业强国迈进，因而中国经济发展有着国际产能合作的强大内在驱动。如今，中国已经是世界第二大经济体、第一大外汇储备国、第一大商品贸易国和第二大对外投资国，同时还是120多个国家的最大贸易伙伴。2015年，中国装备制造业产值规模突破23万亿元，占全球比重超过1/3，连续六年居世界首位。然而，作为中国发展优势的制造业仍处于中端水平，面临着发达国家"重塑制造业"的制造业回流和发展中国家发展制造业的分流的双重压力。中国高端装备关键的基础材料和核心零部件严重依赖进口，高档数控机床的进口占比大约在70%到80%之间，高端数控机床配套的数控系统更是高达90%需要进口，国产机器人所需的精密减速器、控制器等核心零部件，多数直接采购国外产品。2016年7月，中国信息化百人会与德勤有限公司联合发布的《2016全球制造业竞争力指数》报告（中文版）指出：2016年，中国是全球最具竞争力的制造业国家，但到2020年，美国或将反超中国，位列全球第一。中国制造业虽然具有比较优势，但中国经济进入增速换挡期，传统优势逐渐丧失，面临的问题是：制造业成本不如新兴国家低，品牌又比不过发达国家。处于"微笑曲线"中端制造加工环节（即低利润环节）的中国制造业正在走向研发设计和品牌营销的"微笑曲线"两端（即高利润环节），为此，必须实现从要素驱动向创新驱动的转变。

"一带一路"沿线国家的产能合作是大势所趋，是发挥各自比较优势的合作共赢之举。中国的确面临产能过剩问题，国内基础设施建设基本饱和，钢铁、铝业、水泥、煤化工、平板玻璃、造船、风电设备、光伏电池、多晶硅等多个行业开工率不足75%。一般而言，市场变化对产品结构进行调整时产能发挥85%左右为正常状态。欧美等国家将产能利用率或设备利用率作为产能是否过剩的评价指标，如果设备利用率的正常值在79%～83%之间，超过90%则认为产能不够，有超设备能力发挥现象。如果设备开工低于79%，即为产能过剩。我国虽然还没有产能过剩的评价指标，但一般认为出现行业供给超过了行业需求，产品价格相对下滑，或者企业盈利能力大幅度下滑，亏损企业增加，便是产能过剩。但中国所面临的产能过剩是相对过剩，并不是绝对过剩，更不能简单地将中国的过剩产能定性为落后产能。

中国作为制造业大国，主要产能处于中端水平，需要实现产业结构的逐步升级。

一般而言，解决产能过剩有两种途径：一是去产能，中央提出供给侧改革，推行"三去一降一补"（去产能、去库存、去杠杆、降成本、补短板）的政策，来完成经济结构的调整和经济增长方式的转变，仅 2016 年钢铁和煤炭去产能就分别达到 4500 万吨和 2.5 亿吨；二是国际产能转移无疑是另一个主要路径。如果将一些产能因地制宜地转移到一般发展中国家，将会很快转化为生产能力，并适合其市场需求，不仅能够极大地解决就业问题，而且推动这些国家的工业化发展进程。2016 年 8 月，国务院办公厅印发的《关于石化产业调结构促转型增效益的指导意见》指出：充分发挥我国传统石化产业比较优势，结合"一带一路"倡议，积极推动优势产业开展国际产能合作，建设海外石化产业园区，推动链条式转移、集约式发展，带动相关技术装备与工程服务"走出去"。① 实际上，国际产能合作对以哈萨克斯坦为代表的主要以能源为经济支柱的国家来说更为重要，因为近年来石油、矿产等国际大宗商品价格大幅下跌，这些国家的经济发展面临极大困难。对中国而言，国际产能合作将倒逼国内改革，促进中国经济发展向创新驱动转变，进而提升中国在全球产业链中的地位，打造一个互利共赢的崭新价值链体系。

推进"一带一路"，必须要照顾沿线各国利益关切，扩大各方利益汇合点，构建新的利益共同体，进而形成新的命运共同体和责任共同体。马克思主义认为，追求利益是人类一切社会活动的动因，"人们奋斗所争取的一切，都同他们的利益有关。"② 而今，面对经济全球化的不确定性，经济利益作为国家首要利益日渐突出，而中国沿价值链上移，也将使与中国进行产能合作的"一带一路"沿线国家受益。推进"一带一路"，市场运作是基础，企业是主体。战略对接的重点集中于产能合作领域。正如习近平主席所指出的："推进'一带一路'建设，要注意构建以市场为基础、企业为主体的区域经济合作机制……要在发展自身利益的同时，更多考虑和照顾其他国家利益。"③ 中国企业因国内产能过剩压力，参与"一带一路"的积极性很高，包括装备制造、高铁、核电在内的优质产能对"一带一路"沿线国家也有相当的吸引力，特别是国家开发银行、中国进出口银行、丝路基金等国内金融机构及亚投行、金砖国家开发银行、上海合作组织银行联合体等国际融资平台对国际产能合作重大项目的融资支持，中国企业"走出去"具备了大显身手的实力。

"点对点"是"一带一路"建设的产能合作新模式。这种"点对点"的产能合

① 《国办印发〈指导意见〉，部署石化产业调结构促转型增效益》，《人民日报》2016 年 8 月 4 日。
② 《马克思恩格斯全集》第 1 卷，人民出版社 2002 年版，第 187 页。
③ 搜狐网，2016 年 05 月 01 日，http://www.sohu.com/a/72843473_162758。

"一带一路"大道之行

作新模式，不仅将中国"一带一路"的宏伟构想落到项目合作的实处，而且能够有效化解"一带一路"风险。中哈产能合作为"一带一路"背景下的产能合作提供了新样板和新模式。首先，中哈两国在产业分工和资源禀赋上存在极大互补性，制造业是中国的比较优势，哈萨克斯坦具有资源优势；其次，中哈在基础设施建设及加工制造业方面的产能合作具有巨大潜力。中国企业到哈萨克斯坦投资建设钢铁厂、水泥厂、平板玻璃厂，一则可以就地消化哈萨克斯坦的石油、天然气等优质清洁能源，降低生产成本；二是可以满足哈国内市场需求，减少进口，增加出口，提高哈经济竞争力；三是发展制造业有利于哈增加就业，改善民生。再次，中哈产能合作将推动哈萨克斯坦经济发展摆脱能源出口依赖，帮助哈建立独立的工业体系。哈萨克斯坦属于一个农业国和能源出口国，农业生产总值占到 GDP 的 40% 左右。石油工业是哈萨克斯坦的支柱行业，中国相对过剩的产能很适合于处于工业发展初期的哈萨克斯坦，因为哈拥有劳动力增长的极大潜力，适合发展劳动密集型的加工制造业。

中亚国家是最早与中国在"一带一路"模式下开展产能合作的地区。《外交学者》2016 年 7 月 14 日文章披露：吉尔吉斯斯坦宣布了一项计划，将把 40 家中国工厂迁往该国以实现"再工业化"。工厂列表中包括酿造厂、纺织厂、棉花生产线和硅加工厂等。此举将有助于吉创造新的就业岗位、降低失业率和减贫。[①] 乌兹别克斯坦前总统卡里莫夫表示："乌方愿意积极参与建设丝绸之路经济带，促进经贸往来和互联互通，把乌中两国的繁荣更紧密地联系在一起。"中国和土库曼斯坦合作委员会已经举行了多次会议，就产能合作达成一系列协议。"一带一路"要打造的开放、包容、均衡、普惠的区域经济合作格局，推动联合国"2030 可持续发展议程"的实现。美国彭博社甚至预测，到 2050 年"一带一路"沿线国家将新增 30 亿中产阶级。乌兹别克斯坦锡尔河州的鹏盛工业园是"一带一路"背景下产能合作的又一成功案例。由于苏联时期该地区产业结构分配不平衡，直接造成乌兹别克经济发展水平一直处于较低水平，而乌兹别克斯坦的优势是劳动力资源丰富，工资相对低廉，工业生产能力却相对薄弱。而温州民企鹏盛公司以"温州模式"在乌兹别克斯坦锡尔河州投资鹏盛工业园，生产瓷砖、水龙头、手机、皮革、鞋类等小产品，这都是日常生活中司空见惯的产品，却都深受乌兹别克斯坦市场青睐。该工业园已为当地创造 1300 多个就业岗位，为乌兹别克斯坦锡尔河州创造了 20% 的税收。

与发达国家合作共同开发第三方市场的合作是"一带一路"国际产能合作的模

---

① 《吉尔吉斯斯坦向北京借力》，转引自《环球时报》2016 年 7 月 15 日。

式创新。作为"一带一路"最西端的西欧经济圈与中国存在经济上的垂直分工，互补性很强，产能合作潜力更大，对中国提升产业结构有着极为重要的意义。2015年7月2日，中法签署《关于第三方市场合作的联合声明》，就将实现中国的中端工业生产线和装备制造水平、法国等发达国家制造业的高端水平及大多数发展中国家的工业化初期水平实现产能优势的有机整合。中法两国可以在核电、高铁等领域开展第三方合作，实现中国、法国和第三方市场的互利三赢。这种合作形式将中国的中端装备与法国的先进技术和核心装备结合起来共同开发第三方市场，对中国而言，意味着存量资产得到盘活，产业链迈向中高端；对法国而言，意味着更多的出口与就业；对第三方市场而言，则意味着获得更高性价比的装备与工业生产线，满足自身工业化的需求。① 第三方市场不仅可以真正做到开放合作、和谐包容、市场运作和互利共赢，重要的是将中国国内发展和"一带一路"沿线国家有机整合，使所有沿线国家受益，实现了中国国内与国际的良性互动。中国与比利时也一致同意合作开拓第三方市场。中比还签署了互联互通、金融、通讯、微电子、教育等12项双边合作文件。②

"一带一路"的核心内容是通过推进产能合作，实现中国经济的"调结构、转方式"，特别是"中国制造2025"与"互联网+"的结合，向"智能制造"挺进，实现中国制造的跨越式发展。中法、中比的合作效应，将会带动更多的西欧发达国家加入到与中国共同开发第三方市场的行列，甚至包括非"一带一路"沿线国家和企业的积极响应。这也是英、法、德等西欧发达国家为什么不顾美国的阻挠积极参加亚投行的原因所在。美国霍尼韦尔董事长兼首席执行官高德威先生写给李克强总理的信中说："我们在中国的业务，已经在积极拓展您提到的'第三方市场'。"③"一带一路"建设推动中国经济在对外合作中实现发展和结构升级，顺应国家发展战略。"十三五"规划制定了明确的目标，将重点培育形成以集成电路为核心的新一代信息技术产业、以基因技术为核心的生物产业以及绿色低碳、高端装备与材料、数字创意等突破十万亿规模的五大产业。2017年5月，来自"一带一路"沿线的20国青年评选出了中国的"新四大发明"，即高铁、支付宝、共享单车和网购。这"新四大发明"均与新一代信息技术的应用有关，形成信息技术与传统行业有机整合的创

---

① 史麟：《国际产能"第三方市场合作"如何从蓝图变为现实》，人民网－时政频道，2015年7月1日，见 http://politics.people.com.cn/n/2015/0701/c1001-27239632.html。
② 《中比将合作开拓第三方市场》，《北京日报》2015年6月30日。
③ 《全球企业巨头致信李克强：中国增长了，我们都会跟着增长》，中央政府门户网2015年08月24日，见 http://www.gov.cn/xinwen/2015-08/24/content_2919040.htm。

新经济发展模式，也为"一带一路"提供合作新领域。

中国不仅具有性价比高的中端水平的产能，也有更先进的高端产能，而对于绝大多数"一带一路"沿线国家来说，既可以根据自身国情承接中国的中端水平的产能以调整和优化其产业结构，也为进一步承接高端产能（如高铁、核电等）提升其产业层次奠定基础。国际产能合作充分整合中国的产能、技术、资金和"一带一路"沿线国家的资源、需求、劳动力，甚至可以开拓新的市场，推动资源和要素在双边及区域范围内的有效配置。"一带一路"背景下的国际产能实际上意味着中国产业由中端向高端升级，升级过程中需要加大研发力度，培育精益求精的"极致精神"和"工匠精神"，从而赋予中国产品独特的文化神韵，实现中国品牌的硬实力和软实力的双重提升。

本文系北京高校中国特色社会主义理论研究协同创新中心（对外经济贸易大学）阶段性研究成果；国家社会科学基金项目"建设南方'丝绸之路经济带'的地缘经济政治环境研究"（项目编号：14BGJ003）的成果。

陕西：发掘文化优势，
打造"一带一路"核心

刘英[*]

摘要： 陕西在全国建设"一带一路"中具有独特的区位优势、文化优势和科技优势，因此，要充分挖掘自身文化优势，以文化为引领，围绕"一带一路"开展工作，将自身建成"一带一路"的国家品牌与核心，打造"一带一路"交通枢纽和物流中心、国际贸易和国际产能合作中心、金融中心、内陆开放新高地，与沿线国家广泛开展合作与交流，联手共建"一带一路"，带动西北、全国乃至"一带一路"沿线国家和地区经济、社会和文化等的全面发展。

关键词： 陕西 文化优势 "一带一路"

2013年9月7日，国家主席习近平在哈萨克斯坦出访过程中首次提出共建"丝绸之路经济带"时讲到："我的家乡陕西，就位于古丝绸之路的起点"。2015年3月《推进共建"丝绸之路经济带"和"21世纪海上丝绸之路"的愿景与行动》（下文简称"《愿景与行动》"）文件发布后，5月，习近平主席又以西安人的身份，在家乡接待了印度总理莫迪。不到一年，来访陕西的外国元首多达14位。

作为陕西省会的西安历史悠久，是十三朝古都，早在3000多年前古丝绸之路就起源于此，也是当代"一带一路"的重要核心枢纽。陕西在全国建设"一带一路"中的区位优势、文化优势、科技优势等是独一无二的，具备建设"一带一路"的天时、地利和人和条件。因此，陕西要充分挖掘文化优势，将自身建成"一带一路"的国家品牌与核心，进而带动西北、全国乃至"一带一路"沿线国家和地区的经济、社会、文化等的全面发展。

作为古代丝绸之路的起点，陕西省是来自丝绸之路沿线的多元文化及多元宗教的汇聚中心，不仅占据着"一带一路"核心区的独特区位优势，而且具备历史悠久的天然文化优势，这是陕西吸引"一带一路"沿线国家和地区共同建设丝绸之路的

---

* 刘英：中国人民大学重阳金融研究院合作研究部主任。

"一带一路"大道之行

最强、最具吸引力和文化感召力的核心优势。"一带一路"的历史充分体现了中国文化、中国元素、中国模式和中国形象，如何挖掘好"文化"这一深刻内核，将"文化"作为陕西建设"一带一路"的核心优势，挖掘陕西的丝绸之路历史文化优势，以文化作为一种精神的指引和内心的吸引，推动陕西"一带一路"建设，带动互联互通、经贸合作、商贸物流、金融合作、科技教育、国际旅游合作、国际产能合作，则是亟须研究的课题。

陕西的经济发展要通过以简政放权加强政策沟通，以科技创新打造物流中心，完善基础设施建设，实现互联互通，从而加快石油、煤炭等传统产业的结构调整，进而促进贸易投资畅通，并以促进资金融通为目标加快能源、金融中心的建设。最重要的，是要通过挖掘中国传统文化优势，加强丝绸之路的文化建设，以此来促进"一带一路"的民心相通，打造陕西在"一带一路"中的经济、文化中心地位，进而辐射大西北，带动内陆和沿边的对外开放新格局，促进"一带一路"的全面建设，提升陕西的经济文化水平，复兴古丝绸之路的辉煌，把陕西打造成建设"一带一路"的现代中心，翻开建设"一带一路"的新篇章。

一、政府应挖掘文化优势，以文化为引领，打造"一带一路"六个中心

（一）政府要简政放权，发挥在"一带一路"建设中的引领作用

首先，在国家层面，战略定位上要将陕西作为开创全方位对外开放新局面的标志。陕西居于"一带一路"的重要支点和向西开放的前沿位置，肩负着打造西部科学发展新引擎、内陆改革开放新高地及新型城镇化发展方式创新、国家生态安全屏障等使命。

其次，陕西省政府要将包括西安在内的陕西地区的经济发展和社会建设全面围绕"一带一路"建设来实施。要找准在"一带一路"建设新高地的精准定位，加快建立开放型市场经济新体制，培育全面开放竞争新优势，推动更高水平的"引进来"和"走出去"，打造内陆改革开放新高地。

最后，地方各项经济、文化、社会工作都以加快"一带一路"建设为目标来切实提升开放水平，以"一带一路"政策沟通、设施联通、贸易畅通、资金融通和民心相通"五通"为建设重点。全面借鉴上海自贸区建设的经验，推进贸易通关便利化，推行准入前国民待遇加负面清单管理制度，建设西安自由贸易区。

（二）发挥历史文化优势，首先打造"一带一路"六个中心

一是将陕西建成"一带一路"新高地和核心。陕西不仅是古代丝绸之路的起点，而且是"一带一路"的文化核心，位居全国的地理中心位置，也是西北重镇。西安也是西北最大的城市，具备完善的工业基础，以及优秀的文化资源、旅游资源、能源资源、科技资源、教育资源等，是建设"一带一路"责无旁贷的新高地。陕西尤其要以西北最大城市为核心，加强"一带一路"文化建设，以西安为"一带一路"的重要支点和枢纽，着力扩大向西开放，按照"五通"要求，加快"一带一路"建设的辐射力、影响力和吸引力。

二是将陕西尤其是西安建成"一带一路"核心枢纽。陕西位于"一带一路"中国贯通东西、纵横南北的核心枢纽位置上，位于新亚欧大陆桥经济走廊的核心枢纽位置上。西安在地理上位于中国的中心位置，以西安为中心，以千公里为半径能覆盖中国的 25 个省区，也即覆盖了中国大多数地区。这个独特的核心区位优势，为构建包括航空、公路、铁路、网络、信息、地下管网六位一体的互联互通网络提供了必然性，这也使得西安自然地形成了"丝绸之路经济带"的新起点。而以交通基础设施建设和"一带一路"物流中心为先导，陕西将可建设成为通江达海、陆空联运、无缝衔接的对外开放大通道。

三是打造"一带一路"经贸物流中心。陕西作为六位一体的互联互通网络中心节点，与全国各地的直线距离最短，这是陕西打造商贸物流中心的区位优势，同时以服务业为主拉动中国经济增长。陕西尤其是西安具备发展现代服务业的优势，打造"一带一路"物流中心成为必然。要建设"一带一路"引进来和走出去的西向和东向建设枢纽，辐射新疆、甘肃及青海，向西通往中亚甚至欧洲的物流中心，向东可直达青岛和连云港，与海上丝绸之路无缝连接。

四是建设"一带一路"能源、金融中心。陕西不仅拥有长庆油田这一中国最大的油气田，而且拥有榆林地区的煤炭富集区；黄金储量丰富，成立了 1000 亿元的西安丝绸之路黄金基金。上合银联体、丝路基金、亚投行等都支持"一带一路"建设，除了政策性金融、开发性金融、合作型金融对"一带一路"的支持外，中国银行和建设银行分别拿出 3000 亿和 1500 亿元在未来三年内支持陕西建设"一带一路"。在具备天然的能源资源禀赋优势，以及金融机构对陕西的青睐的同时，主要是天然的文化优势的吸引，自然地理的核心枢纽优势，使得在陕西建设能源金融中心成为可能。陕西可通过深化中亚能源化工合作，以国际产能合作为重点，深化包括电子

信息、装备制造、有色冶金等在内的产业国际合作。

五是建设"一带一路"文化中心。文字始祖仓颉就出生于陕西省渭南市白水县。陕西不仅拥有西安这样的十三朝古都，拥有历史悠久的古代文化，而且拥有如延安这样的优秀现代文化。挖掘和发扬陕西的文化资源，其实就是在挖掘中国文化资源，传承和发扬中国文化，也有助于将陕西打造成"一带一路"的文化中心。要充分利用和打造好丝绸之路的文化中心，以人文交流为纽带，加强文化、教育、旅游等国际交流与合作，扩大陕西乃至中国的国际影响力。

六是建设"一带一路"国际旅游中心。西安拥有的文化及名胜古迹是天然的旅游资源，而延安作为红色旅游的圣地，更是吸引众多国内游客。要挖掘陕西文化旅游资源，尤其是"一带一路"的文化旅游资源，以青年为主导，将陕西打造成为"一带一路"的国际旅游中心，并加强"一带一路"沿线的国际旅游合作，打造国际旅游精品，通过旅游唤起人们对于丝绸之路的美好的共同记忆。

二、发挥区位优势，提升互联互通水平，打造"一带一路"交通枢纽和物流中心

（一）陕西在"一带一路"上拥有独特的区位优势

首先，西安是古代丝绸之路的起点，也是"丝绸之路经济带"的新起点。其次，陕西位于亚欧大陆桥和新亚欧大陆桥经济走廊之上而且处于核心枢纽位置。再者，陕西西安位于中国地理位置的核心。最后，陕西西安是西部对外开放最大的城市，是十三朝古都，是"一带一路"上具备得天独厚优势的政治、经济、文化中心，不仅是"一带一路"建设的新高地，更是"一带一路"的永久会址。

陕西西安是西北重镇，而且辐射范围广。从地理位置上分析，西安是第一个东部经中部再向西部过渡的重要城市。西安位于中国中西部两大经济区域的结合点，是西北地区通往西南、中原、华东和华北的门户和交通枢纽，在全国经济布局上具有承东启西、东联西进、贯通南北的地理优势。基础设施建设也为西安的发展提供了保障。作为"丝绸之路"的起点，西安以高铁为连接方式，可以直接将长江经济带和沿海经济带连接起来。与此同时，陕西省航空产业非常发达，2014年西安国家航空实验区的设立更加快了西安建设"丝绸之路经济带"上最大国际中转枢纽港的步伐。

（二）以文化优势带动旅游产业，进而加强互联互通建设

西安的文化优势也是其他城市无法比拟的，作为汉唐时代古丝绸之路的起点，进而成为"丝绸之路经济带"的新起点，西安具有得天独厚的地理、文化、资源等天然优势。陕西省要以文化优势带动旅游产业，进而加强互联互通建设。

首先，通过搭建人文交流的国际平台来建设"一带一路"。依托西安曲江新区，组建陕西省丝绸之路国际文化交易中心；组织开展西安丝路文化国际巡展、赴土库曼斯坦"西安文化周"活动；发挥陕西延安的红色旅游优势，尤其是发挥陕西的优秀传统文化优势来吸引国际旅游。

其次，要通过文化来吸引和加强国际旅游合作。要积极落实《丝绸之路跨国申遗工作备忘录》，打造以"汉风古韵"为主题的丝绸之路历史文化旅游区，争取国家旅游发展基金支持，积极举办丝绸之路国际旅游相关会议及活动。同时，与"一带一路"相关国家地区联合开发国际旅游线路，建设一批丝绸之路文化旅游项目，完善并常态化运行西安至乌鲁木齐丝绸之路旅游专列。充分利用西安咸阳国际机场口岸实现"72小时过境免签"，加强国际旅游合作。

再者，通过扩大民间友好往来促进文化与旅游业发展。加强与丝绸之路沿线国家合作，尤其是与沿线城市青少年的交流互访活动；依托中亚东干协会及沿线各国民间社团组织，不断扩大民间友好往来；积极发展文化保税产业，推进文化保税园区建设，完善进出口贸易服务平台；加快陕西国际文化贸易基地建设，拓展文化进出口业务。

最后，加强培训、教育领域合作。建设丝绸之路经济带教育文化研究交流中心，开展人力资源开发培训和留学生教育活动，推进职业院校俄语课程班项目，加快丝绸之路经济带高端人才培养与交流中心暨人力资源服务产业园建设。

（三）发挥区位优势，以基础设施建设提高互联互通水平，构筑"一带一路"物流中心

2014年9月，在"一带一路"提出一周年之际，上海合作组织6个成员国交通管理部门负责人签署了《上合组织成员国政府间国际道路运输便利化协定》，这将为加速成员国的跨境道路建设与运输业发展提供巨大便利。以哈萨克斯坦为例，这将为哈萨克斯坦道路运输发展起到积极推动作用，道路运输量将扩大2倍，2020年货物运输量将由目前的160万吨增长至320万吨。哈萨克斯坦国际货物运输业务年收入将达到250亿坚戈。

"一带一路"大道之行

1. 打造好陕西在新亚欧大陆桥经济走廊的核心枢纽位置

陕西要抓住在建设新亚欧大陆桥经济走廊的重要机遇，打造"一带一路"流通中心和枢纽。亚非欧大陆无论是在经济、技术还是在市场以及资源上都有很强的互补性，亚非欧合作具有广泛的经济技术基础，包括基础设施在内的交通的互联互通则是整合各种资源和各种市场的优势的基石。实现互联互通将极大地激活陆桥沿线资源和市场的巨大潜在价值，并由此激活"一带一路"沿线国家和地区的城市与地方国际地位的迅速改变。

而随着"一带一路"沿线国家和地区的各种能源资源的比较优势的逐步上升，其开发成本也将随之而下降。国际市场的开放性也会逐步增大，"一带一路"沿线国家和地区的城市的地位都将得到显著提升，亚非欧在"一带一路"沿线的双边和多边贸易也将随着陕西尤其是西安建设"一带一路"互联互通核心枢纽位置的实现，而越来越多地贯通新亚欧大陆桥整个经济走廊，进而带动沿线国家和地区经贸畅通与发展。

"新欧亚大陆桥"经济走廊，东起太平洋西岸的青岛、连云港和日照等中国东部沿海港口，向西可以抵达大西洋东岸的荷兰的鹿特丹、比利时的安特卫普等大港口，横贯亚欧两大洲的中部地带。新亚欧大陆桥经济走廊地理位置和气候条件都相当优越，可以避开高寒地区，港口无封冻期，吞吐能力强，可以常年连续作业。不仅能够缩短陆上运距 2500 公里，而且在成本上还能比陆上运费节省 25%，时间能够缩短一个月左右，这将大大加快资金流转的速度，这就将财富更加快速地创造和积累起来。

"一带一路"提出的现有国际通路及规划中包括公路、铁路、航空、地下管网等在内的交通的互联互通。从历史上来看，亚欧大陆桥大致可以划分为三个发展阶段。

第一亚欧大陆桥（主要是指西伯利亚大陆桥）早在 1971 年就确定下来，起于俄罗斯东部的符拉迪沃斯托克（海参崴），横穿西伯利亚大铁路，后通向莫斯科及欧洲各国，终点抵达荷兰鹿特丹港。

第二亚欧大陆桥是在 1990 年 9 月与哈萨克斯坦铁路接轨的经我国兰新铁路、陇海铁路的新欧亚大陆桥，其中一大部分是古代的"丝绸之路"，当今又称为"丝绸之路经济带"，是亚欧大陆现有东西最为便捷的通道。

第三亚欧大陆桥 2007 年提出设想，主要是以深圳港为代表的广东沿海港口群为起点，沿途经由昆明经缅甸、孟加拉、印度、巴基斯坦、伊朗，从土耳其进入欧洲，最终抵达荷兰的鹿特丹港。

因此，依托于便捷的铁路运输体系，新亚欧大陆桥经济走廊上的国际贸易支点城市在推动新亚欧大陆桥经济走廊上国家通关便利化、贸易和投资便利化等方面具有巨大的发展空间，其中主要的代表城市包括有西安、连云港等。陕西在新亚欧大陆桥经济走廊的建设中发挥着重要的战略支点和交通枢纽作用。

2. 作为新亚欧大陆桥经济走廊重要战略支点，建设海陆空网信五位一体的中心枢纽

充分利用陕西在国内建设"一带一路"当中的承东启西、连接南北的中心区域作用，加强公路、铁路、航路、网络、信息五位一体的全面互联互通建设，建立基于互联网的数据交换平台，打造网上丝绸之路，推进跨境电子商务建设一般出口和直购进口的试点工作。加快西安港建设，加快空港建设，启动空港、陆港快速干道建设，实现联动发展。推进铁路集散中心建设，争取保税区。连接从青岛到西安至新疆的丝绸之路经济带的通关一体化改革，促进"一带一路"核心区域建设。

以陕西省省会为例，西安是新亚欧大陆桥的中心城市，2014 年创造的 GDP 为5475 亿元，位居全国第 29 位，2013 年年末常住人口 858.8 万人，西安是西北最大的城市，创造的 GDP 也是最多的。作为"丝绸之路"上重要的交通枢纽，西安以空港和公路为代表的交通运输业较为发达，科技、教育优势在全国都是相当显著的，连接我国东部兼具人才、资金、技术和市场优势的发达地区和西部具有劳动力和资源优势的发展中地区。西安市建设"一带一路"国际贸易支点城市建设的综合实力如图 1 所示。

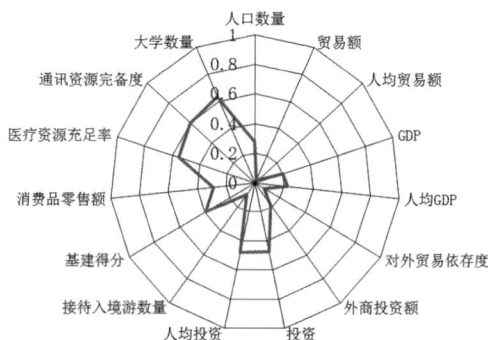

图1：西安市在"一带一路"国际贸易支点城市建设的综合实力
资料来源：国家统计局、海关总署、WIND

"一带一路"大道之行

在古代，西安曾经是全国的政治、经济、文化中心。西安是世界著名的历史文化古都，自公元前11世纪起，周、秦、西汉、新莽、西晋、前赵、前秦、后秦、西魏、北周、隋、唐等王朝先后在西安建都，西安的文化底蕴非常深厚，吸引着大量的国内外优秀人才，吸引着大量的国内外游客来此。在国家建设"一带一路"的大背景下，西安的区位优势愈发凸显，在"丝绸之路经济带"的建设上拥有先发优势。

（1）打造常态化运营的"长安号"特色班列，提高互联互通水平。截至2015年10月底，包括"长安号"在内，有1070多个中欧班列驶往欧洲，回程有207个班列。其中，渝新欧铁路已经实现常态化运营，而且是运输金额最高的班列。而义新欧也通过了三个班列，可以直达欧洲。有一个班列还实现了私营企业参与驶往伊朗的德黑兰，辗转驶往欧洲。而郑新欧是市场化程度高的多种经营的中欧班列。

"长安号"作为连接西安至中亚的国际班列，曾经开行了从西安到新疆的旅游专列，这是"长安号"的一大特色，可以利用"长安号"来加强国际旅游合作，打造"一带一路"沿线的旅游精品线路。"长安号"国际货运班列作为陕西省建设"丝绸之路经济带"新起点和向西开放战略中开通的首趟国际货运班列，在西安建设"一带一路"国际贸易支点城市的过程中将起到重要的枢纽作用。"长安号"国际货运班列的总体规划为"一干两支"，其中"一干"为西安至鹿特丹线，全长9850公里；"两支"是指西安至莫斯科线，全长7251公里，以及西安至哈萨克斯坦线。"长安号"免除了陕西省货物通过铁路运往中亚、欧洲等地须经每个口岸重新报关等繁琐的程序，节约了报关时间和成本。

而陕西在结合欧洲和西亚、中亚、南亚及非洲市场的需求的同时，调整改造传统的产业结构，积极发展现代服务业。"长安号"需要充分结合陕西的特色产业并发挥其特色科技技术优势，打造中欧班列的特色班列，加强"一带一路"的互联互通水平，引领陕西经济发展，结合陕西的产业特点来实现长安号的常态化运营。

"长安号"的开通将进一步发挥西安的区位优势，"西安港"也将成为"丝绸之路经济带"上最大的国际陆地中转枢纽港，将大力支持重现"万国通商"盛景，助力陕西建设"一带一路"重要枢纽和节点。西安国际港务区是构建"丝绸之路经济带"重要的枢纽之一，是国家深入实施西部大开发战略和《关中—天水经济区发展规划》中明确支持发展的重点区域。

"长安号"国际货运班列是国内首趟直达中亚的整车货运班列。西安港务区与沿海沿边港口、口岸建立战略合作关系后，港口吞吐量快速增长。加快推进西安铁路物流集散中心建设；打造"长安号"国际货运品牌，加大回程班列货源组织，不断加密班列开行列数并向欧洲延伸；推进海铁、陆铁联运，开通西安（新筑）至青岛（青岛港）国际货运班列，力争实现常态化运行。西安国际港务区的建立是我国内陆地区建设国际陆港、打造现代物流基础平台的一个尝试，对降低物流成本、促进开发开放式经济发展具有重要的实践价值和现实意义。

（2）陆海空全方位联动，建设西安国际港及空中走廊。加快西安港的建设，推动陆海空联动。启动西安港总体规划编制工作，争取将西安港建设纳入国家相关规划范畴；推动西安铁路车站临时对外开放口岸和多式联运监管中心建设；争取汽车整车进口口岸早日获批，支持西安国际港务区建设中西部商品交易中心和电子商务产业园；启动空港、陆港物流专线和城市快线等快速干道建设；加强航空口岸信息化、智能化建设，完成西安咸阳国际机场三期扩建工程项目预可研工作；推进户县机场搬迁和机场空域优化工作；加快西安咸阳国际机场通程航班行李直挂业务；增开国际航线四通八达。开通西安至阿拉木图、罗马、东京等地的国际航线，提升西安咸阳机场"国际枢纽"地位，打通向西开放的空中通道。

（3）畅通网上丝绸之路，建设跨境电商和信息丝路。西安被列为国家跨境贸易电子商务服务试点城市。利用西安的科技优势，加快推动信息丝绸之路建设。推进跨境贸易电子商务一般出口和直购进口试点工作，及时跟进落实国家有关支持跨境电子商务发展政策，积极推动建立和完善有关配套措施和政策。修订完善跨境电子商务海关监管方案，提升跨境电子商务通关效率。积极推动电子口岸、跨境电子商务公共服务平台等配套设施建设，积极争取保税进口试点资质，扩大跨境电子商务线下体验店布点，支持跨境电子商务企业开展面向"一带一路"沿线国家的跨境电子商务合作。加快推进西安新丝路国际电子商务产业园、京东西北电子商务基地、西安跨境电商企业创业孵化基地、丝绸之路空间信息平台、丝绸之路北斗智慧文化旅游信息服务系统示范应用等项目建设。

总之，陕西要发挥在公路、铁路、航空等全方位的互联互通枢纽地位。早在2014年《西安国家航空城实验区规划》获得国家民航总局批复，空港新城成为全国首个国家航空城实验区。西安应该积极利用"丝绸之路经济带"的契机，加强公路、铁路、电信、电力、油气管道等基础设施，并通过加快西安出口加工区、西安综合保税区与西安高新综合保税区的整合，促进信息技术、大型跨国公司和国际知名金融服务在保税区的聚集，完善西安自贸区建设，最大限度地发挥西安"丝绸之路经济带"物流中心作用。此举也会对中国与"丝绸之路经济带"沿线国家之间的贸易起到至关重要的作用。

三、发展现代服务业，打造"一带一路"国际贸易和国际产能合作核心

在促进"一带一路"的互联互通过程中，可以通过重点项目建设来推动相关产业的发展。陕西利用"一带一路"重要倡议支点优势，加快与亚欧国家的双多边合作。加快中俄丝路创新园、中意航空谷、陕韩中小企业产业园等项目建设，推进中新政府间第三个合作项目、中吉空港经济产业园等项目工作，推动陕西文化保税园区、丝绸之路国际文化城、中哈苹果友谊园、欧亚经济综合园区核心区、欧亚创意设计产业园等省内重点项目建设。

（一）利用产业优势，加强与沿线国家和地区的国际产能合作

陕西不仅拥有具备比较优势的通航产业、石油产业、煤炭产业、装备制造等传统优势产业，而且拥有金融等现代服务业及包括果业在内的农业产业。在"一带一路"的建设过程中，形成了面向"一带一路"的国际产能合作新优势和面向"一带一路"沿线的新市场吸引力的产业和产品。陕西需要建设通航产业、现代服务业来发挥在"一带一路"中的核心枢纽作用。

在石油和煤炭行业的建设中，要在充分发挥传统产业优势的同时，结合"一带一路"新高地的建设，进行供给侧结构性改革。从 2000 年到 2013 年，陕西在国内石油市场的占有率从 5.9% 提升到 16.1%，比较优势指数从 4.3 提升到 9.1。煤炭在国内的占有率从 1.6% 提升到 7.6%，比较优势指数从 1.2 提升到 4.3。

陕西应充分发挥在果业上的国际竞争优势。因为黄土地的资源禀赋条件，陕西的浓缩苹果果汁占全球 25% 左右的市场占有率，95% 的产品出口国外，是全球最大的苹果果汁生产地。可以打造和提升苹果优势产业带，不仅覆盖目前的欧亚非和美洲澳洲地区，更提升和加强在"一带一路"沿线的品质和品牌。

西安是国家重要的科技研发中心、区域性商贸物流会展金融中心、国际一流旅游目的地城市、全国重要的高新技术产业和先进制造业基地，拥有完善的现代产业体系，在发展高新技术产业、先进制造业、现代服务业、旅游和文化产业上具有突出优势，具有设立自贸区的产业支撑。在此基础上，需要打造包括机电设备等中高

端产品在内的国际竞争力，2014 年出口机电产品 55 亿元，同比增长 43%，进出口为 100 亿元，同比增长 94%。

充分利用文化、教育、科技优势开展科技创新，打造西安"一带一路"新高地的核心地位。西安的产业结构中工业优势突出，需要通过供给侧结构性改革，更多转向以"一带一路"建设新高地为目标的以文化、金融、旅游等服务业为主导的产业结构模式，而从传统的制造业为主的模式转向以服务业为主的模式，尤其是要充分利用西安的科技、教育优势，发挥科技创新引领作用，吸引包括"一带一路"沿线国家的重要组织机构在西安设立分支和总部机构。

西安不仅是中西部地区重要的高等教育、科技研究、高新技术产业和国防科技工业基地，而且是中国重要的航空、航天工业中心、机械制造科技转化中心和纺织工业中心。作为中国中西部科技实力最强、工业门类最完善的特大城市之一，西安的工业以机械、纺织业为主，兼有化工、电力、冶金、建材、食品、医药等门类齐全的工业体系，是我国航空航天、电力机械制造、仪器仪表、电子、纺织工业的重要基地之一。

其中，航空产业是陕西省优势明显的战略性产业，西安阎良是中国著名的航空城，拥有大飞机、支线飞机及通用飞机整机制造、培训、维修能力，是全国航空产业体系最完整的地区，这极大整合了航空产业资源并带动相关产业发展，是未来航空产业拉动周边城市建设的源头。西安雄厚的航天工业实力，将助力建成"一带一路"空中走廊，并结合独有的国际陆港及"临空经济"条件，形成五位一体的"互联互通"发展模式，以文化带动经贸发展具备巨大发展潜力和优势。

西安在中国科学技术研究和开发及全国高等教育中占有重要地位。全市有各类高等院校 100 多所，10 多个博士后科研流动站，约 100 处博士学位授予点和 300 多处硕士学位授予点，西安的科技和高教事业发达，航空、电子、航天、纺织、医药等方面的一些技术与科研成果居于国内先进水平和国际水平。

此外，西安产业聚集度高、教育资源丰厚、科研基础强大、劳动力成本相对低廉、金融产业发展良好。西安第三产业以旅游文化为主导，并集合现代物流、金融会展、信息咨询、电子商务、房地产等形成了现代西北地区服务业集中地。随着从业人员的比重不断上升，第三产业在三大产业中的地位也愈加凸显，得天独厚的产业优势为其在西部地区的发展提供了长期的发展动力和完整的产业链基础。

（二）发挥陕西西安等地的国际贸易平台优势

首先，积极推进重点合作项目建设。加快中俄丝路创新园建设，推动丝绸之路经济带西安国际科技创新中心、欧亚创意设计园、中国进口商品促进中心（西安中心）、丝绸之路国际友好园、环大学创新产业带建设。

其次，支持优势企业开展国际合作。策划设立"中亚·长安产业园"，策划举办"西安走进中亚推介系列活动"，支持能源和高端装备制造类企业"走出去"，与丝绸之路沿线各国开展经济技术合作，在境外设立产业园区和物流园区，建设一批示范项目。争取国家支持在西安建设丝绸之路经济带能源储备基地。支持西安高新区建设丝绸之路能源装备产业园。支持西安经开区建设丝绸之路装备制造产业园。

最后，优化整合驻外商贸服务机构。整合在外资源并联合在中亚重点国家设立驻外代表机构，为企业与中亚地区的交流合作提供服务和支持。要充分利用"一带一路"建设新高地的导向，建设好西安自贸区，加强投资贸易建设，并形成辐射和带动作用，带动陕西省全省的经济贸易发展。

在某一地设立自贸区，并不仅仅看经济贸易，而是要综合地缘优势。我国尚没有内陆自贸区，而西安地处我国内陆的中心区域，承东启西、连接南北，是亚欧大陆桥的中心城市，是全国交通、信息大通道的重要枢纽，是丝绸之路的起点。在西安设立自贸区，向东可承接东中部地区产业转移，向西可以面向中亚和欧盟，在服务国家丝路经济带中具有重要作用。

西安要以独特的区位优势引领经济优势，通过改善投资环境等措施，拓宽引资渠道，扩大进出口贸易总量。作为国际贸易支点城市的西安具有最为基础的条件之一，是陕西占全球商贸产业排名前位的庞大经济体量。西安对外贸易总额不仅呈现增长态势，而且具备巨大潜力。

陕西要充分利用"一带一路"带来的巨大商机，在"一带一路"沿线发挥文化优势、区位优势、科技优势，发展现代服务业，促进国际贸易与投资领域的合作。2009年西安市进出口贸易额为72.5亿美元，到2013年5年间增加了近2.5倍，达到180亿美元。从2009至2013年间，进出口额年均增长21.8%，其中进口额年均增长33.2%，出口额年均增长17%。在出口产品当中，有76%是资源密集型和劳动密集型产品，在全球价值链当中尚处于中低端竞争。陕西要加快发展现代服务业，包括利用科技优势支持发展通航相关产业，抓住"一带一路"新高地和中心区的定位，致力于科技创新，向"一带一路"中高端产业不断提升和转移，打造"一带一路"品牌。如果不加强供给侧的结构性改革，将很难实现经济快速发展。

四、抓住"一带一路"重大机遇，建设内陆开放新高地

西安在"丝绸之路经济带"建设中具有战略性地位，将会建成"西部科学发展新引擎，形成内陆开放新高地"。《愿景与行动》文件明确提出支持西安建立"国际陆港"，打造"丝绸之路经济带"上的国际中转枢纽港。相比具有相对成熟发展经验的海港而言，陆港的建设仍须长期实践。经济腹地货物吞吐不足，就需要畅通海陆空来发展交通枢纽和物流中心。

西安的综合实力显示，从历史、区位、城市发展规划、发展基础设施条件、教育资源各方面来看，其均具备成为中国内陆物流中心的条件。"长安号"国际货运班列将以物流带动信息流、资金流，优化产业布局，使西安成为欧洲和中亚进入中国市场的出入口和集散地，为国家向西开放提供重要商贸物流集散中心和综合物流枢纽平台，并助力陕西外向型经济发展和产业结构转型升级。在人口、科研、基础设施建设等方面，西安的实力优势均比较明显。基础设施中最主要的航空、铁路、公路、国际港务区及物流等条件，西安也具有较高水平，这为其未来的发展提供了重要的基础。

"一带一路"倡议刚一提出，2013年11月，西安就出台了《关于加快建设丝绸之路经济带新起点的实施方案》，并确定了五方面的工作：深化亚欧合作，促进政策沟通；建设西安枢纽港，促进道路联通；聚集生产要素，促进贸易畅通；构建丝路金融中心，促进货币流通；打好丝路文化牌，促进民心相通，努力把西安建成"丝绸之路经济带"上最具发展活力、最具创新能力、最具辐射带动作用的中心城市。可见，西安作为西北重镇，其发展思路主要放在深化与中亚地区交流合作，着力打造"一高地六中心"地区上。

五、打造"一带一路"金融中心来加速建设进程

陕西西安的西咸新区已启动能源金融中心建设，打造中国向西开放的能源交易中心和结算中心。而在"一带一路"上包括伊朗、沙特等国家都是能源富集区，建设"一带一路"的能源金融中心，西安有先天条件。作为黄金的储备区，西安联合成立了1000亿元的黄金丝绸之路基金。结合"一带一路"的能源建设，西安可以打造面向"一带一路"的具备能源特色的金融中心，以能源金融链接"一带一路"进

而撬动陕西的经贸发展。

第一，陕西要以西安为中心创新金融国际合作。利用西安的区位优势、政策优势和文化优势，给予优惠条件，积极引进各类国际性、区域性金融机构在西安设立总部，积极跟进上合组织开发银行的设立工作，将上合组织银联体的总部设在西安，积极申请把亚投行、金砖银行、丝路基金等机构的分支机构和"一带一路"沿线国家的领事馆等设立在西安。

第二，陕西要加强与"一带一路"沿线国家和地区的金融合作。积极开展离岸金融业务，通过积极支持人民币国际化，协助争取国家批准西安市的企业开设自由贸易账户，开展跨境人民币双向资金池业务试点工作。在人民币国际化方面推进在贸易、投资等领域的人民币使用。

第三，陕西要加强打造能源金融中心和黄金交易中心。陕西利用油气和煤炭能源产业优势加快发展能源金融中心，促进能源及战略性新兴产业发展；利用与"一带一路"沿线国家和地区的黄金产业合作优势，与上海黄金集团交易所建立合作机制，推动设立上海黄金交易所西安交易中心和黄金交割库，包括组建西安丝绸之路黄金基金管理公司，启动国内首支全产业链、产融结合的黄金基金，构建以西安为中心的"一带一路"沿线主要黄金生产、贸易、消费企业和相关市场主体共同参与黄金产业生态圈。

第四，积极建立与中亚各国的合作发展基金。协助建立与中亚各国的合作发展基金，优先推动建立中国陕西—哈萨克斯坦合作资金。争取开展国际租赁贸易和国际商业保险代理工作，争取商务部支持，在国际港务区开展国际租赁贸易，兼营国际商业保理试点工作。

第五，陕西要加快西安的金融聚集区建设。加快西安金融商务区建设，推进科技金融、文化金融示范区、商业金融街区建设。在西安黄金基金的基础上，设立黄金产业发展基金和"丝绸之路经济带"产业发展基金。发起设立"丝路枢纽建设基金"，成立丝路投资控股集团公司。设立新兴金融业、互联网金融产业发展引导基金，聚集中小金融业态。

"丝绸之路经济带"为推进西部发展带来了巨大机遇，西安可以在此背景下进一步发展其基础设施建设，吸引投资，增强与西部沿线国家的经贸、文化、商务往来。"资金融通"是互联互通战略之一，西安与沿线国家加强本币结算和使用，可以降低流通风险，促进贸易发展，如果能够将辐射欧亚地区的"丝绸之路经济带"金融结算中心落户到西安，将实现人民币区域内自由流通，使得西安与"一带一路"沿线各国的贸易往来更加顺畅，创造投资与合作的便利条件，推动外向型经济蓬勃发展。

陕西要充分发挥"一带一路"建设当中的重要作用，加强同"一带一路"沿线国家和地区的沟通协调，统筹规划，畅通政府对话、企业合作、智库与教育等各种互动的交流平台和渠道，创新欧亚经济论坛形式，继续办好中国西部跨国采购洽谈会等，加快建设国际使领馆区。

陕西要发掘古代丝绸之路的文化内核，弘扬和传承"一带一路"的核心价值观，唤起"一带一路"沿线国家和地区的共同记忆，为"一带一路"的建设和发展同心协力，共同建设和弘扬"一带一路"的精神，尤其要将中国传统的"和平合作、开放包容、互学互鉴、互利共赢"的丝路精神发扬光大。陕西要充分利用文化、文物、教育等资源方面的优势，与"丝绸之路经济带"沿线国家广泛开展交流与合作，并联手沿线各国及地区来共同建设"一带一路"。

坐拥80多所高等院校、102万在校大学生、1000科研院所、22万科技人员，陕西是中国为数不多的国家级科技创新的重要支撑点和密集区，具有历史文化、科技创新的优势和动力源泉，是中华文明的重要发祥地和黄河文化的摇篮，与"一带一路"欧亚各国交往源远流长，具有国际交流重要基础和优势。陕西将以文化带动互联互通，以互联互通带动经贸发展，以经贸发展带动产业结构转型升级，以产业向中高端发展来促进金融融通，以金融促进文化与旅游，实现"一带一路"责任共同体、利益共同体，进而实现命运共同体。

（选自公共关系蓝皮书《中国公共关系发展报告（2016）》）

"互联网+"时代
"一带一路"文化传播模式探析

王丽 *

摘要：2017年是"一带一路"倡议蓬勃发展的黄金期，在建设"一带一路"倡议的进程中，要实现民心相通，需要我们在文化交流、文化传播方面下功夫，需要我们传承和弘扬丝路精神，依托民心相通，深化人文交流。"一带一路"建设得益于"互联网+"时代的发展，同时也会改变和提升"一带一路"沿线文化的传播模式，为加强"一带一路"沿线国家间的文化交流和文明互鉴作出新的贡献。本文在对"一带一路"以往文化传播模式分析基础上，结合"大道有形——'一带一路'国家倡议文化传播项目"案例，探索在"互联网+"背景下"一带一路"文化传播模式的改进和创新。

关键词："互联网+" "一带一路" 文化传播模式

新的历史时期，在准确把握全球经济一体化深入发展的背景下，习近平总书记高屋建瓴提出"一带一路"的倡议构想，并强调在建设"一带一路"倡议的进程中，要实现政策沟通、设施联通、贸易畅通、资金融通、民心相通。其中，民心相通是"一带一路"建设的社会根基，"国之交在于民相亲，民相亲在于心相通。"2017年是"一带一路"倡议蓬勃发展的黄金期，习近平总书记强调指出，在建设"一带一路"倡议的进程中，要实现民心相通，这就需要我们在文化交流、文化传播方面下功夫，需要我们传承和弘扬丝路精神，依托民心相通，深化人文交流。"一带一路"是一条互尊互信之路，一条文明互鉴之路，一条合作共赢之路。当前是"一带一路"倡议发展的黄金期，面临着崭新的历史机遇和挑战，这就对"一带一路"的文化传播水平提出了更高的要求。

"一带一路"沿途国家呈现民族众多并且文化多元的状况，加强文化交流和文化传播非常必要。在古丝绸之路上，文化传播主要是通过商贸交流以及宗教传播等形式进行的，通过这种传播方式，使得东西方文化交融汇聚，人类文明得以多样化

* 王丽：北京市社会科学院、中国公共关系协会调研员。

发展。但在那个时期时空限制下，古丝绸之路的传播效率并没有提升迅速，明显受到很大影响。当今，随着互联网向各个领域的渗透，必将为传统的文化传播模式带来重大变革和影响，在一定程度上使文化传播的时空限制得以解决，从而提高文化传播的幅度和效率。因此，"一带一路"建设得益于"互联网+"时代的发展，也必将改变"一带一路"沿线文化的传播模式，为加强与沿线国家间的文化交流和文明互鉴作出新的贡献。

一、"互联网+"背景下文化传播分析

2015年两会期间，李克强总理在政府工作报告中首次提出"互联网+"行动计划，使"互联网+"作为新概念引起当前社会各界的关注。作为互联网发展的新业态和新形态，"互联网+"是一种互联网形态的演进，并且在此背景下催生了一种新的经济社会发展新形态，而知识社会创新则是其中最重要的推动因素。"互联网+"将有利于社会资源的配置，并能集成和优化一定的配置资源，同时在社会、经济以及文化等多种领域中体现互联网的发展状况和成果创新状态，因此，从某种角度上讲，"互联网+"代表了一种崭新的先进的生产力，有利于提升社会各个方面及领域的生产力和创新能力，最终推动经济形态的发展和完善。

当前，有学者指出，"互联网+"有以下突出特征：最突出特征在于它的跨界融合和连接一切。"互联网+"就是跨界，"互联网"的目标就是连接一切，尽管这种连接是建立在差异性基础上的具有层次性的对接，但"互联网+"促进融和及重塑的宗旨不会变化。"+"代表连接、融和以及开放和改革。其次，"互联网+"还体现了对结构的重塑以及发展的创新驱动。在传统社会发展基础上形成的经济结构、文化结构、社会结构以及生态地缘结构等，在"互联网+"时代受到全球化信息革命以及互联网业发展的影响，原有结构都——被打破并且重组。在这种背景下，需要大力增强创新改革意识，更好地发挥互联网创新求变的力量和魅力，利用互联网思维促进社会结构的创新重组和完善。第三，"互联网+"时代突出体现了对生态的开放和敬畏，体现了对人性的充分尊重。"互联网+"时代体现了对人自身价值的重视和尊重，利用互联网思维，主要化解掉了以往制约创新驱动的环节和流程，重视个体的创新研发能力，一切研发和创新取决于由人性决定的市场驱动，将孤独的、单个的创新连接起来，构成创新驱动链。众所周知，经济的发展、科技的进步、社会以

及文化的繁荣稳定都需要发挥主体能动性，只有充分重视人性，尊重主体价值，充分发挥主体创造性和想象力，才能真正促进经济和社会生态的和谐发展。①

　　作为加强信息传播的重要媒介，互联网对以往传统的传媒产业具有重要的变革和影响，并且这种变化和影响深深体现在文化传播的每一个流程和环节当中。在当前"互联网＋"时代，由互联网革命所引起的信息经济的迅速发展，为新媒体和传统媒体加强深度融和以及快速发展带来了重要的发展机遇，呈现出多元化、互动性、大众性和国际化的发展特色；并且再次验证了以往传统的文化传播模式的陈旧和落后，无法使当前各国的文化资源和文化成果得到快速的、大范围的传播和互动，亟须建构新的在融和发展背景下发展起来的多样立体的现代文化传播体系。因此，在"互联网＋"发展背景下，我们通过研究"一带一路"文化传播传统模式所面临的挑战，来探究"一带一路"这一重大国家倡议文化传播模式的创新发展，具有重要的启发意义。

二、"一带一路"文化传播传统模式所面临的挑战

　　十八届五中全会通过的《中共中央关于制定国民经济和社会发展第十三个五年规划的建议》提出，"实施网络强国战略，加快构建高速、移动、安全、泛在的新一代信息基础设施。"②并且从国家战略层面开始推动实施"互联网＋"行动计划。在国家的高度重视下，国家网络强国战略、国家大数据战略、"互联网＋"行动计划等一系列有关重大政策逐步得以制定和完善，使社会各界感受到融和开放和经济贡献的信号和力量，也预示着互联网产业的日益壮大和强盛，这将为"一带一路"的文化传播和当前文化产业的发展带来重大机遇。

　　自从习近平总书记提出"一带一路"的倡议构想后，围绕"一带一路"的相关建设发展迅速，"一带一路"硬实力的建设在飞速发展中，同时在不断深入发展的全球一体化背景下，互联网发展迅猛，这促使我国需要大大增强文化传播能力，需要我们打破以往的思维束缚，创新传播方式，增强建设"一带一路"软实力体系和布局的总体意识。如何在推进"一带一路"硬实力建设的同时，直面"互联网＋"时代面临的前所未有的挑战，创新传播模式，更好地推动"一带一路"伟大倡议的建

---

① 马化腾：《互联网＋：国家战略行动路线图》，中信出版社 2015 年版，第 78 页。
② 刘强：《网络强国战略》，学习中国，2015 年 11 月，见 http://news.xinhuanet.com/politics/2015-11/12/c_128421072.htm。

设和实施，这是摆在我们面前的重要使命和挑战。

首先，"一带一路"沿线文化传播在内容上缺少针对性。当前，"一带一路"建设蓬勃发展，沿途国家众多，成分比较复杂，并且由于文化背景的不同，导致受众人员的价值观与思维方式和思维习惯都有很大不同。"一带一路"的文化传播缺乏直面现实状况的意识和勇气，仅仅从主观传播意向出发，导致主观倾向性过强，没有意识到文化传播的目的是通过探析传播受众的心理认同和接受，以更好地实现传播受众的意图和愿望。① 由于忽视了"一带一路"文化传播的合理性和多元性，没有充分认知沿途传播受众的价值观、爱好兴趣以及内在需求，导致"一带一路"的文化传播由于视角的狭窄在内容上出现重复单一性，无法真正实现文化传播的效果和宗旨。

其次，"一带一路"沿线文化传播的传统方法过于刻板。在"一带一路"文化传播中，首先要明确传播的目标和方向，然后运用针对性的方法展开传播。众所周知，"一带一路"的目标是建成和平、开放、创新、繁荣和文明之路，主要是创造一种有利于沿线国家和人民加强交流、沟通和合作的良好的国家和平环境，同时宣传代表人类共同利益的和平发展的先进理念和价值观体系，弘扬"和平合作、开放包容、互学互鉴、互利共赢"的丝路精神，实现"一带一路"沿途国家的相互支持和互利共赢。这就对当前"一带一路"的传播方法和传播手段提出了更高的要求，需要我们在传播模式上更加灵活化，在传播方法上要注重针对性和多样化，在传播手段上要注意差异化和先进化。但是，以往传统的"一带一路"文化传播模式基本上只注重自我，只是以传播主体自身意愿为出发点，无视传播受众的兴趣和差异，只是单方面的输出性宣传，在内容上，仅仅关注本国化的价值观和思维理念，有关政治术语套话、空话连篇，无法获得"一带一路"沿途受众的关注，甚至引起反感；在传播方式上，缺乏针对性和灵活性，只是采用单方面说教式的传播方法，引起沿途传播受众的误解和不满，无法真正传播"一带一路"的精神内涵和文化理念，不能达到应有的传播效果。

第三，"一带一路"沿线文化传播的传统途径过于单一。在以往"古丝绸之路"的传统传播，由于当时朝代时空的限制，主要通过宗教交流、商品贸易等实现沿线的文化传播，并存在极强的心理中心意识，在这种背景下的文化传播，使当时的古

---

① 徐稳：《全球化背景下当代中国文化传播的困境与出路》，《山东大学学报》（哲学社会科学版），2013年第4期。

印度文化和中亚文化等无法与中华文化呈现持久的平稳的联系，无法实现长久的持续的文化交流和沟通，使"一带一路"传播的文化视野受到很大限制，导致这种传播模式非常单一，无法使不同文化之间达成持久而密切的联系。[①]

三、"一带一路"文化传播模式创新探索：大道有形

当前，"互联网＋"无疑为"一带一路"文化传播带来前所未有的机遇。互联网不仅提供了丰富多样的信息内容，同时加速了信息传播的速度，使传播的效果朝着良性的方向日益完善。互联网不仅对经济、社会产生了重要影响，也使文化产业产生了颠覆性变化，互联网文化产业市场价值日益上升，逐渐呈现超越传统文化产业市场价值的趋向，为建构新的文化生态链奠定了重要基础。[②] 在推动"一带一路"重大倡议的进程中，如何讲好中国故事，传播好中国声音，推动"中国文化走出去"，不断加快提升中国"软实力"的步伐？这对"一带一路"文化传播的创新和发展提出了更高的要求，业界也在为创新传播方式积极努力，其中"大道有形""一带一路"国家倡议文化传播项目在创新文化传播模式中独具特色。"大道有形"是围绕"一带一路"倡议重力打造的、具有国际影响力的国家战略传播文化品牌项目，体现了"互联网＋"时代文化传播的战略创新、内容创新、平台创新、技术创新以及渠道创新。

首先，该项目坚持"文化先行、公关先导"的传播理念，并倡导"文化共生、文明共享"的战略原则。"一带一路"沿途国家民族众多、文化多元，只有加强文化交流、文化传播，才能真正实现"民心相通"，为"一带一路"倡议的开展奠定基石。因此，加强"一带一路"的文化传播，需要我们确立坚定的文化自信。中华民族内蕴伟大的优秀的传统文化内涵，而中华文化的创造力和生命力也体现在这种五千年文明的连续性和独特性上。并且，中华优秀文化体现了高度的包容性和融和性，深蕴丰富的人文内涵，凸显高度的人文情怀，它融汇了世界各国文明的优秀基因，"和而不同"、创新发展，在中华文化的母体基础上发展中国特色的文化道路，并综合了人文、哲学、数学、工程、建筑、医学、艺术等人类的精华，以整体思维和系统方法推动中国文化的整体性和综合性发展。[③] 正如习近平总书记所说，传承丝路精神，共赏"一带一路"建设，是历史潮流的延续，也是面向未来的正确抉择。[④]

① 李宇：《新媒体环境下一带一路沿线文化传播模式研究》，《新闻与传播研究》2015年第7期。
② 黄斌：《新媒体环境下的红色文化传播研究》，《重庆交通大学》2012年第3期。
③ 郭万超：《"一带一路"开创大国崛起新模式》，《人民论坛学术前沿》2016年第11期。
④ 王石川：《让丝路精神照亮人类的未来》，国际在线（北京），2017年5月。见 http://news.163.com/17/0515/17/CKGBMMPH00018AOQ.html。

当今，在"互联网＋"背景下，互联网和卫星通信技术的飞速发展为"一带一路"沿线文化的传播提供了更为便捷快速的传播媒介，只有坚持文化先行、相互尊重的原则，才能实现不同文化之间的相互交流，并通过恰当的沟通，实现文化认同；只有文化认同，才能文明共生，文化认同是政治互信、经济融合的前提和基础。因此，"一带一路"沿线的文化传播亟须以公共关系为先导，采用多种文化传播模式，运用新技术引领文化传播，增强"一带一路"文化传播的影响力。

其次，该项目创新打造"影像的力量"传播品牌，致力于建设"互联网＋"时代专业的影像产业平台，运用影像方式加强"一带一路"沿途的文化传播和文明互补。当今，互联网改变了传统影像。摄影不再如以往所定义的仅仅是一种娱乐爱好，而是作为影响文化的创意产业，本身蕴藏着巨大的发展先机和潜力。在"互联网＋"时代，由于大数据和云计算等先进技术影响，当代影像的传播已经远远超越了某几个重要国家或者某几个著名影像家之间的较量，在互联网飞速发展基础上，影像创作者与影像消费者之间达成了一种数据共享状态，并形成一定的产业链的竞争状态。在移动互联网时代，如何掌握未来影像文化产业发展的方向，打造集聚影像大数据的综合体系和平台，以丰富的海量的大数据满足各类受众的需求，建构共享、交流的影像产业链，更好地以影像来传播"一带一路"的文化内涵，宣传"美丽中国"和人类的美好理念，这是亟须我们思考和面对的影像产业发展的关键。"影像的力量"致力于建构"互联网＋"时代专业权威的影像产业平台，应运而生，恰逢其时。随着中国建设网络强国战略的实施和互联网传播模式的不断发展，摄影艺术开始被"互联网＋摄影＋金融"上升到产业的高度，摄影图片和摄影产业的需求日益增大。作为世界摄影大国，中国拥有2亿多摄影爱好者，6000多万发烧级摄影爱好者，6亿以上图片制造者，① 可见，随着全民摄影时代的到来，中国作为全球最大摄影市场当之无愧。因此，在共享经济时代，我们亟须具备互联网思维和创新意识，善于共享融合，抓住机遇，抢占影像领域市场和话语权，启动影像产业之路刻不容缓。

因此，当前互联网的迅速发展为"一带一路"影像文化传播提供了重要机遇和挑战。首先，互联网颠覆了传统思维。互联网改变了传统摄影，把摄影从一小区域与小范围带到了全国与全球的范围与格局内，导致摄影作品传播同步时效性与效果的复杂性，把区域性的资源、市场推到互联网所能覆盖的范围。数据越大，共享越多，

---

① 刘晓君：《国家摄影全球影像论坛暨 2014 国家摄影大典》，中国摄影在线，2014 年 2 月 20 日。见 http://www.ah.xinhuanet.com/2014-02/20/c_119420847.htm。

"一带一路"大道之行

产业链效率就越高。因此，我们需要颠覆传统盈利模式和既有思维，通过大数据、价值链和信息网络实现"互联网 +"时代资源整合。并且，当前传统产业模式落后。在现今共享经济时代，传统摄影模式必将被移动互联网模式改变。尤其是在线图片交易已经逐渐成为互联网时代的主流趋势，摄影中介市场的传统实体化模式或将逐渐退出历史的舞台。当前影像市场缺乏具有造血能力的智能影像共享平台，随着多元化、个性化的企业和个人用图需求的急速增加，建立统一化、标准化、权威化、专业化的图片交易平台和影像全产业链，必将成为影像产业发展的必然趋势。①

"大道有形""一带一路"影像传播项目旨在运用摄影转型发展需求构建专业化"影像的力量"传播平台，对不同图片消费者提供差异化服务，以商业化模式经营摄影。该平台信守"线上线下、双向互动、多元传播"的发展理念，在积极完善线下摄影展的项目活动同时，积极促进线上线下的融合，引导影像移动消费，满足日益增长的图片消费需求、数字化与网络化的传播需求及摄影产业化发展需求。构建"影像的力量"线上线下社区联盟，完善摄影网络化生态链，建立合理的转型发展机制，吸引资本，摸索更好的图片消费盈利模式，培养摄影作品新消费习惯与新创作方式。

"大道有形""一带一路"影像传播项目体现了"互联网 +"时代鲜明的发展特色。"影像的力量"由业界权威专家加盟，主流媒体鼎力支持；技术研发由前腾讯模式识别团队加盟，自主研发基于大数据的影像检索、推荐、展示系统；由专业文创团队打造独家影像 IP 内容，引入 IP 需求反向定制管理体系；由线上线下专业公关运营，整合产业资源，为用户提供私人定制的消费品（帮助用户理解图片表达），满足消费者个性化需求，完善在线共赢交易平台。从而最终实现"四位一体"的商业运作模式。通过构建"影像的力量"这一专业化智能化网络平台，对不同图片消费者提供差异化服务，拓展了摄影发展空间。当前，数字化为摄影提供了三种新资源：网络、平台和创意内容。网络化促进了发展效益，产业化推动市场化经营，定制化推动产业的创新独特性。通过数字化、网络化、产业化、定制化"四位一体"的相互融合，实现数据资源共享和深度开发，并从数据中探寻新规律，发现摄影传播、展示和发展新思路，推动摄影产业在"互联网 +"模式下转型发展，以独特的影像传播模式传播"一带一路"的深层文化内涵。

---

① 孙宇龙：《大数据在摄影中的应用和发展研究》，《现代电影技术》2015 年 8 月。

第三，"大道有形""一带一路"文化传播项目融合全球最高层面的战略资源、人文资源、科技资源、传媒资源，体现了技术与平台的全面创新。近些年来，随着"互联网＋"的飞速发展，由于网络的普及和通讯的便捷，中国在国际上的影响力日益增强。并且，随着中国经济实力的不断增强，中国在国际上的地位也日益提高。但如何塑造和完善中国特色的国家形象，这需要我们一定要发出自己的声音、传播自己的价值观。首先要求我们要认真研究传播对象，就是要对你所服务的受众有准确的认识和把握。应该了解海外接受者的需求，知道他们关心中国的哪些情况，投其所好，用他们熟悉的语言、用他们能够理解的概念，传播我们要传播的内容。[1] 同时结合互联网时代新兴的传播技术促进内容传播与先进形式的融合创新。

第四，"大道有形""一带一路"文化传播项目围绕"丝绸之路文化带"这一人类最大的多元文明基因库，找准切入点，增强传播针对性，展现传播内容的独具特色。长期以来，中国文化的国际传播战略，由于缺乏深谋远虑、高屋建瓴的顶层设计与布局谋篇，缺乏对核心文化基因与文化最高表达形式的提炼与升华，缺乏对世界多元文明互融互鉴的源流梳理与结构，导致世界对于中华文化的印象，还停留在相当肤浅甚至谬误的层面。"一带一路"倡议内蕴着互利共赢、平等合作、共同发展等理念，与"一带一路"沿线各国渴望和平与发展的诉求高度契合，与团结协作、共同应对全球性挑战的时代要求不谋而合，是人类命运共同体意识的具体体现，[2] 因此必然能够形成广泛共识，并获得众多国家的积极支持。

"大道有形"品牌项目以"巅峰之美"作为人类多元文明交流对话、"中华文化走出去"战略的最佳媒介，采用国际顶尖、国内独家的航拍技术拍摄制作影片，对"一带一路"沿途国家地区的人文、自然、社会、经济等具有代表性特殊性的元素进行展示。将古老的文化重新解构并创造性演绎，并将其伟大成就直接推向纽约、巴黎、伦敦、联合国等世界最高平台，进行全球性发布、展示和研讨。同时设立"一带一路"巅峰文化美学空间，构建"中国文化走出去"的全新战略。

四、"一带一路"文化传播创新模式的意义

"一带一路"的文化传播力度对塑造和提升中国国家形象具有举足轻重的作用，

---

[1] 唐绪军：《新闻理论界也需要走转改》，中国新闻网，2012 年 8 月，见 http://www.chinanews.com/cul/2012/08-30/4146207.shtml。
[2] 郭万超：《一带一路开创大国崛起新模式》，《人民论坛学术前沿》，2016 年第 11 期。

"一带一路"大道之行

当前在大数据和全球化时代背景下，国家形象在国际交往中的作用日益突出，经济全球化的发挥和国际竞争的加剧，使塑造和传播国家形象成为各国综合国际影响力竞争的法宝。近年来，中国在融入全球化的进程中迅速崛起，同时也日益增强了我国在国际事务中的话语权。我国作为世界第二大经济体，塑造与传播良好的国家形象在国际舞台上举足轻重。因此，在当今融合、共赢、互利的全球化时代，亟须运用丰富多元的传播模式，加强对"一带一路"文化传播模式的理论研究和实践创新，这是摆在我国面前的一项重要战略。

在新时代下，加强"一带一路"文化传播与塑造国家形象是一项重要工作。习近平主席曾经指出，"要注重塑造我国的国家形象，重点展示中国历史底蕴深厚、各民族多元一体、文化多样和谐的文明大国形象，政治清明、经济发展、文化繁荣、社会稳定、人民团结、山河秀美的东方大国形象，坚持和平发展、促进共同发展、维护国际公平正义、为人类作出贡献的负责任大国形象，对外更加开放、更加具有亲和力、充满希望、充满活力的社会主义大国形象。"[①]

为更好地服务国家战略、加强"一带一路"文化传播与塑造国家形象，需要我们直面挑战、勇担责任，创新发展"一带一路"文化传播的理论和实践，并围绕国家形象的塑造和传播开展了项目实践和创新探索。首先，需要承古鉴今，开拓"一带一路"文化传播与塑造国家形象传播新方式。"大道有形""一带一路"文化传播项目积极倡导中华民族传统文化"仁义礼智信"的核心价值和永恒魅力，始终坚持中国传统优秀文化与现代公共关系相互融合的创新理念，创新运用大数据、云计算等先进技术和微信、微博等新媒体传播，围绕"文化走出去"战略，积极打造"中华汉字"为主题的系列文化公关品牌活动，开展了"丙申年谷雨祭祀仓圣典礼暨2016'一带一路'年度汉字发布仪式"，并在文字始祖仓颉的故乡——陕西白水盛大开幕。旨在通过发布一个反映体现"一带一路"沿途国家和地区共同关注的汉字，传播汉字文化，促进对"和平合作、开放包容、互学互鉴、互利共赢"丝路精神的认同，进一步促进"一带一路"国家和地区文化交流与合作。这些活动承古鉴今，开拓了"一带一路"文化传播的新方式，对塑造和传播良好的国家形象产生了重要影响。

其次，"大道有形""一带一路"文化传播项目体现了多元交融特色，创建了国家形象塑造与传播新平台。通过利用自身传播、沟通、协调的高平台、多资源优势，

---

① 张锡：《习近平：引导我国人民增强做中国人的骨气底气》，中国新闻网，2014年1月1日，见 http://news.youth.cn/gn/201401/t20140101_4471397.htm.

以"文化先行，公关先导"为指导理念，聚集国内外战略资源、人文资源、政府资源、科技资源与教育资源，在相互平等认同基础上，实现文化共享、文明共生，开展丰富多样的国内外公共关系活动。通过参加生态文明贵阳国际论坛，主办了"生态文明——公共关系行业的使命与责任"分论坛，致力于为推动生态文明建设，积极践行生态文明理念，促进生态文明可持续发展提供智库服务。倡导加强生态文明建设，建设美丽中国，鼓励社会各界积极参与，为"一带一路"文化传播和我国国家形象塑造、城市形象建设创建崭新平台。

第三，"大道有形""一带一路"文化传播项目具有战略视野，探索国家形象塑造与传播新模式。将国家形象塑造与传播纳入"过去—现在—未来"发展的战略视野中，借鉴过去，吸取优秀传统文化构筑精神家园；立足现在，坚持社会主义核心价值观培育的指导方向；展望未来，以与时俱进的眼光创造光辉未来。并通过开展相关的文化传播活动，讲好中国故事，传播好中国声音，提升中国软实力，努力探索国家形象塑造与传播新模式。

因此，加强"一带一路"的文化传播，需要注重话语创新，通过多元多样化的国际话语传播中国特色的优秀传统文化内涵，突出中国的和平、合作、责任和担当，促进"一带一路"沿途国家地区的文化交流和世界文明的互融互鉴，才能真正塑造和完善当前中国民主、开放、和平、自信的国家形象，也必将是世界所理解、认可、接受的中国形象。

以上是结合"大道有形""一带一路"国家倡议文化传播项目实例对"一带一路"沿线文化传播的创新模式进行的初步探讨，许多问题有待进一步探索和研究。相信，随着"一带一路"倡议构想的逐步实现，随着"互联网＋"时代的飞速发展，"一带一路"沿线文化传播创新的步伐将愈来愈大！

（选自《理论月刊》2017年10月）

公关即道——理论篇

重视用户思维：
数据时代讲好中国故事的关键

陈昌凤 马越然 *

　　中国的对外传播，已经成为打造中国国家形象、提升中国国际影响力的重要途径。对外传播战略，也已经成为国家发展战略的一部分。2013 年 8 月 19 日，习近平总书记在全国宣传思想工作会议上的重要讲话中提到："要精心做好对外宣传工作，创新对外宣传方式，着力打造融通中外的新概念新范畴新表述，讲好中国故事，传播好中国声音。"十九大报告中进一步指出："推进国际传播能力建设，讲好中国故事，展现真实、立体、全面的中国，提高国家文化软实力。"由此可见，如何讲好中国故事是我国国际传播中的重要问题，是国际传播大战略的具体表现。讲故事，一定要有听众。对于从事国际传播的新闻媒体来说，听众过去叫"受众"，如今转变思维，升级为"用户"。重视对外传播中的用户思维，就是要重视了解用户是谁、有何特征、有何信息需求、有何信息使用习惯、对何种中国信息感兴趣等等，进而指导我们的信息生产和传播。

　　数据时代，由技术引发的传媒业变革给国际传播带来了机遇和挑战，用户需求成为了媒体发展的动力和方向。如何在新的条件下实践对外宣工作"讲好中国故事"的要求，是业界和学界共同需要思考的问题。本文借助诸多案例，回顾了用户需求在国际传播中的作用，着重分析了数据时代用户需求如何成为讲好中国故事的推动力量，并提出讲好中国故事应该围绕构建中国国际传播的话语体系开展。

*　陈昌凤：清华大学新闻与传播学院教授、常务副院长。
　　马越然：清华大学新闻与传播学院硕士研究生。

一、如何讲好中国故事：构建与受众的同一性

在媒体的社交性和互动性增强之后，传统的"受众"概念逐渐演变成了"用户"概念。媒体无法把它们生产的信息的信宿仅仅当作一个信息的接受者和信息服务的消费者。随着媒体融合的发展，信息的生产者和消费者的身份也在发生融合，出现了"产消融合"。从传播学上看，"产消融合"的本质，是通过传播的互动手段，充分挖掘用户的价值和能动作用。对传播领域而言，它强调了在信息生产中用户的作用，用户的关注兴趣、信息偏好、行为偏好，以及用户的观点和建议，都对信息生产产生了影响。[①]

对外传播相较对内传播而言，是一个更复杂的传播类型，因为传播的对象即用户的身份非常复杂，而我们对于用户的了解又存在更大的困难。要讲好中国故事，必须具有用户意识，注重用户需求。因此对外传播需要清楚几个问题：第一，受众是谁？第二，他们的文化背景、信息接受观可能什么样？第三，他们对中国有什么样的固有看法（或刻板印象）？第四，中国有哪些信息能吸引他们的注意力、哪些有利于他们了解积极的中国信息？这些问题的核心，不外乎故事的讲述者与受众之间通过故事构建共同的场景、寻求情感共鸣、分享共同的意义。

如何构建这些共同性，传播史上有大量的案例。现代新闻传播史上的"三S"——斯诺、史沫特莱、斯特朗三位著名的外国记者，就曾经讲过很好的中国故事。比如其中的埃德加·斯诺于 1936 年 7 月访问延安，成为进入陕甘宁革命根据地采访的第一位外国记者。斯诺根据此行的见闻写成的《红星照耀中国》，向全世界讲述了关于中国和中国红军的真实情况，推动了中国共产党的一系列基本政策和对时局的主张在国际上的广泛传播，解开了许多围绕着红色中国的谜团。该书以西方人的语言和思维写作中国的故事，在西方读者中得到了广泛传播。斯诺报道的成功，不仅因为他懂得西方读者的语言习惯和接受心理，熟悉组织叙事的技巧与技术，还在于他通过中国的故事表达了关于人类共同命运的关切与思考，故事背后的意义唤起了西方读者的情感共鸣。因此，揭示故事背后的人类共同关注的意义，就是符合受众心理需求的一种手段。

通过巧妙的故事，中国人自己也同样能在对外传播中构建共同的场景和意义，消解双方因国家利益、意识形态、文化信仰差异带来的隔阂。中国的国家领导人就

---

① 陈昌凤：《用户为王："产消"融合时代的媒体思维》，《新闻与写作》2014 年第 11 期。

是讲好中国故事的高手，故事既有中国特色，又与听众息息相通。从 2014 年 3 月 23 日起，习近平主席首次以国家元首身份在海外媒体陆续发表署名文章 33 篇，其中 24 篇都用了“讲故事”的手法，所讲的故事富有人情味、与听众对象关系紧密，起到良好的效果。习近平主席在比利时媒体发表的署名文章《中欧友谊和合作，让生活越来越好》以两个故事开篇：“有位比利时人，从 2004 年起，一直在中国西南边陲指导当地农民种植咖啡豆脱贫致富。有位中国人，1990 年来到比利时，用高超的医术，让众多患者摆脱疾病的困扰。”然后解读出故事的意义和主旨：“共同走向更加美好的生活，这是中国人民和欧洲各国人民的共同愿望。”①

贴近受众、打造与受众的认同，是对外传播的首要原则之一。近年来中国媒体的对外传播正在努力贴近受众，不仅用传播对象熟悉的语言、文化形式去传播，还量身订制了传播对象感兴趣的内容。新华社、中国国际广播电台、《中国日报》等媒体通过多语种传播，在不断扩大影响、吸引更多的受众，尽可能满足用户需求，而且利用国际知名的社交媒体进行广泛的传播。电视对外传播也加大了拓展力度，2016 年 12 月 31 日中国国际电视台 CGTN 成立，习近平总书记在贺电中强调，中国国际电视台（中国环球电视网）要全面贴近受众。②

中央电视台新闻中心副主任、外语频道总监江和平也说，作为外宣旗舰媒体，CGTN 的目标受众和用户是外国人，必须做到内外有别。③ CGTN 最引人瞩目的是它聘请了大量的外籍记者、主持人、嘉宾，这不仅是工作人员身份的简单变化，而且是传播理念和形态的重要突破。

目标用户文化背景、惯常思维模式的不同，是国际传播的特殊性所在。传播并非是单纯的符号互动，还是社会关系和文化体系的互动以及意义的流通，如何在这种互动和流通中构建共同性，是讲述中国故事的关键。在对外传播中针对不同的用户应该有不同的内容和形式，有的放矢，以期取得效果最大化。

① 陈昌凤、吴珅：《以同一求认同：中国领导人对外传播的修辞策略研究》，《兰州大学学报（社会科学版）》2017 年第 4 期。
② 《习近平致信祝贺中国国际电视台（中国环球电视网）开播》，人民网，2017 年 1 月 1 日，见 http://politics.people.com.cn/n1/2017/0101/c1001-28991659.html。
③ 江和平：《融媒体时代的新闻传播——以 CGTN 为例》，《电视研究》2017 年第 6 期。

二、运用数据工具，分析用户需求

数据时代，国际传播对用户需求的重视既有内在原因也有外在原因。从历史发展来看，重视用户需求有助于增强国际传播的针对性，使中国故事被更广泛和更深入地接受。从传媒业的发展状况来看，通过数据了解用户需求，提供相关服务，是一种行业环境，也是一种行业压力。国际传播中，我们需要思考国际用户已经处于怎样的传播环境之中，而不是仅以我们的国情和社情作为出发点。西方国家的众多媒体，对数据的争夺和使用走在了时代前列，通过大数据和用户进行深层次的互动，已经成为常态。可以说数据从一种工具，变成了一种状态。英国《卫报》早在 2011 年推出了自己的数据分析工具 Ophan；美国国家公共广播电台 NPR 也在 2014 年推出了内部的数据分析工具；美国有线电视新闻网 CNN 也在组建 30 人的队伍使用数据来发展用户。[①]

在这样的环境中，如果我们放弃数据方面的努力，将在直接的竞争中丧失关注和市场。中国的市场化媒体在国内的新闻实践中已经在用户需求方面有一些成功的案例，比如今日头条新媒体实验室试图通过数据的搜集处理，向创作者们回答"如何成为头条（新闻）"——即"怎样创作，才是头条"，指导新闻的生产。[②] 在国内，媒体可以通过此类数据分析机构的数据和成果，但是在对外传播中，我们需要建立自己的数据库和数据分析工具，这对外宣机构和对外媒体来说，是一个很重要的工作。总体而言，在数据时代讲中国故事，可以通过技术手段得到更精确的用户描摹，可以一次进行更精确的生产指导，甚至是提供个性化新闻服务。

重视用户需求，获得关注是第一步。中国故事需要用户作为直接的收听者，想要获得精确的用户数据，必须首先积累一定数量的用户。在这方面，《人民日报》和中央电视台的 Facebook 账号提供了一个成功的案例。据 2016 年 5 月 19 日的数据显示：央视粉丝专页"CCTV"有 25,857,828 人点赞，超过美国有线电视新闻网 CNN 和《纽约时报》的点赞人数，在和欧美主流媒体的比较中，也仅次于英国广播公司 BBC。《人民日报》粉丝专页"People's Daily, China"有 18,948,207 人点赞，也远远高于《纽约时报》。究其原因，大熊猫"萌照"频繁出现，吸引了大量国外的

---

① 搜狐科技：《让记者不再感觉"被掏空"，国外媒体数据分析的独门秘笈》，2016 年 8 月 4 日，见 http://www.sohu.com/a/109139555_465245。
② 陈昌凤：《数据分析工具：驱动记者与用户的新型互动融合》，《新闻与写作》2016 年第 11 期。

用户关注点赞。① 中央电视台和《人民日报》通过社交媒体中的用户反馈探索出了一条"吸粉"之路，在积累了一定数量的用户之后，为中国故事提供了听众。更重要的是，拥有粉丝，才能够根据用户身上承载的信息开展数据分析，指导中国故事的讲述。改变单向宣传的过去，是要通过数据而不是猜测，使得用户需求和宣传获得融合。在宣传进行之前，已经完成了从用户到媒体的一次信息流通，循环往复，这样才能彻底改变单向的宣传。每次宣传行为都是建立在之前得到的信息和数据的基础上的，又可以进一步获得信息指导下一次的宣传。这不是简单把单向变为双向，而是利用数据获得一个循环的过程，推动工具和内容不断迭代，进步和成效不断产生。此外，国际用户数据库的建立，也有助于实现世界舆情监测和议程设置等。②

分析用户需求，指导信息生产是第二步。故事本身是决定用户在接触后是否停留、在离开后是否信任的关键。数据和数据描摹出的用户形象对于故事写作的指导在内容层面和形式层面都有所体现。内容上，通过对用户数据的收集和分析，可以对用户关注的话题进行重点关注，拟出更吸引关注的标题，使用更贴近用户阅读习惯的词语、句式、结构、语言风格等。过去的媒体从业者根据经验和猜测，也可以调整新闻的内容，但与数据驱动相比较，无疑是更缓慢和不准确的。形式上，结合新的媒体技术和呈现方式，能有针对性地选择不同的体裁或形式。同时，也可以根据用户的反馈，调整发布时间和发布渠道，以获得更好的效果。数据指导新闻生产的科学性，关键在于数据库的建立。数据积累是否足够，是否是结构化的，将在很大程度上决定数据分析工具提供的结果与用户真实状态的差距。

算法在推送中的普遍运用，已经影响到信息生产。一条新闻的阅读者是什么样的，数据可以进行具体化的描摹，用户的信息偏好、行为偏好以及直接建议，都能够在用户的媒体使用中获得。通过用户数据、环境数据、信息数据的自动匹配，算法可以向用户推送个性化的信息；通过对用户信息消费情况的分析，算法又能指导信息生产——哪些信息是受到欢迎的、哪些热词是受到密切关注的、什么样的叙事结构是用户喜爱的，这些通过算法工具都能获取。对于用户需求的分析，算法会发现用户的需求是共性中孕育个性的。满足用户的个性化需求，进行定制新闻或者精确推送的个性化推荐尝试，成为现在的新潮流。比如上述 CGTN 也在设想：在建立多终端平台后，能根据社交多平台后台大数据分析指导内容生产，满足用户个性化需求。③

① 《中国官媒脸书粉丝数超越 CNN 与纽约时报：熊猫高频次现身》，澎湃新闻 2016 年 5 月 19 日 http://www.thepaper.cn/newsDetail_forward_1471410。
② 匡文波、张晗煜：《大数据视角下的对外传播》，《对外传播》2017 年第 9 期。
③ 吴克宇：《试论 CGTN 国际传播理念与传播方式的转变》，《电视研究》2017 年第 9 期。

在进行个性化推荐的实现中，强大的平台、数据库和数据分析工具，三者缺一不可。以目前的情况来看，对于我国外宣媒体来说，实现精确化推送任重而道远。尤其是平台层面，现在主要是借助一些成熟的社交媒体或者视频网站作为中国故事传播的起点，难免受到平台限制。

三、反思：通过讲中国故事构建中国话语体系

在数据时代，从用户需求出发的对外传播，表现为讲好中国故事，在根本上是为了在国际环境中，建构中国话语体系，服务于国家的国际传播战略。

有针对性地讲故事和树立自主性的话语体系是可以相辅相成的。故事性话语是国际传播的话语体系的基础，它决定了受众是否有阅读兴趣、来关注这个议题。[1] 对外的媒体要始终坚持建构东方的、中国的话语体系。既不能因为强调用户需求和数据时代的环境和反馈，放松建构话语体系这一使命，也不能因噎废食，走回单向宣传、生硬刻板的老路。故事是为话语服务的，只有构建了属于中国的国际话语体系，中国故事才不会逐渐沦为"别国故事"，才能持续地讲下去。用户需求是重要的，用户中心主义是危险的，在国际传播中则可能导致国家战略的失败。我们不能把一家外宣媒体办成完全西化的媒体，就是这个道理。通过数据分析得到的用户需求，可以指导故事的结构和表达，并不一定触及故事的价值和精神。它可以针对西方用户，采用一定的西方思维和西方表达，但要注意东方话语体系的统领。重视用户需求，合理利用数据和相关工具，讲好中国故事，应该是对我国的国际传播话语体系建设大有帮助的。

（选自《对外传播》2018 年第 1 期）

---

[1] 周庆安：《国际传播的话语体系构建》，《新闻战线》2016 年 11 期（上）。

国家形象塑造中的媒体角色

——以汶川地震报道为文本

薛可　余明阳*

摘要: 在国家形象塑造上,媒体具有无可取代的重要地位,认清媒体在其中的角色,不但对于媒体的定位和发展具有重要意义,而且对于国家形象的系统认识也具有重要价值。曾经一段时期,我国大众传媒对于灾难报道存在诸多偏见和限制,被世界主流媒体一度评价为新闻自由指数最低国家之一。而在 2008 年 5 月 12 日发生的汶川大地震灾难报道中,中国媒体表现突出。他们忠实地履行了媒体责任,传播权威声音、弘扬人文关爱、改善政府形象,向世界展示了一个全新的中国形象。

关键词: 国家形象　媒体　灾难报道　汶川地震

国家形象是一个系统概念,其构成相当复杂,这其中,媒体是重要的组成部分。尤其是当灾难来临时,媒体对灾难报道的视角、导向、人文精神,更是社会公众认知国家形象的重要参数。中国的媒体在汶川地震中的角色,对于社会公众正确认知中国国家形象具有很好的示范意义。本文试图以汶川地震的媒体报道为文本,分析和思考国家形象塑造中的媒体角色。

一、媒体是国家形象体系中的重要组成部分

国家形象,顾名思义就是指某个国家在政治、经济、文化、外交等领域中的各种表现在国际社会中所塑造出来的形象和留给人们的总体印象。美国政治学家包尔丁认为,国家形象是一个国家对自己的认知以及国际体系中其他行为体对它的认知的结合;它是一系列信息输入和输出产生的结果,是一个"结构十分明确的信息资本"。[①] 这

---

* 薛可:上海交通大学媒体与设计学院传播系教授、博士生导师。
　余明阳:中国公共关系协会常务副会长、学术委员会主任委员,上海交通大学安泰经济与管理学院党委书记,教授、博士生导师。
① K.E.Boulding, *Image Knowledge in Life and Society*, Ann Arbor, MI: University of Michigan Press, 1969.

个定义说明国家形象是社会交往与互动的产物，更是在信息的传输和转化过程中产生的。

我国国内也有许多学者对国家形象的概念作出过各种探讨。

管文虎等人认为，"国家形象是一个综合体，它是国家的外部公众和内部公众对国家本身、国家行为、国家的各项活动及其成果所给予的总的评价和认定。国家形象具有极大的影响力、凝聚力，是一个国家整体实力的体现。"[①]

徐小鸽认为，"国家形象是一个国家在国际新闻流动中所形成的形象，或者说是一国在他国新闻媒介的新闻言论报道中所呈现的形象。"[②]

张毓强对国家形象的定义是："一个主权国家系统运动过程中发出的信息被公众映像后在特定条件下通过特定媒介（medium）的输出。"[③]

刘继南、何辉等认为国家形象可以界定为："在物质本源基础之上，人们经由各种媒介，对一国家产生的兼具客观性和主观性的总体感知。"[④]

不管是将国家形象看作是信息流动的产物，还是认识和感知的对象，在大部分的定义中，媒体都是国家形象产生和传播必不可少的要素和介质。而徐小鸽等人的定义更是直接认为，国家形象是国家在新闻言论报道中呈现的形象。这说明媒体与国家形象之间存在的必然联系，也表明了媒体在国家形象塑造和传播中的重要作用和影响。

在现代人类社会，随着信息传播科技的发展和人类沟通需求的递增，国家形象的构建更加离不开大众传播媒介。人类由于受到物理空间和认知能力的限制，不可能与整个庞大的外部环境都保持经验性的亲身接触。而那些超出亲身接触范畴以外的事物，往往需要借助于媒介所构建的符号世界来加以展示。在关于国家形象的传播与感知中尤其是如此。一般来说，外国的受众很难大范围地接触到构成一国形象内涵的那些基本要素。在这里，不仅存在物理空间的阻隔，还涉及不同语言、文化、民族习惯，以及政治和外交等因素所带来的沟通障碍。因此，受众对于他国形象的感知主要还是依赖于大众传播媒介。

李普曼早在半个世纪以前就提出了"拟态环境"的概念。所谓"拟态环境"并不是现实环境"镜子式"的反应，除了客观环境本身，它还包含了传播媒介的主观

① 管文虎主编：《国家形象论》，电子科技大学出版社，1999年9月版，第23页。
② 徐小鸽：《国际新闻传播中的国家形象问题》，载刘继南主编：《国际传播——现代传播论文集》，北京广播学院出版社2000年版，第27页。
③ 张毓强：《国家形象刍议》，《现代传播》2002年第2期。
④ 刘继南、何辉等：《中国形象——中国国家形象的国际传播现状与对策》，中国传媒大学出版社2006年版，第5页。

因素，是传播媒介对象征性事件或信息进行"把关"重构后向受众提供的信息环境。[①]
由于这一过程具有较大的隐蔽性，人们很难轻易觉察，因此人们常将媒介所建构的
"拟态环境"等同于现实本身，并据此形成对于整个世界的认识和判断。这也就是说，
在国际新闻传播中，新闻媒介不仅是国际社会公众关于外部世界的主要的资讯提供
者，而且媒介通过对于信息的选择和加工，更加影响了人们对于一国形象的总体印
象和判断，从而起到了建构国家形象的作用。

从国家形象的形成原理来看，一国的国家形象最终还是其自身实力和现实特征
的外化表现。国家形象最终的决定因素还是自身实力的提高和现实特征的变化。也
就是说，一国可以通过改变自己的实力和特征，来达到改变国家形象的目的。国家
通过自己的行为来塑造自身形象，就是国家形象的"自塑"过程。在这个过程中，
本国的媒体起着不可忽视的重要作用。如果能够遵循正确的新闻准则，掌握正确的
传播技巧，一国可以通过本国媒体修正来提升自身的形象。而如果媒体不能正常地
履行自身职能，发挥在国际传播中应有的作用，也会给国家形象带来无形的伤害和
耗损。

在大型的公共危机环境中，本国媒体的自塑对于国家形象而言更有重要的积极
意义。灾难报道作为危机传播的一个重要内容，也构成了危机时期国家形象塑造的
主要舆论环境之一。各种类型的危机，如墨西哥大地震、切尔诺贝利核电站事故、
印度洋海啸等，一方面"会影响外界对这个国家安全性与可靠度的认知，会影响人
们对这个国家居住、旅游、投资环境的评价"，另一方面也会影响这个国家政府的
形象和声誉，国家形象与危机之间的关系也就显现出来了。[②] 因此危机不单对一个
国家的公共安全造成影响，同时也冲击着这个国家对外的国家形象，考验着一国政
府的信息管理能力，更加考验着该国媒体处理危机传播，塑造和维护国家形象的能力。

二、汶川地震报道中，我国媒体的角色定位

汶川地震发生以后，我国媒体以前所未有的速度、态度和人文精神对这一灾难
事件进行了全面的、全方位的、全过程的、全追踪式的连续报道，这在中国传媒史
上是具有重大突破的。

① 郑彤：《国家形象与大众传播》，《东南传播》2007 年第 1 期。
② 周庆安：《大规模公共危机中的国家形象塑造》，《对外传播》2008 年第 7 期。

1. 报道的及时性

在此次汶川地震报道中，各类媒体对灾害在第一时间进行了公布，其速度之快给人留下了深刻的印象。2008年5月12日14时28分发生地震，之后不到10分钟，国家地震局就迅速通过新华社向社会发布了正式的官方消息，并及时发布了各地的震感信息。地震后的第18分钟，也就是14时46分29秒新华网发布了关于四川汶川地震的消息。随后，新浪、搜狐、腾讯等网站都迅速转载了新华网的地震快讯。权威声音及时的出现，不仅满足了人们的知情权，缓解了人们的紧张情绪，挤压了谣言、传言的传播空间，也有力地降低了公众心头的震感。

地震当天下午，中央电视台等国内各大电视机构也播放了关于汶川地震的新闻，并且投入了大量时间、精力进行现场直播。其中CCTV1、CCTV新闻频道、CCTV4、四川新闻频道、成都新闻频道、四川卫视和凤凰资讯台等电视频道都有关于汶川地震的24小时现场直播节目。电视直播时间之长、直播频道之多、直播内容之充实也可以说是创下了中国的灾难事件电视报道之最。

全国各大报纸也在地震后的第二天纷纷在头版头条等显著位置刊登了地震消息。从5月13日开始，人民日报、中国青年报、解放日报、文汇报等全国各大报纸开始在头版刊登四川地震新闻，部分报纸还发表了相关评论。在这场突发的灾难中，中国媒体的表现为本国灾难报道历史的反应速度刷新了纪录。

2. 信息的公开性、透明性

灾后不到两小时，温家宝总理已经乘坐专机到达了灾区。同时，灾区的各种信息也通过中国各大媒体传遍了全世界。5月16日，包括先期抵达的20多名境外记者在内的共39家媒体61名记者组成了中外记者团，开始了贯穿整个救灾过程的全方位、多角度的新闻报道。这也是历史上第一次，通过媒体镜头将中国救灾的全景画面向世界呈现。

为控制灾情而进行信息封闭，在相当长的一段时间内，是新闻报道的重灾区，最突出的一个案例就是2003年"非典"疫情的早期。当时有关主管部门对试图报道疫情的新闻报道进行"围追堵截"，而媒体的缺位和沉默导致了谣言风传和公众恐慌，使"非典"疫情变成社会危机。同时，也由于疫情的国际间传播，极大地伤害了中国的国际形象。后来中央果断出手，要求迅速在媒体上报道真相，满足了公众的知情权，才迅速地稳定了民心。[①]

---

① 蔡静：《透明的媒体与自信的国家》，《政工研究动态》2008年第14期。

而在这次地震中，大量的报道篇幅被用于传达灾区的真实灾情状况以及灾民的安危情况。比如央视第一时间把镜头对准震后的废墟，中断正常节目进行24小时不间断的现场直播。此举刷新了中国公共传媒对重大事件的报道模式，其突破意义显而易见。另外，媒体对于灾区人员损失和财产损失的情况也不再讳莫如深。从5月12日当天开始，媒体就根据实际的遇难、受伤、被埋、失踪等情况，不断实时更新地震伤亡数字。

3. 对灾区的精神援助和人文关怀

媒体在第一时间把镜头对准了灾区和灾区人民，将全国人民的视线都聚集到了四川。除了号召进行救援、捐赠等实际行动外，媒体对于灾区的精神援助和人文关怀也是对灾区人民的一种无形的支持。地震发生后，新浪、搜狐、网易等各大门户网站，天涯社区等各大论坛都迅速开辟了汶川地震的专门频道，这些频道也成了网民们关注灾区，为灾区祈祷，为灾民祈福的场所。电视媒体也通过制作专题节目、播放赈灾义演等活动不断传递对灾区的关怀和鼓励。在5月19日至5月21日的全国哀悼日，国内各大报纸都纷纷制作了以悼念活动为主题的头版版式，采用黑白两色为主色调，以庄重肃穆的黑体字为字体。全国各大网站也都自动将黑白灰作为哀悼日内的主色调。电视、广播等媒体停止播出娱乐节目，网络游戏等娱乐项目暂时关闭。在灾难带来的痛苦面前，媒体带来的庄严气氛是对灾区人民的关切之情的最好表达。

4. 对全国人民团结一致，抗击灾难的倡导

为了宣传抗灾行动，中央电视台等电视媒体制作了"众志成城 抗震救灾"的专题节目。网络、报纸等媒体上也承载大量丰富、翔实的文字新闻、图片新闻和视频新闻等。这些节目和新闻报道既向全国观众实时传递着灾区的实况，同时也鼓舞了广大的全国人民在灾难面前团结一致，携手并进，支援灾区。在这次灾难中，不断播放、发送的捐款、捐物和捐血号召集结了大批企业、单位和个人向灾区提供支援，同时也吸引了大量的志愿者奋不顾身地投入到了抗震救灾的行动中去。在灾难面前，爱国热情和人道主义精神得到了最大限度的激发，奥运圣火的传递活动也与赈灾活动结合到了一起。在媒体的全方位攻势下，全国人民的抗灾热情被迅速调动起来。尽管媒体不再像以前那样刻意强调正面的宣传，但是还是取得了积极的正面效果。

可以说，汶川地震的报道中，我国媒体真正扮演好了作为媒体的社会角色，报

道准确及时，态度积极公正，角色充满人文关怀和爱心，起到了媒体应有的作用。

三、媒体汶川地震灾难报道在国家形象塑造中的积极意义

1. 改变负面形象，赢得普遍赞扬

"中国媒体第一次达到了国际水准！"这是美国《纽约时报》在其关于四川汶川大地震中国媒体报道的长篇新闻分析中提到的一个观点。而美国《华尔街日报》也专门刊登评论文章，称赞新华社英文报道在汶川地震报道中反应迅速，敢于冒险，有人情味，专业性强，突破了过去"宣传机器"的模式。《华盛顿邮报》则在报道中指出，新华社对于地震灾难的报道超过了美联社、路透社、法新社三大通讯社的总和。[①]

在汶川大地震发生之前，中国给外国的形象都是消息封闭，欠缺新闻自由，流入及流出的新闻及消息都经过审查。西方某媒体曾于 2007 年 10 月公布的全世界新闻自由指数，中国在 169 个国家中名列第 163 位，是新闻自由指数最低国家之一。[②] 这种评价虽然具有意识形态的歧视性，但基本判断与西方媒体的价值认同是比较相近的。以 2001-2003 年《纽约时报》涉华报道内容倾向性分析（见图 1）为例，可见一斑。

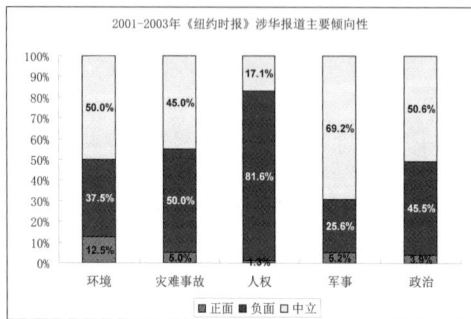

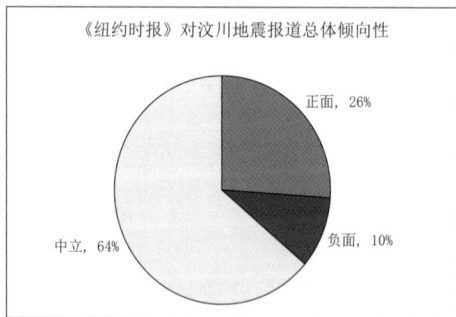

图1：2001-2003 年《纽约时报》涉华报道内容倾向性　图2：《纽约时报》对汶川地震报道总体倾向性
数据来源：2003 年由马静等人执笔的《〈纽约时报〉内容分析报告》。

从图 1 可以看到，2001-2003 年间，《纽约时报》在报道中国的灾难事故时，高达 50% 比例的新闻报道都是负面的，而仅有 5% 是正面报道。

---

① 鹏飞：《新华社汶川地震对外报道缘何赢得西方媒体普遍赞扬》，《对外传播》2008 年第 7 期。
② 《08 奥运年——国际关注中国新闻自由》，BBC 中文网，2008 年 4 月 25 日。

汶川地震发生后，中国媒体及时、透明、有效的报道却让西方媒体大为惊叹，因此受到国际的广泛赞誉，大大改善了中国的国际形象。就连一些平时对中国抱有偏见的西方媒体，也给中国打了高分。正如英国《金融时报》的文章所说，四川地震正在改变中国的形象。

与图1产生鲜明对比的是，《纽约时报》此次对汶川地震报道在总体上对中国保持客观报道的态度。图2是对从2008年5月12日到6月4日期间《纽约时报》所有版面中全文中同时含有"China"和"earthquake"的91篇文章的报道倾向性分析，其中"正面"是指认同和积极倾向的评价，"负面"是指不认同和消极倾向的评价，"中立"是客观描述性报道。

2. 传播权威声音，融入世界话语体系

在西方媒体对四川省汶川大地震的报道中，最先发出的报道几乎都是转引自中国媒体。包括对中国媒体时有贬斥的CNN、BBC等，都大量使用了中国媒体的电视画面和文字报道。在本次汶川地震的报道中，中国媒体以迅速、全面、具可信度的报道向整个世界传播着最权威的声音，掌握着新闻报道的主动权，融入了世界传媒的话语体系。

蓬勃发展的大众传媒不仅充当了传播我国国家形象的中介，更为建构我国国家形象提供了有力的支持。因此，从大众媒体的角度而言，应该进一步大力加强中国主流新闻媒体对国家形象的报道。

3. 改善政府形象，消融政治偏见

地震发生以后，国务院总理温家宝马上乘专机来到抗震救灾的前线，亲自指挥抗震救灾的工作。同时，全国各级领导都纷纷行动起来，组织进行救灾和募捐活动。在面对地震灾害时，中国的领导层展示了前所未有的活力和高效率。这在一定程度上缓解了原先存在的部分国际反华情绪，取而代之的是以中国普世的爱心和国际责任意识逐步摒弃部分西方国家对我国的政治偏见。美国《时代》周刊的文章说："中国原来是这样的！"[1]国际受众在中国传媒的报道中对中国国家形象有了全新的解读，这对于国家形象的塑造与传播发挥了极大作用，营造了良好的舆论环境以及与外部世界和谐互动的氛围。

---

[1] 熊江丽：《西方媒体对汶川地震正面报道的原因》，见 http://qnjz.dzwww.com/zt/200809/t20080918_3963886.htm。

四、关于国家形象塑造中媒体角色的三大关系

有关国家形象塑造中媒体角色的研究，近年来有许多学者提出了富有建设性的观点。

程曼丽在《大众传播与国家形象塑造》一文中，提出了融入世界话语体系、遵循国际通行的标准与规范、追踪人类共同关注的热点和焦点问题，突出国家形象塑造的个性特性、及时准确地进行形象塑造与传播等5个方面的建议。颇具有操作性与系统性。[①]

吴玉荣在《传媒全球化时代的中国国际形象战略》一文中，提出以"传播"取代"宣传"，树立中国传媒自身可靠、可信、可亲、可敬的形象，走出去战略等一系列意见，也具有一定见地。[②]

刘小燕在《关于传媒塑造与国家形象的思考》一文中，从条件、理念、方法三个系统进行了阐述，具有构架上的原创性。

李正国在《国家形象构建：政治传播及传播媒体影响力》从政治传播与大众传播的关系上进行分析，并引用了胡鞍钢、张晓群的实证研究数据予以引证，很具有说服力。[③]

王晓红、王艳芳在《媒体对我国国家形象的塑造》一文中，提出的观点更加细致，研究受众心理，讲究引导艺术；反映中国主流，正面报道为主；重大事件首播，占据舆论主动；打造媒体形象，塑造国家形象；做好"话题设计"，引导国际舆论。这些观点已经从战略层面深入到战术层面，具体而强调操作性。[④]

韩源、王磊在《全球化时代的新闻传播与国家形象宣传战略》一文中，从转变新闻传播理念、改革我国的新闻传播体制、探索新的传播手段与方式、树立国家形象意识、推动建立国际传播新秩序5个方面提出了建设性意见。[⑤]

刘康、李希光在《如何塑造新世纪的中国国际形象》一文中，以对话的形式措辞犀利地指出了中国国际形象塑造中的种种问题及中外媒体在中国国际形象塑造中的角色问题，内容翔实、观点新颖、发人深省。[⑥]

① 程曼丽：《大众传播与国家形象塑造》，《国际新闻界》2007年第3期。
② 吴玉荣：《传媒全球化时代的中国国际形象战略》，《中国党政干部论坛》2002年第6期。
③ 李正国：《国家形象构建：政治传播及传播媒体影响力》，《现代传播》2006年第1期。
④ 王晓红、王艳芳：《媒体对我国国家形象的塑造》，《现代传播》2006年第3期。
⑤ 韩源、王磊：《全球化时代的新闻传播与国家形象宣传战略》，《西南民族大学学报》2005年第3期。
⑥ 刘康、李希光：《如何塑造新世纪的中国国际形象》，China Academic Journal Electronic Publishing House，见 http://www.cnki.net。

李正国在《危机公关·媒体角色与国家形象的修复》一文中，从形象修复的角度读论了媒体在国家形象塑造和危机公关中的角色，对媒体的角色定位进行了深入的思考。[1]

刘娜在《新闻传播与国家形象》一文中着重强调了中国的传播要融入国际传播的主流潮流问题，也有一定建设性。[2]

综述以上学者的观点，结合汶川地震中国媒体报道与国家形象的关系，我们认为，国家形象塑造中，媒体最为重要的是处理好三大关系，这三大关系既是这次汶川地震灾难报道中的经验，也是媒体在国家形象塑造角色体现的最重要的原则。

1. 真实与主流的关系。真实是新闻的根本，真实包括时空、事件、人物、因果等一系列的要素。但人们往往认为一旦强调真实，就容易罗列新闻材料，引发人们的猎奇心理，模糊主流观的传播。事实证明，受众的品位和鉴别力并不像人们想象的那样低下，汶川地震报道真实而及时，但主流价值观依然清晰而准确，带给受众的感受真实而富有人性色彩，这是值得媒体管理机构认真总结和思考的。

2. 多元与主旋律的关系。世界已进入多元化时代，角色多元、视角多元、价值也多元，汶川地震中，在可歌可泣的感人事迹比比皆是的同时，也出现"范跑跑"的报道与争论，丝毫不会冲淡和影响主旋律的传播，我们认同多元时代，并非排斥主旋律，也相信广大受众有智慧和德性能把握好其中的关系。相反，没有杂音的铁板一块，不但不是真实人性的写照，也不是开放民主的媒体生态应有的状态和方式。退一步讲，即便是传统媒体可以加以控制，以网络为代表的新媒体努力的崛起，必定将多元存在演绎得淋漓尽致，这一点媒体要有认知，管理机构更要有充分的认知。

3. 普世与主体文化。不容否认，人性化的许多价值观是具有普世性的，这一点在改革开放即将40年的今天已经得到了广泛的认同。当然，在西方经济主导的今天，西方的价值观同样主导着普世价值，我们认同基本普世价值的同时，必须弘扬代表东方文明与价值观的中国主体文化，这看起来是矛盾的，实际上恰恰是普世价值之所以存在的意义所在，如果没有各个国家和民族的主体文化，普世价值就没有存在的意义和理由。华尔街金融风暴也证明了西方的许多理念未必是全盘正确的。中国和西方的许多主体文化不但是人类文明的重要组成部分，而且是不可或缺的有机构成，这一点在当今中国是有必要给予强调的。

---

[1] 李正国：《危机公关·媒体角色与国家形象的修复》，《中国广播电视学刊》2006年第3期。
[2] 刘娜：《新闻传播与国家形象》，《新闻爱好者》2007年第9期。

综上所述，我们从汶川地震媒体报道的样本分析入手，提出了媒体是国家形象塑造的重要内容，总结了汶川地震报道中媒体角色对国家形象塑造的积极意义，并从个案分析推及国家形象塑造中媒体角色的三大关系，从而在个案中总结经验，以此成为中国国家形象塑造的全新起点和媒体角色定位的全新尝试，在三大关系协调中，有所思考与建树。

感受经济学与公共关系策划

—— 一种寻根式探索

李兴国 *

摘 要：

- 新时期人民对美好生活的追求，比对小康温饱的追求有更多的主观色彩。

- 感受是"Feeling"，是与生俱来的，是最基本的，应成为经济的起点，经济学研究的"根"是"源"；体验"Experience"是带有目的性的，是学习的起点，是经济学的"枝"和"流"。

- 公共关系是社会组织与公众的桥梁，这个桥梁要架设到公众心中，这怎样才能深入人心呢，人们是如何判断的呢，特别是在市场经济条件下，根据什么判断呢？就是感受。

- 新世纪买什么？买感受，买情感，买高兴成为主要矛盾。

- "个体认知有限定律"要求普通公众在消费过程中掌握真理与科学是几乎不可能的，亲身用实践检验真理面对层出不穷的产品也是不可能的。好产品与被当作"好产品"产生差距，于是就有一个产生利润的巨大空间，应该由谁去占领它呢？

- 以人为本，以人的什么为本？——感受。

- 什么是真理？什么是幸福？什么是成功？——感受。

- 什么是新的，可持续发展的经济增长点——感受。

- 科学的先进性，经济的效益性，与感受的幸福快乐如何统一？

- 感受是一个崭新而巨大的市场。

- 研究感受是新的思路可以避免"科学异化""营销的异化""经济发展的异化"。

- 研究感受可以还需求以本原，抓住市场的"牛鼻子"。

关键词：感受经济 公共关系策划 七唯一

---

* 李兴国：中国公共关系协会常务副会长、文化艺术委员会主任委员，国家行政学院教授。

导言 世纪的困惑

21世纪是全球经济大发展的时代，也是各种经济学大发展的时代，网络经济，旅游经济，注意力经济，眼球经济，数字经济、形象经济、体验经济……层出不穷，令人眼花缭乱，应接不暇。21世纪卖什么？有人说卖科技，有人说卖情感，有人说卖梦，有人说卖文化……不一而足。

在这么多新东西面前，我们不禁要问：这就是社会发展的潮流吗？我们要不要赶这个新潮？特别是当我们研究眼球经济、注意力经济时，总好像这个事有点玄，有点虚，好像事情没有做完。注意力经济、眼球经济的提出很有创意，不仅搞网站的喜欢，我们搞公关与广告的也喜欢。但是，"注意力经济""眼球经济"仅仅是抓住人的注意力，让公众看你，这距离让公众产生兴趣、真的掏钱购买和重复购买，爱上你，还差好几道关。

"形象经济"也很有创意，但是"形象"本身是一个有争议的问题，虽然我们一度把它当作公共关系的核心概念，在1989年的全国公共关系教学研讨会和1993年公共关系与市场经济国际研讨会上，笔者都坚定地捍卫了"形象说"。但是，十几年来，无论我们怎么反复解释形象不是虚的，形象要先做得好，然而无论是我们为之服务的企业，还是广大公众，总觉得树形象是外在的"包装"，不是实实在在的东西本身。企业想买"包装"时才找"公共关系"，才作企业识别系统(CIS)。而且，很多人认为产品"形象好"，它"使用时"却未必真好。

说到"卖概念""卖梦想""卖一个'局'"就更加虚无缥缈，好像是在"骗人"。至于有些大师说的广告业就是去为消费者生产"梦"，生产五彩缤纷的"肥皂泡"，那更是不敢苟同的"经典"。

什么是体验经济？以对蔬菜的生产和消费为例，当农民种菜并自给或交换时，这种经济是农业经济；当在工厂（或蔬菜大棚中）不受季节制约生产蔬菜并出售时，这种经济是工业经济；当饭店用蔬菜向顾客提供饮食服务时，这种经济是服务经济；当顾客买菜并进行野餐，在这一过程中获取享受时，这种经济就是体验经济。体验经济的形成就在于体验是第四种经济提供物，它从服务中分离出来，就像服务曾经从商品中分离出来那样。但是，体验是一种迄今为止尚未被得到广泛认识的经济提供物。体验经济学这样认为：体验与服务的差别就好像服务与商品的差别。"体验（experience）通常被看成服务的一部分，但实际上体验是一种经济物品，像服务、货物一样是实实在在的产品，不是虚无缥缈的感觉。"但是体验会迅速陷入边际效益递减的快行道。例如：没有看到过蹦极的人一般玩一次就够了。到农村，到军队体验生活，去去知道就行了，体验与人类追求新鲜感密切相关。而笔者提出的感受经济学却认为感觉是客观存在的，与生俱来，永远追求。感受也是实实在在的，不仅仅是从服务中分出来的，而且是在农业经济、工业经济时期就已经存在的，只不过我们过去不是这样看问题的。

2017 年诺贝尔经济学奖授予美国经济学家理查德·塞勒，以表彰其在行为经济学领域的贡献。传统的经济学家假设经济人是理性的，聪明的；塞勒研究的就是"人类在经济行为中如何犯傻"。我们平时经常遇到自己的不理性、乱消费、自制力差、无法心平气和地看周围的事物、选择困难症等，塞勒的这个研究真的非常接地气。"行为经济学"获得诺贝尔经济学奖，但是行为都是源自心理，心理动机源自主观感受，源于外界的刺激反应和本能的欲望。

国家提倡创新，从我国现实看，确实太需要软科学了，有大量的高科技成果没有转化为生产力，大量高科技、高质量的产品卖不出去，致使许多企业陷入没完没了的三角债，甚至倒闭破产。这时我们才更深刻地理解什么是马克思所说的，从商品到货币之间的"惊险跳跃"，什么是跳不过去就"粉身碎骨"。

虽然我们也推崇市场营销学，说营销就是不再推销，虽然我们也推出公共关系，倡导科技以人为本，但为什么，还有大量的产品积压？许多世界 500 强企业转眼就轰隆隆似大厦倾，昏惨惨似灯将尽。问题出在哪里？顾客至上，科技以人为本，以人的什么为本？大家都在讲市场，究竟什么是市场？大家都在讲需求，到底什么是需求？它是"活生生的人的需求"，还是冷冰冰的"有支付能力的购买"？形象战略、名牌战略能否解决当前的主要问题，诺基亚、柯达等名牌不是也倒了吗？阿里巴巴、华为与海尔的成功，能否仅仅归结为名牌战略呢？面对一系列问题，经过冥思苦想，特奉献感受经济学与社会共享，作为百家争鸣的一种声音。

上篇 感受经济学原理

一、感受经济学提出的背景

感受经济学是在改革开放，特别是买方市场形成时应运而生的。

（一）感受经济学提出的经济基础

"感受"（Feeling）在经济发展史中并没有受到足够的重视，它是正在逐渐浮出海面的冰山。感受经济学（The Feeling Demanding Economy）提出的经济基础是：生产力高度发展，商品经济发展到大多数产品达到买方市场，特别是到了人们购物更多地是凭感受，凭兴趣，凭喜好决策时，感受经济学就应运而生了。

综观人类生产史，我们可以概括为人类经历了：生存时代（也是短缺经济时代）——主要矛盾是解决产品有与无的问题，解决温饱问题；生产时代（商品经济发展时代）——主要矛盾是解决产品的多与好的问题，解决小康问题；生感时代（或称感性消费时代）——主要矛盾是解决产品的人性化问题，解决现代化与幸福生活、美好生活的问题。这三个时代不是截然分开的，而是交叉渐进的。就中国而言，早在2000年，中国的消费品100%供过于求，生产资料95%供过于求，大部分地区进入了小康，正在向感性消费时代过渡。第三产业、第四产业大发展，人们的眼睛不再死盯着物质消费，而是转向精神消费，文化、旅游、休闲成为新的经济增长热点，感受就成为新经济增长的主角。就世界而言，21世纪卖什么，有一种理论就直言"卖情感"。在有与无和产品多样化的问题解决后，买感受、买情感、买高兴就成为主要矛盾，就有了感受经济，就应该有人研究这个逐渐上升的主要矛盾，这个新消费系统要素的子系统。

（二）感受经济学提出的哲学基础

哲学的基本问题是存在与意识的问题。就人类整体而言，是存在决定意识，实践检验真理，这是千真万确的。但是就个体而言，就市场购买过程而言，却有另外两条规律，一条是马克思主义的"真理的相对性规律"，一条是笔者提出的"个体认知有限定律"，即：

1. 人类的认识能力可以说是无限的，但是，个体认识的时空总是十分有限的，局部的，个体的意识并不总是由客观存在直接决定的，甚至相当多的部分是传播、教育决定的；是另一种"存在"决定的。

2. 对个人而言，人生苦短，能力有限，"实践检验真理"也是相对的，不可能什么都亲自实践检验，个人的实践最容易产生的结果往往是"盲人摸象"，而不是发现真理。

3. 理论的概括性与实际的具体性的矛盾，而市场上的每一次购买都是非常具体的。如同在理论上，你可以数得清撒哈拉大沙漠的每一粒沙子，但是实际上却没有人能做得到。在理论上，你可以在十公顷麦田中找到最大的麦穗，但是，当条件是你只能一直向前，不许回头时，成功的概率几乎为零。在理论上，60亿人中，每个人都有一个最佳配偶，但实际上，你却往往不知道他（她）在哪里。每小时谈一次恋爱，一辈子也谈不完。这就是"个体认知有限"定律决定的。

市场购买过程也是如此，现在是知识经济，信息爆炸，科技日新月异，商品经济无孔不入，产品多得数不胜数。消费者作为个体，几乎无法在真理与科学的层面上决策，而只能在感受的层面上，在模糊认识论的层面上决策。往往像电脑一样是"0"与"1"之间的选择，对一个产品是知道，或是不知道，想买或不想买，买与不买……由于有了存在与意识的差距，就有了真理与被当作是"真理"的差距，科学与被当作是"科学"的差距，也就有了好产品与被当作"好产品"的差距，这里就有一个产生利润的巨大空间，假冒伪劣产品就在拼命利用这一差距，利用这一巨大空间大发横财。真正好的产品应利用感受经济学，尽量缩小这一差距，生产好的产品，并使你产品的"好"，被公众感受到，被当作好产品，开发这一个利润空间。公共关系应当对此给予高度的关注。

（三）感受经济学提出科学技术基础

21世纪，知识经济、网络经济、人工智能使人类进入了一个全新的时代。现代科技使世界经济全球化和可持续化。知识价值的革命，使知识成为新的价值取向，知识将得到最大限度的共享。卫星通讯与声情并茂的多媒体媒介真正实现了天涯若比邻，快捷的现代交通可以使环球旅游成为惬意的享受。总之，现代科技可以创造出以前想都想不出的奇迹，人类可以品尝太空育种的食物，到蓝天遨游，在海底举办婚礼，在网络的虚拟世界里接受最好教育，感受最新奇的世界，甚至已经有人花钱去遨游太空，感受宇宙生活，美国的富翁蒂托已经捷足先登……人类的感受空间从未像今天这么广阔。对这一巨大的感受资源不加以认真研究，认真开发，简直就是一种巨大的浪费。

二、感受经济学的含义

经济学是研究如何实现稀缺资源的有效配置与利用的一门学说。被称为"最古老的艺术和最新颖的科学""社会科学的皇后"。经济学假定："资源是稀缺的"，"选择是必要的"，经济学是研究稀缺资源在各种用途之间如何进行分配的。现在，世界各国都在研究贵金属的稀缺、钻石的稀缺、石油的稀缺、淡水的稀缺、稀土的稀缺……却没有人研究人的稀缺。只是感到世界的人满为患。感受经济学认为每个现实存在的人其生命本身就是最稀缺的资源。人生的每一秒都一去不复返，每一秒都不可再生。感受能力是与生俱来的，感受将伴随每一个人走完人生历程。简单地说，感受经济学就是研究如何实现人生感受这种稀缺资源的有效配置与利用的一门学说。

感受是生理的又是心理的，具有生理与心理两重性。

感受的生理过程是人对外部刺激→反映→归类的过程。感受产生于感官受到外部刺激，如看到、听到、闻到、摸到等，是感觉、感知的结果，是认识、推理的起点。感受的心理过程是感觉→认知→情感→意向。俗话说的"先尝后买"，就是感受→认识→推理→行为的过程。感受是购买的起点，意向是购买和是否重复购买的关键。

感受的特性包括：

1. 感受是瞬间的又是持久的，可以一见钟情，永志难忘，也可以一朝被蛇咬，十年怕井绳。

2. 感受是琐碎的又是整体的。如：我国出口日本的一批女裙上有一个被遗忘的大头针，这本是一件小事，但是它剐破了日本顾客的腿，导致整批服装被退货，就影响了中国服装的整体形象。

3. 感受是具体的又是模糊的，顾客认为服务员应该微笑服务，服务员没有微笑，顾客就会感到被怠慢，这是很具体的；爱是最强烈的感受，但好多人说不清楚什么是爱；同样，我们来到一个景色宜人的地方感到心情特别好，但好在哪里却往往说不清楚。

4. 感受是客观的又是主观的，两个人同时看到一件毛料西服2000元，A可能觉得太贵，B可能觉得一点儿也不贵。

所谓感受经济是指对消费者感受的生产、流通、分配、消费的一种经济形态。如同农业经济是农业产品的生产、流通、分配、消费的一种经济形态；工业经济是工业产品的生产、流通、分配、消费的一种经济形态；知识经济是指对知识的生产、流通、分配、消费的一种经济形态一样，不同的是感受经济与知识经济两者研究角度不同，任务不同。知识是一种生产力，知识解决怎么干的问题，感受经济学解决为什么干，干什么的问题，不仅有方法论的意义，而且关系到目的论。

所谓感受经济学是研究消费者感受的性质、功能与规律从而促进经济发展的一门边缘交叉微观经济学。"经济学有两个领域：微观经济学与宏观经济学"，"宏观经济学研究影响整体经济的力量和趋势。微观经济学运用供求方法和边际方法研究企业和居民的经济行为。"感受经济学作为一种新颖的经济学理论有利于解决当前个人经济生活的多样性、复杂性的难题，有利于解决企业利润最大化的问题。所以笔者将其定位为一种微观经济学。

三、感受经济学的价值

（一）提供一个巨大的市场、一个可以令企业和商家任意驰骋的广阔天地

当企业管理的阀门已经都拧紧，当价格的竞争已经刺刀见红，当形象大战的广告费已经拼升为天文数字，当标王已成为笑柄，高科技的飞速发展又压得消费者喘不过气来。几乎所有的企业都哀叹现在买卖难做，我们"柳暗花明又一村"，看到另一个资源，另一途径——在消费者公众的感受上下功夫。

感受是一个巨大的市场，感受包含人类最基本的需求，地球上60多亿人，可以说人人有感受，时时有感受，处处有感受，终生有感受，而且感受的包容量非常大，感受是最简单的，也是最复杂的。站在感受经济学的角度，人一生都生活在感受之中，人一生都在追求理想中的感受，避免不好的感受，为什么没人去研究它？为什么没人自觉地生产它？过去我们研究消费心理，消费行为、消费需求。但那是另一个问题，与感受有关，但是两者的目的、方法都不同，感受与消费心理只是一种交叉关系。

同时，感受是在不断变化发展的，随着一种感受得到满足就会产生新的需求、新的感受，需要新的刺激，所以研究感受的需求，满足不同的感受是一个取之不尽，用之不竭的宝库。

（二）避免营销学的异化

研究感受经济学为我们提供了一种新的视角、新的思想方法，使市场、需求、科研、顾客至上等概念回归到它的本原。

所谓异化指"主体在一定的发展阶段，分裂出它的对立面，变成外在的异己的

力量。"马克思分析了劳动的异化，货币的异化，财富的异化，人的异化。营销也可以异化，不再以人为本。这一点可以通过"新需求理论"反映出来。新需求理论新在何处？经济学、市场营销学中的"需求"与感受经济学的"需求"不是一回事。经济学、市场学中的需求理论告诉我们"需求是指居民在一定时期内，在不同价格水平上愿意并且能够购买的商品量，即不同的价格与相应的需求量之间的关系。""需求是有支付能力的购买"。通常价格越高需求越少，价格越低需求就越多。但是，这不是公众本身的需求，不是来自生命渴望的需求，不是感受的需求。例如：改革初期，引起笔者百思不解的一件事就是北京市的官方经济统计：牛肉涨价了，月盛斋的酱牛肉从 2.5 元 1 公斤涨为 6 元 1 公斤，许多人买不起，改吃豆腐了。于是公布的统计表中就删掉牛肉，增一项豆腐。结论是：市场豆腐需求上涨，牛肉需求下降。于是我们多生产了豆腐，就是满足了百姓的需求。而公众心中原本想的是"我需要牛肉，只不过是现在买不起了，不是没有需求，是没有办法。"正如今天，高校学费上涨了，有的农村穷孩子上不起大学了，索性连高中也不上了。不是他们不需求，而是缺乏支付。市场营销学有它自身的理论与逻辑，但是它的需求理论只是一家之言，不等于终结真理。某种意义上看，营销学的"需求"是从"销售者、卖方"的角度看"需求"，卖得动，就是有"需求"；价格高，卖不动，就是没有"需求"。不是"消费者、买方"的，广大人民群众本原的发自内心的需求，不是生理和心理天然需求、本能需求。

感受经济学就是要还原需求的本来面目，感受经济学研究的需求，是指公众、消费者来自生理与发自内心的需求，一种渴望与期待，即人类自身生存发展在一定时期的要求，是社会文明发展带来的需求、也是人类本能的呼声，而不是仅仅以价格能否支付来决定的一种"关系"。需求就是需求，有没有钱买是另一个问题，能否"购买需求"的问题不是"需求"的本身的问题。如果说营销学的需求是"关系需求"，那么，感受经济学的需求就是"感受需求"。这种需求既有生理的也有心理的，既有显现的也有潜在的，既有过去的也有将来的，有主流的、永恒的，也有边际的、暂时的……研究感受经济学的价值就是站在"感受需求"的角度研究这种需求，去想办法满足这种需求，创造这种需求，顺应这种需求，从而产生价值、利润。以前面北京的例子分析，说白了，就是如何想法降低价格，生产公众能吃得起的酱牛肉，或者让公众收入的增长高于物价增长，而不是站在"改革"的立场上让大家改吃豆腐。

传统营销学的需求理论是科学的、伟大的，感受经济学的理论也是科学的、伟大的，而且更符合时代的发展与世界潮流。笔者在《企业发展与创新思维》一书中提出："创新的起点就是发现问题，满足需求"，这个需求就是人类本能的一种需求。例如，针对多数人不会使用照相机，日本人小西六生产出"傻瓜"相机，就使人感到很方便，就创造了一个大市场，并使日本的照相机产业独步天下。有人照完相，希望马上看到照片，于是创造了"拍立得"相机；美国人马丁·库帕发明了手机，给大家带来极大方便；巴黎出生的硅谷工程师菲利普·卡恩为了尽快给出生的孩子拍照传给亲友，就发明了手机拍照。多功能手机大大促进了生产，繁荣了市场，这种感受上的需求，才是推动科技与市场的原动力。但是，这种满足感受需求的创造在我国还是太少了。

（三）研究感受经济学，避免科学与生产的"异化"

科技与市场也会产生异化，随着科技的发展，它会进入一个自身的发展规律的轨道，像被吸入一个旋涡而出不来，忘记它的本来意义。笔者咨询过科技经济学的教授，科技发展最终追求的是什么？他回答是"先进性"，先进有头吗？先进还可以更先进，科技无限，创造无限。但是人类的生命，地球的资源是有限的。例如：人类为保卫和平，造出了原子弹、中子弹，科技无限制造无限，直到美俄拥有的核武器可以把我们唯一的地球毁灭6次，严重威胁了人类和平。再如：汽车，可以做一个汽缸发动机的，就可做2个、6个、8个缸的。2000年追求12个缸的，2004年又做出16个缸的汽车，以后还可以做出更多缸的汽车，据说在英国疯狂汽车秀（Top gear）有32缸的汽车。但是现实生活中，作为交通工具12个缸已经不是必要的了，只是为了证明科学可以达到这种水平。但是档次高价格就贵，人生有限，人的承受能力有限，感受能力有限，支付能力有限。于是这类汽车市场启动就不理想。

知识经济时代的"知识"并不总是等于经济，科技也并不总是提高生产力，它也可以产生破坏力。常有高科技的产品卖不出去，所以企业界才会流传"不搞科技等死，搞科技找死"的说法。因此，我们应回过头来，以人为本，以人的感受需求为本，不是以经济学的需求为本，不以科技自身的规律为本去创造。科技应多把劲使到开发公众生理心理上需求且能支付得起的产品及有可持续发展能力的产品上。

科技无限、创造无限，但是离了人能感受到的优势，科技就会成为断了线的风筝，不知飞向何方。当代科技飞跃，一日千里，可若是忘记科技的初衷，岂不差之毫厘，失之千里！

（四）研究感受经济学可以为我们提供新的经济增长思路

新的经济增长就是研究消费者的感受，生产良好的感受。用消费者的感受去审视我们生产的各个环节，用研究感受去弥补目前的营销学、广告学、公关学、管理学、心理学的不足。研究感受经济学就如同牵住了市场的牛鼻子，抓住了可持续发展的纲。因为人的感受是全方位的、是全过程的，它不像眼球经济、注意力经济将精力主要放在售前。也不像形象、品牌，主要作用于心理，它不像推销技巧只施展于售中……感受是全过程的：生产、流通、分配、消费；售前、售中、售后都有感受；感受是多种多样的，幸福、舒适、新颖、刺激、浪漫、怀旧都是感受，如果我们调整视角，使传统工业与感受经济学结合起来，使公共关系与感受经济学结合起来，就会导演出许多新剧来。

（五）感受经济学可以与其他经济学相互促进，推动经济发展

感受经济学与传统经济学相比有其独特的研究领域与优势，但是它包容性很强，与传统经济学和一些新的"经济学"在相当多的地方也并不矛盾，可以相互补充，相得益彰。与传统经济学相比，都是研究资源合理配置，不同的是，我们重点是研究人，不仅限于自然，我们主要开发人的感受这一特定的资源。

感受经济学与新兴的经济学也不矛盾，站在感受经济学的角度看，网络经济，数字经济是一种靠手段更新吸引顾客带来效益的经济；注意力经济，眼球经济，是形象经济的一部分，解决吸引消费者的问题，相当于广告功能的前两步，引起注意，提高兴趣。但是如果说注意力经济、眼球经济能解决使用中和售后服务的问题，恐怕就太牵强。而感受经济学的优势是全方位，全过程。

旅游经济也可以看作把旅游中的感受当作资源开发带来效益的经济，旅游给人们留下的更多的是记忆。

感受经济学与形象经济学不同，形象经济学是研究形象，改造、提升形象，向形象要效益。虽然形象与感受有密切的联系，但是，形象是企业与产品的形象，感受经济学是研究消费者的感受，根据他们的感受需求来生产、产生效益，是方向完全不同的两种学问。因此，我们可以把感受经济学同传统的和其他新兴的学科结合起来，避免异化，抓住根本，繁荣我们的社会科学，为人类造福。

新世纪，百业俱兴，科学经济迅猛发展，但是，真理再前进半步就是谬误。科学的核心是追求先进性，经济追求效益性，感受追求幸福、愉悦、成功，各有各的规律，沿着各自的轨道前进。为了追求先进而发展科学，科学就会异化；为了效益

而发展经济，经济也会异化。人应该成为世界的主人，应该成为科学与经济的主宰，离开人的需求，人的感受，科学的先进性就会造成巨大的浪费。只讲经济效益，市场需求，离开人的感受，人的需求，人就会沦为"经济"的奴隶，拜金主义就会使人异化。感受经济学的提出就是要解决科学、经济、感受三者的关系问题，以人的感受为纲，统领科学与经济的发展，使人性复归，人类的尊严复归，使科学和经济成为人与人类幸福感受的工具，而不是相反。

因此，当我们萌想、设计、开发、推广一个新产品、新项目时，当我们追求一个新的效益时，都应从人的感受出发，这样才能真正实现科学的先进性，经济的效益性，从而避免科学、经济与人类的异化。公共关系在为企业与公众搭建桥梁的过程中也要从公众的感受出发，才能更好地完成公共关系的使命。

下篇　感受经济学十定律

公共关系怎样应用感受经济学，使之为社会造福，怎样生产良好感受呢？我们应当遵循特定的规律，既然感受产生于刺激、反映、归类，那么我们就要研究这一过程。我们将其归为十大定律，分别作用于这一过程的各阶段：

一、感受优先定律

即在开发、生产、销售、宣传一个产品之前，优先考虑公众的感受，以此为根本出发点，然后再考虑开发、生产、销售、宣传本身的规律。产品的开发、生产、宣传、销售都围绕公众的感受展开。这个秩序摆正了，产品的营销就有生命力，这个顺序搞错了，就会出现这样那样的问题。因此，首先，请大家记住：

（一）和氏璧效应与市场开发

《韩非子》载，中国春秋战国时期有一个叫卞和的玉工发现了一块世界上最大的美玉藏在一块大石头中，他先后献给楚厉王和其继任者楚武王，先后两任楚王、文武百官与其他玉工都看不出那是玉，而只看到石头，于是就以欺君罪先后砍掉了他的两条腿。楚文王继位，卞和抱玉痛哭于荆山下，哭至眼泪干涸，流出血泪，卞和将石头献给第三任楚王——楚文王时，人们还是怀疑那是石头，所幸的是最终该玉石得以开采，开出价值连城的"和氏璧"，它成为多国争夺的财宝，最终为秦始皇做成开国玉玺。

这个故事告诉我们即便是世界上最好的东西，若人们感受不到这一点，不仅不会有人为其"付款"，反而可能给奉献者带来伤害，卞和即是如此。为了避免卞和的遭遇，我们公共关系首先应下功夫把产品的糟粕去掉，使你产品的"美"能为公众、世俗凡人感受到，而不是科学家、专业人士能感受到，否则就会成为当代卞和。

（二）风筝效应与科技开发

科技开发是风筝，以人的感受为本是线，风筝不能离了线。民用的一般产品如此，高科技产品也如此，无论你多么先进，例如"E星"移动电话，当全世界的消费者没有好的感受时，它就只好忍痛下马，铩羽而归。

为了使创造无限的科技不至于成为断了线的风筝，不被自己的规律异化，请牢记感受优先定律。科技无限，创造无限，但是不应离开消费者感受这根线。科技开发需要"加法"，也需要"减法"，需要锦上添花，更需要雪中送炭。要坚持研究人的感受，以人的感受为本。

（三）情感世界与市场开发

感受优先还应考虑到情感的问题。情感具有延续性、滞后性，当某种产品变成一种"嗜好、习俗"时，它不以科技发展进步作为唯一的淘汰尺度。

例如：北京人钟情的"二锅头"白酒，它不因"人头马""XO"的进入而退出餐桌。笔者的一些公关界的朋友甚至出现过在外地出差时因为高兴了，想喝"二锅头"，就出现非用"五粮液"换"二锅头"喝的事情。嘉兴人爱吃的臭豆腐，宁波人爱吃的臭冬瓜，不因21世纪有了西餐、海鲜就没了市场，反而打进了北京，走向全国。少数民族的蜡染、扎染，也不因有了化纤太空服就不再争奇斗艳，反而走出大山，走出国门。因此，文化、风情、习俗、嗜好都可以作为资源，产生经济效益。

二、感受形象明晰定律

感受形象明晰定律是指产品的功能定位、价值定位、形象定位必须明晰准确，公共关系要表达准确无误，使消费者能明确地感受到产品独特的功能、价值和形象，从而引起公众的指名购买，重复购买。公共关系传播发出讯息，刺激是感受的起点，若是刺激出现偏差，公众的感受就会出现偏差，就会导致企业竞争的失败。

（一）找准穴位，对症下药

企业与公共关系机构应该找到公众最需要的感受是什么，在这些感受中，我们最能满足的是什么，我们与对手相比最大的优势是什么，然后，使三者结合起来选一个点，进行突破，即知道自己应当去刺激什么，如何刺激，追求什么感受。这时我们要追求针灸效应，即像针灸刺激一样，扎中一个穴位，疏通全身经络，起到四两拨千斤的作用。

（二）定位准确，诉求单一，刺激明晰

古语讲"伤其十指，不如断其一指"，"贪多嚼不烂"。无论是选择产品突破还是在形象战中，我们应利用公众感受中的传播与认知规律，产品要有独特的功能，公众能感受得到的功能。宣传产品应主题突出，个性突出，要像扎针灸一样，突破一点，带动全局。不能孤芳自赏地认为自己什么都好，什么都说，有时说多了，反而使金子湮没到沙子中去了。

（三）名实相符，无形资产与有形资产相统一

首先要避免王昭君效应。

据史书记载，汉代王昭君作为佳丽选美进宫，因为没有行贿画师毛延寿，被画师在画像上点了一颗本不存在的痣，并说它"方人""克夫"，影响皇帝命运，于是王昭君被打入冷宫。后来和亲将王昭君送往匈奴，汉元帝才发现王昭君天生丽质，倾国倾城，后来被称为中国四大美女之一。但为时已晚，昭君只好出塞，背井离乡。

一个好产品也如此，如果造成感受错位，定错了位，起错了名，塑造错了形象，或被扭曲得名实不符，就会使无形资产与有形资产分离，甚至异化，成为妨碍其发展的异己力量。

如果"台湾饭店"没有台湾菜，"民族饭店"没有民族菜，就是违背这一定律的，不管现在谁是股东，归哪一部门管理，老百姓就会凭自己的感受去选择，去消费。

其次，对被种种原因造成的感受错位，要及时纠正。例如：月中桂乌发乳，被诬陷为假冒伪劣产品，打了6年官司，虽然胜诉，但是企业早垮了，可见名实相符非同小可。因此，根据感受经济学，我们首先应使二者统一起来，不能"挂羊头卖狗肉"，也不能被"莫须有"的罪名扼杀，成为当代的"岳飞"。

三、反差对比定律

反差对比定律是说感受刺激是因为有反差而产生的，没有反差就不会产生感受。用黑板写白字，用白板写黑字，就能看得见。国外曾经做过一个"青蛙试验"，当把青蛙从常温扔到热水中时，青蛙受到刺激，马上产生应激反应，跳出水来。但是当把青蛙放到常温水中，逐渐加热时，结果青蛙直到被煮死也没有产生应激反应跳出来。我们是环保主义者，没有亲自做过这个实验，但是这类寓言性故事说明的道理能够广泛传播，说明得到大多数人的认可。如同掉进米缸的老鼠，每天吃一点米，看不出变化，但是终于有一天，发现米少了，老鼠再也跳不出米缸，死在米缸里面。这就是说要产生刺激，产生感受，必须有反差，而且是感受得到的反差。感受经济学的特点，决定产品生与死的不仅仅看它是什么，而是取决于它被当作什么。

中国伟大的辩证思维哲学家老子说过："美之为美斯恶己；善之可为善，斯不善己。故有无相生，难易相成，长短相形，高下相盈，音声相和，前后相随"。他阐释了万物都是相反相成的，是因对立而存在的。

反差对比有两个层次，一是与背景的反差对比，一个是与对手的反差对比。

（一）与背景的对比

无论是企业还是个人，投入竞争都有一个背景，无论是时代的，经济的，还是文化的背景，你要让大家认知你热爱你，就必须从背景中脱颖而出，要与众不同。让公众感受到你的存在。要追求"万绿丛中一点红"的效果，要善于运用反向思维去创新。

（二）与对手对比

虽然，在某种意义上对手也可以算作背景，但是与其他背景相比，对手的反差在竞争中更为明显，更为集中。笔者在为威师啤酒公司导入CIS时就遇到这样的问题。他们是1983年建厂的新企业，本地的竞争对手有十几家。开始，他们采取"跟进政策"。人家生产出"干啤"他们也出"干啤"，人家出"爽啤"他们也出"爽啤"，人家出新品牌"喜宝"，他们就出个"丝宝"。结果，都没有个性特色，只好拼价格。人家1.2元，他们1.15元，人家1元，他们最后仅0.92元一瓶。产量不低，利润不高，到了亏损边缘。在策划中，我们运用反向思维，不打价格仗，而是打科技仗，形象战，启动已经不再使用的冰晶啤酒生产线，推出新工艺的冰晶啤酒，导入新的企业形象设计，不再使用原来的品牌"冰啤"，因为人们会觉得是普通的冰镇啤酒。新品牌命名为"晶啤"并进行了一系列公共关系活动，结果产量适当下调，利润却上去了，当年，每瓶单价达到 2.25 元，总销售额从 8000 万达到 1.44 亿元。此案例荣获首届世纪策划成果博览会金奖。

（三）创造反差对比要与发展战略相结合

创造反差对比是竞争制胜法宝，而不是权宜之计。例如：温州的德力西与正泰是并驾齐驱的两个电气龙头企业，条件相同，产品相同，地点相同，企业家类型也相同。1997 年，我们运用创新思维帮德力西策划，用创新思维为德力西定位，到中央电视台去介绍创新的经验，1998 年导入 CIS，1999 年在创新基础上我们打政治改革的牌，推出了"新温州模式"，使德力西异军突起，成为新温州模式的领头羊，总裁胡成中也被评为 2000 年中国最受关注的企业家。

（四）在运用反差对比规律时还要注意，反差对比的动态性与边际效益递减规律

由于信息的发达，科技的革命，任何一种先进的东西脱颖而出后，往往会被立刻察觉，被模仿，使反差消失在"克隆"的海洋中。

人们第一眼看到你时，你是一花独放，万绿丛中一点红，第二眼可能看到的就是"万紫千红总是春"了。若大家都不变，你这一点红也将沦为"背景"，好像它就应那样。没了动态，没了发展，就没了生命，人们对你的关注就会降低。健力宝最红火时曾经停了半年的广告，结果销量一下下降 60%，它的质量、价格都没有变只是给人们的感受变了，其效益也就下来了，于是赶紧调整发展战略。新的东西，对比强烈的东西都会随着时间的推移、对手与背景的变化而趋同，这在系统科学中叫做"自组织理论"。根据热力学第二定律提出的耗散结构论指出：信息被共享后，"熵情"就会不可逆转地提高，出现平衡态，要打破平衡就要增加"负熵"，即不断地投入新的信息，以增加这种反差。这一思想恰恰证明了我们这一规律的科学性。

四、感受形象化定律

感受的形象化定律是指要创造感受，就要通过公共关系把你的产品性质、企业文化、人格道德、经营理念理论等抽象的品质形象化，并赋予一定的载体，使之具有触摸感，活生生地使人感受到它的存在，这样才能得到消费者认可。例如："爱"是一种人人想得到的感受，但是很抽象，于是就有了西方献玫瑰和中国的抛绣球，

现代的赠钻戒，以此来示爱。在企业竞争中从感受经济出发，企业在竞争中就一定要推行名牌战略，CIS 战略与"五名五度"战略，使企业的品质地位形象化，便于被公众感知。

现在很多企业和公共关系机构在宣传中总是只强调产品的科学、技术与质量一面，殊不知，随着科技的发展，我们的公众很难掌握那么多科学技术，哪怕是"常识"。因此，聪明的做法是把你的科学换算成公众能理解的"真善美"，与他们心中的感受产生共鸣。

中国导入 CIS 的先驱太阳神集团，在配方不变的情况下导入 CIS，使销售增长20 倍就是最典型的案例。海尔的成功并不在于他们技术参数、产品质量像他们的品牌那样在行业中遥遥领先，而是使之形象化了。海尔冰箱最先获得轻工部出口免检，第一个通过 ISO9000 体系认证，第一个拿到"美国科技与服务的五星钻石奖"等一系列"第一"，所以公众就将其产品归类为"第一"，这才引起了产品销量第一。因为即使你写出一大本参数资料，全国也没有几个人能看懂，但是你成为"行业第一"，"全国、全世界的第一"，大家都会立刻感受到你的价值、地位。

我们为河北肉联厂策划时，他们的肉进价 8.00 元 / 斤，市场上鲜肉 6.00 元 / 斤，从价格上根本没法竞争。他们的肉为什么贵？社会舆论认为是"公有制效率低，人懒所致。"策划前，他们自己宣传自己的肉质量好，火腿肠含磷、含钙量高出同类产品 0.02 毫克。概念太抽象，公众看不见，摸不着，效果不好。我们则从健康问题入手，提出吃"放心肉"的概念。反对注水猪，这种宣传贴近生活，非常形象，可感受。找准突破口后，我们就策划传播，使社会公众感受价格背后的质量问题。进而导入 CIS，并推出"奥开"连锁店，使企业打了个翻身仗。

麦当劳、可口可乐、迪士尼、万宝路等世界名牌，他们都是使产品形象化的大师。近年的形象代言人热，也是自觉不自觉地在利用这一定律创造良好感受，这是新时代营销的一种不可逆转的趋势。

五、感受创新定律

这是从创新的角度加强感受的定律，是感受在深度上的拓展。喜新厌旧是人类的本能感受之一，通常要强于怀旧的感受，因此，新生事物是不可战胜的。如果说产品的科技创新难度很高，突破思维定式成功率仅在 5%，风险很大，那么对感受来说，通过创新产生新感受的成功率可以是95%。人的器官对新的事物有天生的敏感性，新东西总是最能引起人类的感官注意，产生刺激，从背景中凸现出来，从而形成一种新的感受。从某种意义上说，人的本性上是喜新厌旧的，即使是同等价格的东西，人们也会更多地关注新东西，我们应正视这一规律，开发、利用这一规律。

过去我们讲创新更多的是科技创新，但同样重要的是要开发感受的创新。

（一）从新的良好感受出发开发新的产品、服务，形成新的经济增长点

特别是随着恩格尔系数的变化，人们的温饱不再成为第一需求时，情况更是如此。例如：美国在加州迪士尼乐园对面又开创了米老鼠主题游乐园的创新乐园，又是一个开门红。深圳开设主题公园，入选世界绿化环保城市，物质文明精神文明双丰收。

这种新感受不仅是追求"乐与美"。有时"新的刺激"也很有市场。例如：惊险的蹦极、攀岩、魔鬼训练、生存训练、主题旅游、探险、漂流、横渡、休闲，等等。

新农业和特色小镇旅游业是这种趋势所至。

（二）创新要从发现问题，满足需求开始

21世纪是一个创新的世纪，随着社会的发展，人们的需求也会越来越多，有了需求而未满足的，就是问题，所以说"发现问题是创新之父，满足需求是创新之母"。无论是产品开发还是形象塑造，只有创新才有出路，同时让公众了解你的创新，就要展示你的创新，让公众感受到你的创新。

（三）创新要追求系统创新

创新应该是系统的，全方位的，不仅在开发研制，形象塑造阶段，而且包括售前、售中、售后全过程中的创新。烧鹅仔进北京时那种全新的服务方式，那种自己点菜的自选方式很快就大受欢迎。海尔、荣事达等著名企业创造了良好的售后服务，他们不仅处处替用户着想，而且使他们的优质服务统一化、规范化、品牌化。推出售后服务的"一、二、三、四、五模式"，使他们在同行激烈的竞争中立于不败之地。

我们的许多企业都留恋计划经济、短缺经济时那种处于垄断的卖方市场时的地位，那时非常省心，不用琢磨消费者，而现在成为买方市场了，竞争激烈，他们感到力不从心。以北京的餐饮业为例，从烤鸭、涮羊肉、红焖羊肉、东北菜、本邦菜，商家总埋怨公众变化快，难伺候。殊不知这是消费的正常现象。消费者在凭自己的感受选择。以前顾客求商家是不正常的。

加入WTO后，又有新的竞争对手加入战斗。我们必须正视感受创新的重要性。"远来的和尚会念经，"这种感受又会抢走一部分市场，我们做好准备了吗？

（四）研究感受的创新成本低、效果好，更有着广阔的天地

从创新的成本角度看，单纯的科技创新、产品创新受到硬件限制较多，成本比较高，周期也比较长。而用新思路，用优质的服务创造新的感受，用公关艺术，用我们的知识、方法调整这种"感受"往往成本较低，立竿见影，而且容易给消费者更好的感觉，使他们感到更受尊重。例如：瑞士斯沃琪手表，以文化取胜，以形象设计取胜，每一款是从2000款中选出来的，而且告知公众，每款只产一次，一年只推两款，造成紧迫感，使手表成为了艺术珍藏品，这才创造了一块塑料表拍卖到20万元的奇迹。在未来的竞争中，特别是在第三、第四产业，感受的创新更有着广阔的天地。

六、感受的个性定律

这一定律研究感受的个性特点，是感受在深度上拓展。所谓个性是表现在人身上的经常性的、稳定性的和具有本质特点的心理特征，它使人们的要求与购买行为千差万别。研究这些可以创造出许多经济上的增长点。

俗话说，世界上没有两片完全一样的树叶，也没有两个完全一样的人，在过去短缺经济的条件下，个性往往被压抑或忽视了。

改革开放使经济多元化，必然导致精神上的多元化，人的感受需求也必然多元化。人们的价值判断标准也必然多元化。"麻油炒菜，各有所爱"，是人的天性，今天这种天性可以得到更大的发展。尤其是有了计算机进入管理，互联网的便捷，电子商务的兴起，使这种个性选择有了可能，有了物质的与科技的保证。例如：买电脑甚至汽车、住房可以按个人需求定制；观众在电影院里可以像点菜一样选择自己喜欢的电影，合适的时间、座位。公众在衣、食、住、行各方面越来越多地需要展示个性，2017年"双11"狂欢落下帷幕，天猫最终交易额定格在1682亿元，创下历史新高。京东全球购物节从11月1日到11月11日24时累计下单金额达1271亿元。个性研究成为新世纪企业竞争新课题。由于个性存在，人们对任何事物都会有不同的理解，有不同的感受，对同一类产品，人们会有选择性注意、选择性理解、选择性记忆与选择性购买，因此就要研究开发这些个性。

根据感受个性的定律，企业的发展战略应把个性作为研究对象，做好以下几方面的工作。

（一）企业发展的个性，使自己的企业在竞争中成为消费者的首选，形成有个性的核心竞争力，其途径可以从"七唯一策划法"入手

格言说：人们只记得第一，不记得第二。CIS 要追求个性、特性，但有时你的个性、特性，并不总是你唯一具有的。根据笔者经验，要创造 CIS 高度的识别性，争夺到有限的注意力资源，就一定要把握创新的灵魂，打好"唯一"这张牌。创造竞争的不可比性。具体方法就是："寻找我的唯一，辩证我的唯一，开创我的唯一，占为我的唯一，张扬我的唯一，保卫我的唯一，超越我的唯一"。

1. 寻找我的唯一

即对自己的资源盘点，包括有形资产与无形资产，找出什么是唯我独有的，以此作为创新的基点。

（1）空间范围寻找。多大的胸怀就能做多大的事业。可以寻找世界的唯一、全国的唯一、全省的唯一、全地区的唯一，等等。

（2）时间范围寻找。寻找历史上的唯一、近代的唯一、现代的唯一、改革开放以来的唯一、未来的唯一……

（3）不同类别寻找。政治：南昌的起义、延安的根据地、深圳的改革开放等。经济：青岛电器、大同的煤、宁波的服装、义乌小商品等。古都：西安的秦风汉韵、盛唐大都，北京元明清京城，洛阳的 105 位帝王等。自然：黄山市、桂林市、张家界。文体：哈尔滨冰雪节、潍坊国际风筝节、南宁国际民歌节……

（4）寻找有形资产中的唯一。

有形资产包括厂房、产品、设备、原料、地理资源等。以此作为出发点寻找到唯一的优势可以形成企业硬件方面的核心竞争力。

（5）寻找无形资产中的唯一。

企业的无形资产包括：①可确指的知识产权型无形资产，这主要包括专利权、非专利技术、商标权、著作权和其他（如广告词等）的内容。②可确指的获得性特种权力资产，主要包括土地使用权、租赁权、专营权、进出口权、产销权、优惠权。③不可确指的非知识产权型无形资产，主要包括企业形象、商业信誉、银行信用、营销网络、科研能力、管理水平、员工素质。④不可确指的自然条件赋予的无形资产，主要包括地理环境、人文环境、交通运输、市场口岸、自然资源。其中知识产权型和非知识产权型无形资产属于企业自身开发积累的无形资产，而特种资产和自然条件赋予的无形资产属于外部赋予企业的无形资产。

（6）寻找唯一的关键是要有客观依据。要在比较中寻找唯一，不是牵强的唯一、孤芳自赏的唯一。例如：宜宾的文化强市战略设计者遴选时，某城市品牌研究所提出"三江文化"，因为宜宾有金沙江、岷江，汇合后叫长江。但，这不具备唯一性，有三江汇流的城市多如牛毛。我们提出建设"万里长江第一城"品牌的战略就具备唯一性。虽然，长江沿岸有一长串明珠般的城市，重庆、南京、武汉、上海等直辖市与省会，但他们统统在下游，在地理位置上不是第一城。宜宾上游的攀枝花市在金沙江畔，在学术上是金沙江与长江是一条江，但是，在历史文献中，在生活中，在文化传播上，金沙江与长江是两个概念。宜宾从古至今就是万里长江第一城。以此展开品牌战略就具备唯一性。

2. 辩证我的唯一

即用辩证法筛选，从你的众多唯一中（如果有的话）找到最恰当，最有市场价值的唯一，作为创新的起点。

唯一是因为比较而存在的，没有比较就没有唯一。根据系统科学层次性原则，唯一性是分层次的。从时空范围看，有世界范围的唯一，全国范围的唯一，华北、华南、华东、华中等大区的唯一，省市自治区的唯一；从行业范围看，有行业的唯一、产品的唯一、定位的唯一，服务项目的唯一，服务对象的唯一，品牌表述的唯一等等。如果企业在有形资产与无形资产中有众多"唯一"的话，就需要找到最恰当，最有市场价值的唯一作为创新的起点。

3. 开创我的唯一

如果本组织没有什么"唯一"，或仅有的"唯一"不适宜作为策划基点，就需要创造新的唯一。创新是一个民族的灵魂，也是品牌战略的灵魂。我们正处在一个创造奇迹的时代，创造唯一是品牌成功之道，也是我们的历史使命。例如：我们为石家庄国大集团的食品厂策划时该厂最初推出的厂名及品牌"美康"已被其他厂家注册，产品知名度很低，缺乏统一识别形象；在销售方面，思路不对，效益不佳。为摆脱困境请来专家团进行策划。专家团决定导入CIS。笔者认真分析了该市135个对手的情况，发现该厂是唯一的合资食品企业，鉴于合资人来自美国洛杉矶，于是决定将企业命名为洛杉奇，并开创石家庄第一家食品连锁店。专家们给洛杉奇划定了"十个统一"来建立连锁店的形象，结果月销售额从每月的8万元，新品第一个月达就到64万元，第三个月结束时，10家连锁店达到150多万元，实现了预期设想。现在，洛杉奇食品已经成为该市的名牌。

4. 占为我的唯一

即利用已有的社会资源，使之为我所有。在古往今来的历史长河中，在浩瀚的知识海洋里，在不断激增的信息中，有无数宝藏有待开发。例如：信心药业的前身郑州中药厂是破产的企业，河南的中药又受"周口假药案"的影响形象受损。如何扭转形象？笔者分析了河南与中药产业的资源，认为河南出身的中国医圣张仲景是具有唯一性的资源，于是到国家图书馆内查找了所有的关于张仲景的资料，在导入CIS创建新品牌时我们以张仲景为根，建立仲景堂，为张仲景塑像，派人到张仲景故居去学习，开创以医圣张仲景为特色的信心文化，既对内教育了员工，又对外塑造了良好形象。在我们与企业共同努力下终于使企业重新凝聚起来，起死回生扭亏为盈。此案例获 2000 年第四届中国公共关系案例大赛金奖。

时空转移也是创新，世界资源是共享的源泉，你不用别人就会占有。例如：端午节被韩国申报了世界非物质文化遗产。中国满洲里是鸡鸣三国的边境城市，毗邻俄罗斯和蒙古国。套娃是俄罗斯的特色产品，但是套娃广场是满洲里的。一个五层楼大套娃和 200 个小套娃，构成世界唯一的特色景观，现在已经进行 3 期建设，占地面积 87 万平方米，是国家 5A 级旅游景区中俄边境旅游区的重要组成部分，是世界唯一以满洲里文化和俄罗斯传统工艺品为特色，以历史、文化、建筑、民俗风情为理念，集吃、住、行、游、购、娱为一体的大型俄罗斯特色风情园，景区由主题园区、主题娱乐、主题酒店三部分组成。现在，满洲里的城市形象被誉为"比俄罗斯还俄罗斯"，吸引了大批游客。

"扎西德勒"本是藏族"吉祥如意"的问候语，我们用它做了"珠峰圣茶"的形象广告语，"珠峰圣茶，扎西德勒"就成为我们的无形资产。

5. 保卫我的唯一

即要利用法律的一切手段保护自己无形资产的"唯一性"。唯一性是能带来超额利润的财富增长点，但在当今法制不够完善的社会中很容易遭到剽窃模仿，使之丧失唯一的地位。当前企业面临的一个主要问题就是对自己的无形资产重视不够，保护不力。问题表现在大量品牌被抢注；部分品牌沦为商品名称；域名、专利被抢注等等。我国商标法启动伊始，北京的亚运指定产品维尔康饮料因没有及时注册而被取缔。著名的"吉普"车、"阿司匹林"都由品牌沦为商品名称。著名演员李默然做广告的"三九胃泰"也未能幸免，沦为了通用名称。笔者每年都遇到几起品牌争议问题，多是企业品牌没有注册就开始使用，结果品牌被别人抢注；第二类就是企业品牌没有注册，却与其他企业品牌雷同近似，被别人诉品牌侵权。因此，企业一旦确定了品牌就应马上加以保护，对无形资产要及时申报，同时对市场加以监测。防止经济间谍窃取或被同行无偿"克隆"，乃至被"李鬼"取而代之。要使自己的无形资产产业化、商业化、法制化。特别是加入 WTO 后，更注意保护自己"唯一的"优势。

及时申报全国驰名商标也是品牌保卫战中重要的一环。德力西集团是温州的一家民营企业，1998 年我们为其导入 CIS 时发现他们虽然在全国民营企业排名进入十强，却没有申报全国驰名商标。于是我们帮助他们申报，使之成为全国驰名商标。21 世纪到来，德力西从温州拓展到上海，可这时已经有另一家温州电器企业在上海注册了德力西实业集团，谁是李鬼？谁是李逵？在法律裁决时驰名商标的无形资产成为决定胜负的砝码。德力西集团胜诉。可见申报全国驰名商标对无形资产的保护作用。同时说明保卫自己的唯一要及时，要依靠法律，要有危机意识，要将危机化解在爆发以前。

进入 21 世纪以来，品牌被抢注、域名被抢注、专利与知识产权的丧失愈演愈烈。

品牌危机最典型的是海信与联想的案例。1999 年 1 月 5 日，国家工商总局正式认定"HiSense"为驰名商标。2005 年，博世西门子在德国起诉海信侵权。海信需要4000 万欧元才能赎回"自己的品牌"。博西公司还于 1999 年申请了马德里国际商标注册和欧共体商标注册，并要求了优先权，对此，中国公众群情激愤。2005 年 3 月 6 日，博西公司与海信达成和解，以低于 50 万欧元的价格将争议商标转让给海信集团，同时撤销针对海信的商标诉讼。此外在双方声明中"十分感谢中国商务部与中国家用电器协会等为双方和解所做出的积极而有创造性的工作"等用语，也显露了双方得以和解的原因所在。

世纪之交，中国曾有 15% 的驰名商标在国外被抢注。中国 500 个最有价值的品牌中，有 46% 未在美国注册，76% 未在欧盟注册。当年联想集团准备大刀阔斧地打入海外市场时，突然发现在国内使用已久的英文商标"Legend"，已被全球十多家机构注册使用，在美国有些甚至比 legend 商标在中国注册的时间还早。为了海外的巨大市场，联想集团只得舍弃旧爱，更换另一个同义异形的名称"lenovo"。

其实危机早已产生，只是我们不熟悉国际市场的游戏规则，没有自己去注册。在我国，企业对品牌的保护是很不够的。据统计，我国 3000 多万企业主体中，平均约 17 家企业才拥有 1 件商标。由于许多企业不是生产单一产品，实际应保护的商标远远不到十七分之一。中国商标屡屡在海外被抢注，对此我国企业应当向世界名牌学习。例如：联合利华公司在世界各国拥有注册商标达 7 万件，仅在中国注册的商标就超过了 1000 件。由此可以看出，我国企业不仅在商标注册的数量上存在巨大差距，在商标注册的认知上也存在着巨大的差距。

与商标、专利的保护一样，域名的保护也是企业不得不承受的一个负担。不少海外企业将所有中国驰名商标的域名进行了抢注，企图得到经济利益。由于注册域名依照的是"先来先得"的原则，没有政策上的"连带性"保护。企业要想彻底保护自己的中文域名，必须把"CNNIC"和"ICANN"这两大中文域名体系下所有相关格式的中文域名注册"干净"。有企业表示投入实在太大，但专家指出，不少企业被抢注后，只能花费巨额资金购回本来非常便宜的域名。目前国内一个中文域名的年费在 300 元以内，比起一旦被抢注的损失来，这个投资也是值得的。

6. 张扬我的唯一

即大肆宣传你的唯一。张扬唯一的依据是：首先，这是无形资产特性所决定的。无论是品牌、专利，还是技术、策划方案都停留在"无形资产"的层面，品牌不传播就无法发挥应有的效益，方案不执行就不会产生效果。其次，源于无形资产的时效性。无论是什么样的品牌，资源都有自己的生命周期，都会有时效性，开发越早，价值总量就越大。否则，就有可能贬值。因此，如果企业"找到、创出或占有"了"唯一"，就要尽快让世界知道它。让它产生核能式的裂变，形成良性循环的马太效应。

张扬是大力度的宣传。要求人力、物力、财力、智力投入必须达到一定的量，不是小打小闹，也不是涓涓细流，要达到一定的阈限，要是追求原子裂变，进行整合营销传播，要在目标公众中达到高知晓度，高美誉度，品牌不仅要打响，而且要打透，使消费者对品牌不仅知其然，而且知其所以然。但我们要求的是高智慧的张扬，而不是用钱烧出来的张扬。秦池、爱多的做法应当引以为戒。

7. 超越我的唯一

即要不断地自我更新。超越唯一的依据是：宇宙发展新旧交替轮回的规律不可避免；从经济学的角度看有边际效益递减规律；从消费心理学的角度看，喜新厌旧是普遍的规律，公众价值观会与时俱进；白热化的商业竞争又大大加速了这种新旧交替的变化。信息爆炸时代一项新技术可能仅领先几个月，甚至几天，一个创意可能当天就有人模仿；今天的"唯一"明天可能就成为一般。一招鲜吃遍天的时代一去不复返了，唯一也需要发展，需要再创造，需要不断超越才有生命力。众多的中华老字号在竞争中遇到了发展的瓶颈，有些企业没有超越自己，没能避免破产被拍卖的厄运。例如王麻子刀剪和中国众多的名牌饮料等等。但是同仁堂、全聚德等一批老字号在困境中奋起，超越自己，开发新产品，按照国际经营方式，用推销连锁加盟的方法将中华老字号推广到全国乃至世界。

企业自身发展也是必须实现自我超越的依据。例如：江阴的民营企业三毛集团本来是借助公有制毛纺企业"一毛""二毛"品牌的余威形成其无形资产。十余年过去了"一毛""二毛"风光不再，"三毛"成为全国三强，并且有了子品牌"奥德臣""圣凯诺""朗维高"等等，"三毛"品牌明显过时，不足以承载跨国公司的无形资产，于是在新世纪到来之际我们重新为该集团策划品牌——"海澜"，现在"海澜之家"成为中国品牌之家的新秀，企业家也成为全国十大优秀青年，受到胡锦涛主席的接见。

打好"唯一"这张牌。在竞争中使自己的企业、产品、形象，成为独一无二的，充分利用人们只记得住"第一"，记不住"第二"的心理效应，在企业发展中使自己具有独一无二的竞争力。用"七唯一策划法"推进品牌战略是一项系统工程，要从整体把握，审时度势，辩证思维与创新思维是其灵魂。运用时眼界要宽，思维要活，定位要准，要调动一切可以利用的力量形成独有的核心竞争力，把自己的"唯一"推向世界，为民造福。

（二）处理好消费者共性与个性的矛盾

针对消费者的个性，对同样的产品，有不同的营销、公关、广告策略，创造消费者不同的感受，得到不同层次类型消费者的认可，处理好消费者共性与个性的矛盾。

要掌握辩证法的灵魂，学会具体情况具体分析，不仅要有科学，有规章，而且要有心理研究，有艺术，有情感，有心灵碰撞；服务时不是仅以是否符合规章为尺度，而是以顾客满意，愉悦公众为尺度，在创造良好感受上下功夫，这才能使企业在高科技发展时代立于不败之地。任何产品都可能过时，而且更新越来越快，但是愉悦的感受，幸福、圆满的感受永远不会过时，希尔顿饭店靠微笑服务走过90多年的历程，它的成功为感受经济学的新理论的发展作了有力的证明。

七、感受的共识定律（学习定律）

（一）共识是产生消费的前提

如果说前面几个定律是研究关于如何产生感受的"刺激"阶段，那么，感受共识定律就是研究感受产生"反应"阶段的问题。同样的信号刺激针对不同的人，在不同的背景环境下所产生的反映是不一样的。我们要想得到理想的结果，就必须系统研究感受的共识定律，了解在什么情况下，会达到主客双方的共识，什么条件下，不能如愿以偿，甚至产生误会。在策划生涯中，我们发现很多企业都认为自己的产品很好，国际国内领先，价格合理非常实用，就是顾客不识货，这是为什么呢？

因为共识应是双方的，对企业而言，你的产品好，公众感受不到你好，就没有共识。你作了宣传，但公众还是没认知，这就成了问题。要达到共识，有两个方法：一个是你向公众靠拢，通过调查，找到症结，学会用公众的立场，根据公众的感受去宣传你的产品；另一个方面就是提高公众的认知，使公众向你靠拢，达到认知企业产品所需要的水平。

鲁迅有一句名言"贾府的焦大是不会爱林妹妹的。"背景不同，文化不同就没有共识。现在随着科技的发展，市场经济的发展，市场上"林妹妹"越来越多，消费者不懂的产品越来越多，过去有"文盲"，今天有"科盲""电脑盲"，今后还会有"基因盲""纳米盲"等等。总之科技每一次变革，就会使广大公众成为"某某盲"，成为"焦大"。现实生活中，每个人的知识都是有限的，而且隔行如隔山，即使是大学教授、科学家，也完全可能面对一个新产品一筹莫展。所以企业应把"焦大"先进行培训，即对消费者进行培训就成为经济增长的必经之路。

（二）培训、培育消费群体是新的经济增长点

现在，大家已经认同的是，21 世纪是一个学习的时代，自己不学习就会落伍，没有工作甚至丢掉饭碗。但同样应该研究和重视的是如果不学习，就不会有新消费能力，就不能得到前所未有的快感与幸福感。例如：动漫游戏，聊天，接受名牌大学的网上教育，乃至出国自助旅游等。公众没有新的消费能力，企业就难以开拓新的市场，就会影响生产与经济发展，所以"扫盲"就应列入企业的发展战略。而对于这一点，大多数企业尚未认识到。

现在我们的科技越来越沿着自己的轨道加速度地发展，不论是电脑、手机，还是住房、医疗，都把该花钱买的服务对象——老百姓甩得远远的。我们不能再仅把"科

技以人为本"当作空洞的口号了，应该对"科技以人为本"好好研究一下，怎样"以人为本"，以人的什么为本，是以人的需求为本，以人的感受为本，还是以赚人的钱为本，想赚钱是可以的正当的，但是赚钱的思路应以什么为本？应该把科技还给人民，缩小"焦大"与"林妹妹"的差距，树立"科技以普及为财源"的理念，在创造共识中，创造市场，在教育消费者中获取利润，在贴近消费者的感受中，贴近成功。

（三）使创新不再产生恐惧

我们提倡创新，但创新是一把双刃剑，它有一个不可回避的悖论：创新会产生恐惧。因为新东西是前所未有的，前所未有的就是陌生的，而陌生对一般人是会产生恐惧的，而恐惧感会影响新产品的销售。所以我们的感受经济学，就要从消费者的感受入手，通过教育，扩大共识，消除公众对新生事物的恐惧与陌生，满足其喜新厌旧的本性，形成新的良好感受，达到双赢推动社会前进。

纵观世界，其实许多新东西走向市场时，都有过不被认知的痛苦经历。例如，圆舞曲之王小施特劳斯的名曲，被誉为奥地利第二国歌的《蓝色多瑙河》，排名十大经典芭蕾舞剧之首的《天鹅湖》，小仲马歌剧《茶花女》，比才的《卡门》，凡·高的名画《向日葵》，老舍的《茶馆》，他们首演或问世都以失败而告终；巴黎的埃菲尔铁塔、卢浮宫的玻璃金字塔、悉尼的歌剧院开始都不为世人所接受。人们认识新生事物要有一个认识过程，哪怕是世界顶级的最美的东西。因此我们的任务就是要使好东西被感受为好东西，从而使经济发展。感受经济学的道理就这么简单，但实施起来，教育公众又是一个艰难的系统工程。

例如传播教育中，必须借用主客双方共同的渠道，共同的文化背景，共同的语言，共同的逻辑，找到共同的利益点，共生的途径，共同发展的前景，才能达成共识，达到双赢。要学会用世界的语言讲好中国的故事。

八、感受"关键一刻"定律

这一定律是研究感受产生的第三阶段的"归类"，所谓关键一刻就是感受产生的"关节点"，它决定了事物发展的方向。它是造成最终结果的一刹那——被"被归类了"。"归类"是感受经济学研究的重要课题。这里归类指刺激—反应后产生的结果，它是一种明确的感受、感知；同时又未上升到科学推理、科学认识的角度，但这一归类，就已经形成态度，销售成败已见分晓。

善于"归类"与模糊认识论在某种意义上说是中国哲学的产物，是中国智慧的典型代表。由于中国的国情，人多地广，问题复杂，不可能什么都细分、解剖，于是就产生了一种面对许多问题从大至小的认识方法，无论是先说姓后说名，还是先写省市后写街道门牌，这种思维方式都是先看大类，后看细节。这种模糊认识论不代表落后，反而是具有其特定的长处，使思维过程更加简洁，高效。也正是因为其高效，在几千年文明史中，被中国的消费者，并为全人类接受。从八卦的二进制，到现代电报，计算机的原理就是建立在这一基础上的。这一哲学在大多数情况下是千真万确的，是普遍的真理。

既然电脑靠"0"和"1"可以变化出如此丰富多彩的世界，产生如此神奇的功能，人脑为什么不加以使用呢？我们生活中其实许多事情也是这样运行的。例如：对某产品"听说过"和"没听说过"，对广告"看到"或"没看到"，对产品"买"或"不买"，买后"退"还是"不退"，都是非"0"即"1"，进行着归类，无法骑墙。所谓关键一刻定律，即重视和把握好消费公众在关键时刻的转化，促进向成功方面的转化。在产品售前，你在宣传中，能不能把握公众第一眼看到你，或第一次听到时产生良好感受是非常重要的，因为感受是先入为主的，首因效应和马太效应是非常重要的心理因素，与宣传成功与否密切相关；能否让消费者一见到信号马上归为可以买的好产品或感兴趣一类，起码是被关注一类。在售中，能否在消费者没拿定主意时促成向"买"转化，这是商品流通中产生质的飞跃的关键。买了就实现价值，不买就实现不了，而且还在扩大着成本。在售后，消费者第一次使用时是否感到方便，满意；是否向亲友推荐；会不会跳起来大骂一顿马上跑回商店退货，使实现的价值再次丧失。关键一刻也是感受系统中的一个重要环节，不是一次就可以大功告成的，因此，要研究每一个关键一刻。

当然，这三个环节中，最重要的是"售中"的关键一刻，因为大多数公众一旦买了，就不准备退货，而且退货很麻烦，即使有这心，往往也没有这个能力。而且它是质变，是飞跃的一刻。

在把握这个"关键一刻"的时候，产品的功能性、科学性是确定的，而顾客的感受、决策与归类是不确定的，那一瞬间的感受决定了买与不买，而这就需要另一类科学与艺术，准确了解消费者的心理与感受，从而促成这种归类。

九、感受的综合性定律

感受的综合性是研究感受的一个重要定律，无论是在生理上还是在心理上，感受的形成都不是简单而单一的。感受源于感觉与知觉，感觉有外部感觉，包括：视觉、听觉、嗅觉、味觉和皮肤感觉，内部感觉包括：运动感、平衡感与内脏感觉，而知觉是人脑对直接作用于感官的客观事物的整体反应。而且知觉是人脑对直接作用于感官的客观事物的整体反应。知觉除了可以分为视知觉、听知觉之外，还可以分为物体知觉与社会知觉。既然感觉、知觉的器官形成过程是综合的，认知形式是综合的，那么我们要创造既定的感受所要研究的规律、方法、评估也必定是综合的。而我们感受经济学最好的借鉴方法论就是系统科学，它正是研究综合性、整体性的一种横断科学，有利于感觉经济学的发展。

（一）创造感受的综合定律

人类的感官是多元的，因而我们发出"刺激信号"的途径也必须是多元的。早在 1993 年中国的"CI"热起来时，笔者在北京第一次海峡两岸 CI 研讨班上，提出要借助于系统科学的方法论，把"CI"当作一个系统来看，并提出"CIS"的概念，进而根据多元感官的理论提出"CIS 五要素说"，即针对人的五官和皮肤的感受能力，在"三要素"的基础上提出了"听觉识别系统"与"环境识别系统"的概念，使这个系统完整起来。从而能使公众全方位地感受企业的个性。这也可以说是创造良好感受的横向拓展。当然这一逻辑也同样可用到开发有形产品上，让消费者全方位的享受。例如食品不仅有传统的色、香、味，还有形、声、器以及口感、环境、内在营养、潜在的危害等等。全方位感受的战略定位，产品的开发战略。从方向上就要从公众最终的感受来设计。例如：转基因食品到底有没有危害，公众不仅听一家之言，有关科学家不能清楚地回答这个争议的问题，公众就始终会存在对转基因食品的恐惧。

（二）推广感受的综合定律

在产品的生产、销售、公众、广告、进出口一切领域去推广综合感受。在销售的售前、售中、售后、全方位地研究和创造良好的感受，使消费者在消费的全过程中达到愉悦与满意，这样的企业将是无往而不胜的。

（三）评估感受的综合定律

现在的评估多是考虑企业多，公众少；销售额多，公众感受少；利润额多，公众意见少；有形资产多，无形资产少；推行感受经济学，去牵感受的牛鼻子，就必须使销售成果多，售后服务少。要增加对公众感觉的评估，知名度、舒适度、满意度、安全性、便捷性、可靠性。

在调查经济需求外还应调查和评估，生理需求、心理需求、社会需求，评估这些指标是否得到满足，进而求出感受曲线与经济增长曲线的关系，从而更有效地促进经济发展。提高学习和运用感受经济学的自觉性。

十、感受的适度定律

（一）从生理学的角度看，感受源于刺激，而反映的情况源于刺激的强弱、大小、对比与活动。反映的强度与刺激的强度成正比

（二）从感受经济学的角度看，感受的强弱与经济效益并不成正比，若要加大产品或形象的强烈感受必然要加大成本

而这恰恰违背感受经济学创意的初衷，有句格言说的好，"在竞争中不求比对手好 1000 倍，就求在各种产品中都比对手好一点儿。"因为在感受经济学中，人们选择他们感觉最好的是归类，是以一种模糊认识为基础的。因此，最成功的感受经济学技巧是你能恰当地处于领先半步的位置上，使自己处于第一的位置即可。因为消费者不知道你领先第二名 100 步或是半步。但是若要领先人家 100 步，需要多大的成本？成本涉及人力、物力、能源、交通，然后还要再花钱请人来宣传这 100 步的差距，培训人会使用你这个超前的产品。撑竿跳高世界冠军布博卡每次比赛提高成绩 1 厘米，18 次打破世界纪录，拿到 18 次破世界纪录的奖金。他十几年活跃在田坛，体现了高度的技巧与自信。这在体育上也许是太算计了，但是在经济上，布博卡是一个很好的榜样，以最小的代价，赢得最大的成功。跳远冠军鲍勃·比蒙的故事，是另一种情况。在 1968 年以前，跳远世界纪录在 33 年内仅仅提高了 22 厘米；而比蒙，在 1968 年墨西哥城奥运会上，只用了十几秒钟，便实现了 55 厘米的惊人跨越，它跳了 8.90 米。比赛现场的测量器材甚至够不到比蒙的着陆点。他的"世纪之跳"被称为 20 世纪最伟大的五大运动时刻之一。但是他一辈子再也没破一次世界纪录。从经济的角度，不如布博卡。当然，要做到这一步毕竟要投入更多的调查、统计、设计，了解行情，了解消费者的感受。

感受的适度定律有两层含义：

1. 从组织角度看创造良好感受，要和谐适度。从生理上讲，任何感受都是相对的，过犹不及，只有和谐适度才符合感官的需求，并不是刺激越强，时间越长，反差越大越好。

2. 从社会制约角度来看，作为个人的感受即是极大的市场，有着巨大的消费潜力，我们提倡解放个性，创造有个性的良好感受。但另一方面，人又是最具社会性的动物，没有制约的个性张扬反而会产生豪猪效应，每个人的刺太长了会互相妨碍，所以创造个人感受时一定不能脱离社会的政治、经济文化背景。具体地说就是要遵守社会的法律、纪律和道德的约束。不能把自己的快乐建立在别人的痛苦之上。黄、赌、毒虽然也能带来所谓的经济效益，但与国情不符，与社会公德不符，就必须禁止。研究与发展感受经济学必须看到西方"感官主义"产生的必然性，又要注意使中国的感受经济学与中国的政治、经济、文化发展保持和谐，不要滑入"感官主义"的泥坑。

1999 年，笔者第一次提出感受经济学，将其奉献给社会，希望公共关系与现代科技要坚持以人为本，不要异化。21 世纪无论科技如何发达，财富如何增长，人口如何爆炸，对每个人来说生命都是最稀有的资源，公共关系与现代科技都应好好研究它。感受是生命的生理过程，也是心理过程。因此，幸福、快乐、和谐、成功，乃至失败、痛苦都是感受，它组成了丰富多彩的生命。科学发展观要以人为本，感受经济学使以人为本落到深处。十九大报告提出：我国社会主要矛盾已经转化为人民日益增长的美好生活需要和不平衡不充分的发展之间的矛盾。

为了美好生活的创造和人类共同体的建设，公共关系需要创新，需要深化，希望有更多的人运用感受经济学促进公共关系的发展，为社会创造更多的幸福与和谐，更好地为人民造福，为地球节约资源，创造世界的大同。

全面抗战时期中国共产党
国际公共关系活动探析

赵新利 *

2015 年 7 月 30 日，习近平总书记在主持中共中央政治局第二十五次集体学习时强调，深入开展中国人民抗日战争研究，着力研究和深入阐释中国人民抗日战争的伟大意义、中国人民抗日战争在世界反法西斯战争中的重要地位、中国共产党的中流砥柱作用是中国人民抗日战争胜利的关键等重大问题。

2017 年是中日邦交正常化 45 周年，中日两国政府、学术机构及民间组织举办了一系列纪念活动。2017 年又是卢沟桥事变 80 周年，中日两国有识之士都在反思战争，吸取历史教训，守望和平。在全面抗战时期，中国共产党虽未正式使用"公共关系"一词，但中国共产党作为中国工人阶级的先锋队组织，作为抗战的中流砥柱，在影响国际舆论、引起国际同情、瓦解日军士气、加速日军溃败等方面，巧妙运用了国际公共关系战略战术，值得深入总结和挖掘。

一、愿景：世界永久和平

中国共产党一贯重视宣传工作。在全面抗战时期，中共共产党十分重视国际宣传工作。据《中国共产党新闻思想史》考证，"国际宣传"一词首次在中国共产党正式文件中出现，是 1938 年 3 月的中共中央政治局会议决议文件："我国抗战已经进行了八个月，但是，我们的国际宣传工作，我国各界民众团体对国际上各种民众团体的联系，都太薄弱了。"[①] 同年 11 月 6 日，中共六届六中全会通过的决议进一步提出，当前紧急任务之一是"集中一切力量，反对日本法西斯军阀侵略者，加紧

---

* 赵新利：中国传媒大学广告学院公共关系系副主任、副教授、硕士生导师。
① 郑保卫：《中国共产党新闻思想史》，福建人民出版社，2004 年 12 月第 1 版，第 208 页。

国外宣传，力争国外援助，实现对日制裁。"①

　　公共关系战略要求组织或机构有较为明确的愿景。在抗战期间，中国共产党开展国际公关活动，也给出明确的愿景：抗战是为了世界永久和平。1938年5月26日至6月3日，毛泽东在延安抗日战争研究会上发表系列演讲，并在此基础上形成著名的《论持久战》一文。《论持久战》是毛泽东对整个抗日战争发展方向的预测，也可以视为其制作的抗日战争对日作战计划。关于《论持久战》的相关研究很多，但还没有出现对其国际公关思想的研究。在《论持久战》中，毛泽东强调中国的抗战是正义的，是"求永久和平"的。毛泽东在《论持久战》中把抗日战争与实现"世界的永久和平"联系起来，指出"已经开始了的革命的战争，是这个为永久和平而战的战争的一部分。"②毛泽东在《论持久战》中指出："我们的战争是神圣的、正义的，是进步的、求和平的。不但求一国的和平，而且求世界的和平，不但求一时的和平，而且求永久的和平。""欲达此目的，便须决一死战，便须准备着一切牺牲，坚持到底，不达目的，决不停止。牺牲虽大，时间虽长，但是永久和平和永久光明的新世界，已经鲜明地摆在我们的前面。""为了这个目的，人类大多数应该拿出极大的努力。四亿五千万的中国人占了全人类的四分之一，如果能够一齐努力，打倒了日本帝国主义，创造了自由平等的新中国，对于争取全世界永久和平的贡献，无疑地是非常伟大的。"③面对战争中受苦的中国民众和日军，可以认为"世界的永久和平"是具有说服力的宣传，也为备受战争之苦的人们点亮了明灯。

　　毛泽东还指出，为了获得战争的胜利，要"努力于瓦解敌军和争取敌军的士兵，努力于国际宣传争取国际的援助"，④明确指出通过国际宣传争取国际援助的必要性。抗日战争的胜利，"离不开争取国际力量和敌国人民援助的努力"。⑤《论持久战》中多次讲到要努力通过包括面向日本的宣传活动在内的国际宣传来争取国际援助。为了实现胜利，毛泽东反复强调国际宣传与外交的重要性。他指出，在反攻阶段的"第三阶段"中，"单只自己的力量还是不够的，还须依靠国际力量和敌国内部变化的援助，否则是不能胜利的，因此加重了中国的国际宣传和外交工作的任务。"⑥

① 《中共中央文件选集》（第11册），中共中央党校出版社1991年版，第752页。
② 毛泽东：《论持久战》，人民出版社1975年12月版，第50页。
③ 毛泽东：《论持久战》，人民出版社1975年12月版，第51页。
④ 毛泽东：《论持久战》，人民出版社1975年12月版，第43页。
⑤ 毛泽东：《论持久战》，人民出版社1975年12月版，第54页。
⑥ 毛泽东：《论持久战》，人民出版社1975年12月版，第37页。

二、战略：对日"二分法"

在抗日战争期间，中国共产党在对日问题上采取了"二分法"，认为普通士兵大多是工农出身，是被欺骗或强迫来到中国参加侵华战争的，日本人民和日本普通士兵是应该争取和团结的对象。

毛泽东在《论持久战》中明确提出"二分法"，强调日本人民和日本士兵是应该争取和团结的对象。在《论持久战》中，毛泽东采取了将日本大多数人民与掌握日本军力和经济力的"少数人"进行区分的"二分法"，认为大多数日本人民与中国人民、世界人民一样，都是世界抗日统一战线的组成部分，只要中国人、日本人、世界各国人的大多数都站在抗日的立场上，日本少数人掌握的军力和经济力就毫无优势。同时，《论持久战》认为，抗日战争的胜利离不开国际力量和帝国人民的援助，中国人民的抗日战争与日本人民的解放也是紧密相连的，"日本人民革命胜利之日，就是日本改造之时。这和中国的抗战密切地联系着。"①

在《论持久战》的最后部分，毛泽东总结出"中国能够战胜日本军国主义力量"的三个条件："第一是中国抗日统一战线的完成，第二是国际抗日统一战线的完成，第三是日本国内人民和日本殖民地人民的革命运动的兴起。"②可见，毛泽东对于争取日本人民掀起革命运动，参加"世界抗日统一战线"寄予厚望。为此，毛泽东还将"二分法"战略用于争取日本普通民众，强调争取日本人民的重要性，认为应该避免与日本人民为敌，而应将日本人民看作抗日力量的一部分，主张争取日本民众的支持，粉碎日本帝国主义的侵华图谋。

1937年10月毛泽东与英国记者贝特兰的谈话中就指出：八路军的政治工作有三项基本原则，第一是官兵一致；第二是军民一致；第三是瓦解敌军和宽待俘虏。他强调要把日本帝国主义同日本人民区别对待。同时，毛泽东还提出了改造、争取日本俘虏为中国抗战服务的问题。他的这种思想在1938年5月发表的《论持久战》中也得到充分体现，"这些原则要实行有效，都须从尊重士兵、尊重人民和尊重已经放下武器的敌军俘虏的人格这种根本态度出发。"③1940年6月的《总政治部关于对日军俘虏工作的指示》标志着中国共产党日军俘虏政策的形成，其中明确规定："注意收集敌军文件，禁止枪杀已经停止抵抗的日军士兵官佐，禁止侮辱日军俘虏"，"俘

---

① 毛泽东：《论持久战》，人民出版社，1975年12月版，第25—26页。
② 毛泽东：《论持久战》，人民出版社，1975年12月版，第6页。
③ 毛泽东选集（第二卷），北京人民出版社，1991年版，第512页。

获敌军士兵后，即给以好的招待与宣传"，"各师、各纵队、各军区、各战略单位应力求训练出几个进步的俘虏，帮助我们对敌工作，这是很重要的，不应轻视"。①1940年7月7日，八路军总政治部以朱德、彭德怀的名义发布了《中国国民革命军第八路军司令部命令》。这一命令基本包含了中共日俘政策的全部内容，命令指出，"日本士兵乃是劳动人民的子弟，他们是受日本军阀、财阀的欺骗和强制，不得已和我军作战的"，要正确区分日本法西斯和广大日本士兵，同时详细规定了优待俘虏的措施，体现了"宽待俘虏，化敌为友"的精神，也体现了对日"二分法"战略。②

　　"二分法"战略是中国共产党开展对日宣传的指导思想，同时，也是一种对外宣传思想和宣传战略。中国共产党对日本宣传活动有很长的历史。在日本侵华期间，中国共产党就通过各种反战宣传活动，对日军进行意志的瓦解。早在延安时期，中国共产党就采取了"军国主义者"和"人民"的"二分法"，这种立场和观点一直坚持至今，对推动中日两国解决历史问题，推进两国关系健康发展起到了至关重要的作用。日本工农学校促使不少为"天皇"效忠的日本士兵放弃军国主义思想，甚至结成解放联盟，转而向更多的日本士兵和远在日本国内的国民宣传反战思想，在一定程度上对日军的士气起到瓦解作用。这是中国共产党早期对外宣传的一个成功案例。

三、"二分法"战略的源头

　　中国共产党在不同历史时期曾不同程度受到国际共产主义的影响。《共产主义宣言》强调"世界劳动人民大团结"，马克思也说过"工人没有祖国"，毛泽东也曾指出"民族问题的根源是阶级问题"，认为不同民族间的矛盾并不是主要矛盾，不同阶级间的矛盾才是主要矛盾。在面对日本侵华时，中国共产党很自然地从阶级划分的角度，认为中国人民和日本人民（包括日本士兵）同属无产阶级，共同的敌人是统治阶级，所以在坚决打击日本侵略者的同时，还会采取对日本人民、日本士兵、日本俘虏的和平政策。

　　除国际共产主义的影响外，中国共产党的政策不可避免地受到中国传统思想的影响。1936年，毛泽东在接受美国记者斯诺采访时曾表示，自己在少年时代非常喜

---

① 中国人民解放军政治学院党史教研室编：《中共党史参考资料》（第八册），第430页。
② 《中共中央文件选集（1939-1941）》第11辑，中共中央党校出版社，1986年版，第434—435页。

欢中国古典小说，尤其是与造反相关的小说，先后读过《岳飞传》《水浒传》《隋唐演义》《三国志》《西游记》等著作。1936 年 10 月 22 日，毛泽东在写给叶剑英的书信中提到："买来的军事书多不合用，多是战术技术的，我们要的是战役指挥与战略的，请按此标准选买若干。买一部《孙子兵法》来。"毛泽东在 1960 年回忆说："后来到了陕北，我看了八本书，看了《孙子兵法》，克劳塞维茨的书看了，日本人写的军事操典也看了。那时看这些，是为写论革命战争的战略问题，是为了总结革命战争的经验。"

中国古典文献中关于和平的论述很多。以孔子、孟子为代表的儒家学派在对待战争问题上，持"非战"态度，强调以礼乐治国、以德服人。以墨子为代表的墨家学派则主张"兼爱""非攻"思想，提倡和平相处。《孙子兵法》《司马法》等兵书都在一定程度上强调"仁""义"等思想。

四、"二分法"战略的普及

如上所述，在抗日战争时期，中国共产党对日本采取"二分法"策略，将发动战争的日本帝国主义者与普通士兵和日本人民相区分。但"二分法"的推行曾一度受阻：不少士兵是为了"报仇雪恨"才加入八路军的，一般民众也了解日军暴行，面对被俘虏的普通日兵，即便告诉他们"这是我们的朋友"，他们其实很难接受。中国共产党积极通过留日归国群体，开展针对普通士兵和普通民众的宣传工作，让人们认识"二分法"，掌握基本的对日政治素养和语言素养。

中国官兵开展对日宣传，有两个必要元素。一是需要掌握对日宣传的理念和原则；二是一定程度上掌握对日宣传的语言——日语。在宣传理念方面，中国共产党对日采取"二分法"，认为战争的罪魁祸首是日本统治阶级，而广大日本人民也是战争的受害者，广大日本士兵是被蒙骗走上战场的，只要他们放下武器，就是我们的朋友。这个理念有利于争取人心、瓦解日军，是早期统一战线思想的组成部分。中国共产党内部有很多曾留学日本的"知日派"人士，他们让中国共产党对日政策更为科学、准确。他们了解日本文化、日本人的心理和日本国内局势。中国共产党"知日派"人士促成了这种"二分法"的形成和运用。为了让对日宣传活动更加有效，让八路军官兵掌握一定的日语。1938 年，中国共产党创办敌军工作训练队，系统开展针对八路军士兵的日语教育工作。经过大规模的系统日语教育，普通的八路军士兵可以说 3 句左右的日语宣传口号，连级军官能说七八句日语宣传口号，能唱 3 首日本歌曲。这些工作对日后八路军开展对日宣传工作产生了很大的影响。

五、双轨战术：国际传播与对日宣传并重

在抗日战争时期，中国共产党一方面积极主动通过国际主流媒体开展国际舆论攻势；同时积极通过各种方法开展对日军的宣传与瓦解工作。

早在 1936 年，毛泽东就积极邀请埃德加·斯诺访问革命根据地，并接受其采访。斯诺据此写成的《红星照耀中国》（Red Star Over China）一书，先后在英国、美国出版，让西方社会了解中国共产党人的真实生活。该书中译本在中国出版后，又在中国产生巨大反响，成千上万个中国青年因为读了《红星照耀中国》，纷纷走上革命道路。

延安时期，"延安交际处"为中国共产党开展国际公共关系工作提供了组织保障。延安交际处自 1937 年冬成立，设立的目的是为了强化对外宣传和联络交涉工作，至 1947 年 3 月随中央部分机关撤离延安，前后达十年之久，负责接待了大批前来延安参观访问的各界人士。曾任交际处处长的金城在其回忆录《延安交际处回忆录》中记录了交际处设立背景和主要活动。一方面，一些党内干部经过十年内战后，有闭门主义倾向；另一方面，毛泽东强调要坚持抗日民族统一战线，要打开大门欢迎人们访问延安，并要针对来访宾客开展宣传工作。[①]

1944 年 6 月，"中外记者西北参观团"一行 21 人实现了对延安的访问。6 月 9 日，参观团一行抵达延安，包括美国《纽约时报》记者爱泼斯坦等 6 名国外记者。[②]6 月 12 日，毛泽东接见参观团一行，畅谈国内外局势，并回答了记者们的提问。[③]中外记者在延安与中共高层有深入、长时间的接触。中外记者西北参观团西北行产生了重大影响，爱泼斯坦为《纽约时报》和《时代》杂志写了不少文章，并撰有《中国未完成的革命》；斯坦因著有《红色中国的挑战》；福尔曼出版了《来自红色中国的报道》；路透社的武道出版了《我从陕北回来》；《新民报》的赵超构出版了《延安一月》。他们把延安和敌后根据地的新面貌如实地介绍给世界。这是继斯诺的《红星照耀中国》

---

① 金城：《延安交际处回忆录》，中国青年出版社，1985 年，第 4-6 页。
② 《记者参观团抵延，叶参谋长等设宴洗尘》，《解放日报》1944 年 6 月 10 日，第一版。
③ 《接见记者团席上，毛主席畅谈国内外局势》，《解放日报》1944 年 6 月 13 日，第一版。

后，中外媒体对敌后抗日根据地规模最大的一次报道。 ①

除国际舆论工作之外，针对侵华日军，中国共产党开展了积极有效的宣传和瓦解工作。中国共产党通过政治部、敌军工作部积极展开对日宣传，同时还积极组织转变立场的日军俘虏，展开对日宣传，这是"二分法"战略俘虏教育的重要成果和"二分法"战略的具体实践。日本工农学校总校和各地分校的日本俘虏思想转变后，他们结成解放联盟，和八路军、新四军一起，积极从事瓦解日军的各项工作，这些工作都是在八路军的政治工作部门的指导下进行的，可以视为中国共产党早期对日宣传工作的具体实践。当时瓦解敌军的主要手段有新闻出版、慰问袋、传单、通信、喊话等。

抗战时期中国共产党的对日宣传基本实现了"日本化"，可分为三个层面理解。首先，宣传语言基本实现了"日语化"，报纸、杂志、广播、传单、喊话等宣传基本通过日语开展，最普通的八路军士兵也能喊日语口号、唱日本歌曲。第二，宣传内容的"日本元素化"，宣传时积极运用樱花、日本歌谣、慰问袋等带有日本传统文化色彩的元素，贴近日本人的心理感受，触达日本士兵内心最柔软的地方，起到很好的攻心作用。第三，宣传主体的"日本人化"，积极利用转变立场的日本俘虏，让他们成为部分的"宣传主体"开展对日宣传。表面上看是"转变立场的日本俘虏对侵华日军开展的宣传"，而实质上是中国共产党我军对侵华日军的宣传。

总之，在全面抗战时期，中国共产党同时抓"枪杆子"和"笔杆子"的工作，"世界永久和平"的愿景和对日"二分法"战略构成中国共产党国际公共关系思想基础的"双轨"，国际舆论工作和对日宣传瓦解工作则是中国共产党国际公关实践的"双轨"。抗战时期中国共产党在国际公共关系、国际传播、对日宣传等领域积累的丰富经验，是重要的思想宝库，值得我们继续发掘与总结。

本文为作者主持的国家社科基金一般项目"抗战时期中国共产党在对日宣传战中的中流砥柱作用研究"（编号：17BXW002）的成果之一。

---

① 张国全：《中外记者参观团西北行》，《人民政协报》2013 年 11 月 28 日。

公共关系项目评估研究：关键评估指标

谢景芬 *

摘要： 尽管近年公共关系理论与实务研究有所发展，但作为公共关系科学管理最重要的一环——评估研究，仍然处于各施各法的状态中，研究发展依然缓慢，并没有形成一个成型的评估基准模型。近25年来，公共关系学者仍然感到如何衡量公关效果及如何向一个组织或社会展示公共关系价值是应该急于解决的基本问题。本文基于这样一个假设，统一基准的公共关系项目评估模型对科学进行公共关系项目评估非常重要。鉴于公共关系评估研究文献，尤其技术文献有限，本次研究期望通过跨学科评估文献梳理和个案研究，探索科学的、全面的公共关系项目评估方法、技术和模型。研究结果表明：第一，公共关系项目评估必须以公共关系目标为依归，这一目标包括项目目标和组织目标的一致性。第二，全方位、多渠道收集评估资料是评估的重要依据。第三，建立360度双环公共关系项目评估的价值链。第四，公共关系项目评估的关键是关键评估标准的设计。

关键词： 公共关系 管理 评估

一、研究目的和研究方法

（一）研究目的

尽管近年公共关系理论与实务研究有所发展，例如卓越公共关系学说，组织与公众关系管理等。但作为公共关系科学管理重要的一环——评估研究，仍然处于各施各法的状态中，研究发展缓慢，并没有形成一个成型的评估基准模型。笔者从事业界工作，深感这一议题对业界现实工作的重要性和实际意义。所以本文定位于探索公共关系评估基础问题——公共关系项目包括公共关系活动评估研究。据美国公

---

* 谢景芬：广东方圆公关管理顾问有限公司总经理，香港科技大学工商管理硕士，高级广告师。

关协会统计结果表明，公共关系活动已成为近 50 年来公共关系领域发展最快的领域。事实上，笔者翻阅大量的案例资料，公共关系活动占公共关系项目的一半以上。所以科学评价公共关系项目，尤其是活动项目，对于研究总体的公共关系评估模式、评估标准、评估方法和价值评估都是重要的基础。基于这样一个假设，建立统一基准的公共关系项目评估模型对科学进行公共关系评估非常重要。鉴于公共关系评估研究文献，尤其技术文献有限，本次研究期望通过跨学科评估文献梳理和个案研究，探索科学的、全面的公共关系项目评估方法、技术和模型。

（二）研究方法

本次研究方法基本采用理论梳理，比较研究和案例分析等研究方法。

鉴于公共关系评估研究成果欠缺的原因，研究过程需要采用跨学科比较研究的方法，主要是通过对社会科学、管理学，尤其是绩效评估理论和公共关系学科评估理论与实践个案进行综合梳理，期望从中找出能够整合的科学评估理论，解释公共关系评估中的实践性问题，建立整合的公共关系项目评估模型。

在案例分析方面，统计分析了 1996 年至 2007 年举办的中国最佳公共关系案例大赛的 278 个案例报告，同时选择了几个国际上较具知名度和影响力的不同专业的个案作比较研究分析，探索公共关系项目有效评估的规律。

二、评估研究文献梳理

（一）评估研究是现代社会科学的产物

彼得·罗希、马克·李普希、霍华德·弗里曼（2007）认为，现代评估研究的发展起始于 20 世纪 30 年代。现代系统的评估研究，是现代社会科学的产物。美国初期的评估工作者几乎来源于社会科学领域，评估使用的理论和方法也来自社会科学领域。第二次世界大战之后新的研究方法被广泛地运用于迅速扩散的社会问题领域。评估就是确定事物优点和价值的过程，对事物评估就是这个过程下的结果……所以评估并不只是简单地搜集和整理与决策有明确关系的资料 [1]。

20 世纪下半叶以来，评估研究科学发展很快。尤其在管理学领域，一大批项目管理、企业绩效评估方面的研究成果丰硕。尤其以罗伯特·卡普兰和戴维·诺顿于

---

[1] 彼得·罗希、马克·李普希、霍华德·弗里曼：《评估：方法与技术》，邱泽奇、王旭辉、刘月等译，重庆大学出版社 2007 年版。

公关即道——理论篇

1996 年开发的将强调企业战略目标和绩效考评相联系的平衡计分卡，极大改善了企业绩效管理系统并上升为战略地图，被 50% 的财富 1000 强（Fortune 1000）企业运用。《哈佛商业评论》将其列为 20 世纪最具有影响力的 75 个理念之一 [1]。

　　作为社会科学领域的公共关系专业评估研究略迟于其他学科的评估研究。尽管传播学教授约翰·马斯顿（John Marston）的 RACE 法：即研究（research），行动（action），沟通（communication），评估（evaluation），公共关系学教授希拉·克拉夫·克里弗斯（Sheila Clough Crifasi）的"ROSIE 法"：研究（research）、目标（objective）、策略（strategy）、执行（implementing）、评估（evaluation）都提到了评估的理念。但系统的评估还是从 20 世纪六七十年代才大有进步，仍有一段漫长的路需走 [2]。迄今为止，公共关系评估研究仍然薄弱。正如 Bisshop 对 1964—1972 年公关文献做过的研究，在 4500 条索引中，列在研究与评估项下的索引只有 28 条 [3]。测量和评估仍然是今天公关界最热门的讨论话题之一 [4]。困扰公关专家的极具挑战性的问题是"证明公关的价值" [5]。

　　近年，公共关系学者、专家对公共关系项目评估作了探索和研究，主要表现在三个不同层面的评估研究。第一，战略层面的评估研究。战略层面的研究有多种模式。詹姆斯·格鲁尼格（James E. Grunig）指出战略性公共关系应与战略公众建立战略性的关系（1999）。黄懿慧教授提出了公共关系战略评估的 4+1 维度，即从西方文献中提取的：双向沟通、人际沟通、媒介沟通和对称沟通四维度，以及反映东方文化的社会活动维度，如关系和人情（2004）[6]。这些宏观角度的评估模式，可以视为战略层面的评估模式。第二，过程评估，包括环境监测和社会审核，传播沟通效果评估，流程评估，影响目标与输出目标的评估等。而评估的手段主要是信息发布量、曝光量评估，公众接触信息量，出版物评估以及执行过程评估等。过程评估可以理解为技术层面的评估，而流程及技术的评估甚为重要，直接会影响战略的执行。格伦·布鲁姆（Glen Broom）提出，评估技术包括影响力分析，受众覆盖率、受众反应、活动影响和环境因素评估。以及前测和后测的比较研究。信息的宣传力度和公众的信

① 保罗·尼文：《平衡计分卡》，胡玉明等译，中国财政经济出版社 2003 年版。
② 琳达·奇尔德斯·霍恩：《公共关系效力的显示：目标、目的与评估》。佛罗里达大学新闻与传播学院公关系。
③ 张依依：《公共关系理论的发展与变迁》，台湾五南出版社 2008 年版。
④ Katharine Delahaye Paine, Pauline Draper, Angela C. Jeffrey: *Using Public Relations Research to Drive Business Result*, 2009, Institute for Public Relations, www.instituteforpr.org.
⑤ Forrest W. Anderson, David Rockland, Mark Weiner, *Guidelines for Setting Measurable Public Relations Objectives: An Update*, 2009.
Http://www.quorum-pr.com/lib/documento.php?File=probjectives_20.pdf&tipo=1.
⑥ 黄懿慧：《PRSA：为探索公共关系战略的动力而制定量表》。

息接受程度、记忆程度等①。第三，结果评估。同样是詹姆斯·格鲁尼格指出，对于量化评价公共关系最终结果以沟通为手段并以合作为主要收益的最大化努力可以运用收益成本分析的方法和技巧，对所有的公共关系项目进行评价。而公共关系项目的目标，是必须能够获得、维持或增进组织与其环境之间的和谐（合作、共识和一致）（1999）②。

（二）评估的目标是通过评估实践改善社会环境

管理大师彼得·德鲁克（Peter F. Drucker）说："目标不是运气；它是方向。目标不是命令；它是承诺。目标没有决定未来；它是调动营运的资源和能量去创造未来"。目标应该可以在输出、成果和／或绩效方面被测量③。管理大师明确指出目标的导向作用，而且是可以衡量的概念。

彼得·罗希，马克·李普希，霍华德·弗里曼指出：评估就意味首先确定某些预期目标的价值或者将特定价值赋予到某些目标之上。项目评估是一种社会科技活动，涉及搜集、分析、解释和沟通有关旨在改善社会环境的社会项目的实施和绩效④。评估有各种实用目的：帮助决定项目是否应该继续、改善、扩展或缩减；评估新项目的用途和创意；提高项目管理和指导的绩效；满足项目各方的要求。评估也有助于丰富实际的、方法论性的社会科学知识⑤。一个有效的公关项目应该扎根于设定的目标，制定和设计策略的研究之中。公关的测量和评估是什么？它主要是指为测定公关工作的相关有效性或价值而设计的任何或所有研究。从短期来看，公关测量和评估是指评估具体公关项目、战略、活动或策略的成败，通过测量这些项目的输出、产量和／或成果来评估预设的目标。从长远来看，公关测量和评估是指从更广的角度评估以改善和巩固组织与目标受众之间的关系为目标的公关工作的成败。通过公关把策划的内容和结果与组织的整体目标、战略和策略联系起来总是非常重要的⑥。

（三）指标在科学评估中扮演非常重要的角色

---

① 丹·拉铁摩尔，奥蒂斯·巴斯金，苏泽特·海曼，伊丽莎白·托特，詹姆斯·范·勒文，2006《公共关系：职业与实践》，朱启文、冯启华译，北京大学出版社。
② 詹姆斯·格鲁尼格：《卓越公共关系与传播管理》，卫五名译，北京大学出版社2008年版。
③ Forrest W. Anderson, David Rockland, Mark Weiner, *Guidelines for Setting Measurable Public Relations Objectives: An Update*, 2009, Institute for Public Relations.
④ 彼得·罗希、马克·李普希、霍华德·弗里曼：《评估：方法与技术》，邱泽奇、王旭辉、刘月等译，重庆大学出版社2007年版。
⑤ 彼得·罗希、马克·李普希、霍华德·弗里曼：《评估：方法与技术》，邱泽奇、王旭辉、刘月等译，重庆大学出版社2007年版。
⑥ Dr. Walter K. Lindenmann: *Guidelines for Measuring the Effectiveness of PR Programs and Activities*, Institute for Public Relations.
http://www.instituteforpr.org/files/uploads/2002_MeasuringPrograms_1.pdf.

洛德·凯尔文指出，当你能够对自己所说的进行测定，并且用数字来表达的时候，那就说明你懂得它。但是如果你不能测定并且用数字来表达它的时候，你的知识就是有限的和令人难以满意的。琳达·奇尔德斯·霍恩也指出：在一个精简机构和零基预算编制法的组织环境中，没有可测定的结果作依据，公共关系很难信服地说明这一功能是有效的①。查勒斯·G.库博在谈到评估标准时指出，指标在建立一个良好评价方法中扮演非常重要的角色，指标的设计是用来评价持续改进体系的有效性。同时他还指出，指标与需求是一致的。两者互为补充②。

西奥多·H.波伊斯特认为，定义、评价和选择考评指标的确是绩效考评的中心环节，它涉及相关绩效指标的定义、评价和进一步选择等问题。其他问题还有：绩效考评如何具体化，考评指标的信度和效度如何，特定数据如何"获取"，新资料中包含哪些"原始数据"，为收集这些资料所投入的时间、金钱和努力是否值得，绩效评测是否有助建立合适的激励机制，这种激励机制是否有助于帮助改进组织绩效，以及这些指标事实上是否难以反映预期目标等③。

平衡计分卡已经被无数管理实践证明是一项有效的企业绩效的评估模型。它成功的关键是在大量资料分析基础上，制定了一个以企业愿景，策略和关键绩效衡量指标（KPI）三个要素组成的评估模式④。尤其是KPI的提出，为科学评估提出了重要的解决问题的方案。KPI的目标和量度是从组织的愿景与策略衍生而来的，在大量企业绩效评估指标中，仅仅抓住了财务、顾客、企业内部流程、学习与成长四个维度来考核一个组织的绩效⑤。大量的研究和实践结果表明，这四项关键的管理特质帮助企业组织解决了两个基本问题：有效地评价企业组织绩效和成功实施战略⑥。同时，给科学评估提供了重要的理论和实践参照模式。任何一项评估，可以有不同评估指标，但哪些是关键的、科学的评估标准呢？

格鲁尼格在评估一个组织与关键关系人的关系时聚焦了六大因素：相互控制度；信任度；承诺性；满意度；交换性关系；公共性关系。这是评估组织与公众关系的指标。衡量效果的方法是看目标受众是否实际收到专门针对他们所发出的信息，关注信息，

---

① Scott M.Cutlip、Allen H.Center、Glen M.Broom：《公共关系教程》第8版，明安香译，华夏出版社。
② 查勒斯·G.库博：《从质量到卓越经营——一种管理的系统方法》，上海质量管理科学研究院译，中国标准出版社2003年版。
③ 西奥多·H.波伊斯特：《公共与非营利组织绩效考评：方法与应用》，肖鸣政等译，中国人民大学出版社出版2005年版。
④ Paul R. Niven(2002)，《平衡计分卡最佳实务》于泳泓译，台湾商周出版社。
⑤ 罗伯特·柯普朗、戴维·诺顿：《平衡计分卡——信息时代的策略管理工具》，朱道凯译，脸谱出版社1999年版。
⑥ 保罗·尼文著：《平衡计分卡》，胡玉明等译，中国财政经济出版社2003年版。

理解信息。以任何一种形式保留信息 ①。黄懿慧 2010 年通过对国际公关协会、美国公关协会、香港公关从业员共 524 个样本研究得出的最新成果："公共关系价值的双层模型"。第一层作用，即公关效能——媒体宣传 / 报道；组织—公众关系；组织声誉。第二层作用，即组织效能——创收；成本降低 ②。黄教授新的研究成果扩展了公共关系评估的视野，创造了组织效能的概念，为解决"如何衡量公关效果及如何向一个组织或社会展示公共关系价值"迈出了坚实的一步。

Bissland 通过回顾和比较 20 世纪 80 年代和 90 年代美国获奖案例后发现在案例中评估分为三大类：第一类，传播产出的衡量（即产出数量、媒体联系的数目、质量及媒体安置的数量）。第二类，媒介影响的衡量（即关键公众如关注相关信息或在参与某事件中的数目公众的影响、公众回馈、行为科学——认知度、态度、理解、行为）。第三类，组织目标实现的衡量（即已售产品的数量、聘用的新雇员、提高的基金、通过或否决的立法）。三类评估的比例分别为 36%，39.6%，24.6% ③。2009 年（1990）。美国公关学院在《设立可测量的公共关系目标指南》修订版再次确认了这一评估指标，并再次阐述了具体内容，输出：公关活动报导结果，通常以媒体报道为形式，如新闻发布会、特别事件、辅助材料、网站和其他管道。成果：结果广泛地以认知、理解、态度、优先选择和行为为形式。成果的实现是输出的结果。绩效：绩效常指直接为组织目标作出贡献的成果，如增加销售、降低成本或提高股价，涉及由于输出和成果产生的相关内容 ④。

几乎不同专业学者都不约而同提出了评估指标的重要性，而且提出了以数据化显示的观点，可以说指标在科学评估中扮演非常重要的角色。

（四）关于评估的方法

评估的方法是专家学者在评估科学研究中颇为关注的议题。社会科学家认为，首要的方法是科学采集评估信息。项目评估其实是一个信息汇集和解释的过程。在这个过程中，要试图解决指定的、有关项目实施和效果的一系列问题。所以评估的一个重要步骤就是确定评估必须解决的问题。经过详细建构的一系列评估问题（Evaluation ques-tions），会给出评估的结构，引导制订正确而周全的计划，并为

① 詹姆斯·格鲁尼格：《卓越公共关系与传播管理》，北京大学出版社 2008 年版。
② 黄懿慧：*Gauging an Integrated Model of Public Relations Value: Scale Development and Cross-cultural Studies* 2010.
③ 琳达·奇尔德斯·霍恩：公共关系效力的显示：目标、目的与评估。佛罗里达大学新闻与传播学院公共关系。
④ Forrest W. Anderson, David Rockland, Mark Weiner, *Guidelines for Setting Measurable Public Relations Objectives: An Update*, 2009.
Http://www.quorum-pr.com/lib/documento.php?file=probjectives_20.pdf&tipo=1.

人们对所关注问题的解决和解决方案的应用等问题的讨论，奠定基础。

其次就是评估内容范畴。彼得·罗希、马克·李普希、霍华德·弗里曼认为评估内容涉及五个方面：项目需求；项目设计；项目实施和服务发展；项目的影响或结果；项目的绩效。评估需要对项目的绩效或特征有准确的描述，并根据一定的标准对其进行评价 (2007)[1]。他们进一步指出，常见评估问题的类型如下。需求评估：回答项目运作所需的社会条件以及项目需求程度等问题。项目理论评估：回答项目的概念化和设计等问题。项目过程评估（或过程评估）：回答项目的操作、实施以及服务送达等问题。影响评估（产出评估）：回答项目产出和影响等问题。效率评估：回答项目成本——收益和成本——绩效问题[2]。

组织管理学忻榕教授在人力资源评估中，提出了一个 360 度员工业绩评估模型。这一个模型从广泛收集评估信息角度入手，以评估对象为中心，实施 360 度全方位收集考评信息和评估，即以自我评估为中心，纵向自上而下主管领导和下属评估。横向从同事到客户。由于评估依据来自不同层面，对被评估者会有更全面、更客观、减少偏差的中肯评估。而评估各环节是人力资源评估的价值链。在这一价值链中，更能激励有效沟通和员工主人翁意识[3]。

美国公关学院出版的《测量公共关系项目和活动有效性指南》指出，对于任何可信的公关评估研究，需要考虑以下五个主要的部分：设定具体可测量的公关目标；测量公关输出；测量公关产量；测量公关成果；测量商业或组织的成果。具体而言，测量公关输出的标准包括：媒介内容分析；媒介载体变量；广告或新闻报道变量；受众或范围变量；主题或话题变量；判断或主观变量；广告等同（通过测量报道的数量以及如果投放广告计算购买报道版本的成本来把报道篇幅转算成广告成本的方法）；网络分析；贸易展销和活动测量；民意调查。具体测量公关产量的标准：认知和理解测量法；回想和保留测量法。具体测量公关成果的标准：测量公关产量的一些工具和方法，如调查、焦点小组、前后投票和民族志研究同样可被用于测量公关成果；态度和优先选择测量法；行为测量法[4]。

詹姆斯·格鲁尼格等学者在归纳公共关系评估的方法时指出：检验一项公关活

① 彼得·罗希、马克·李普希、霍华德·弗里曼：《评估：方法与技术》，邱泽奇、王旭辉、刘月等译，重庆大学出版社 2007 年版。
② 彼得·罗希、马克·李普希、霍华德·弗里曼：《评估：方法与技术》，邱泽奇、王旭辉、刘月等译，重庆大学出版社 2007 年版。
③ 忻榕：《香港科技大学 EMBA 课程讲义》。
④ Dr. Walter K. Lindenmann, *Guidelines for Measuring the Effectiveness of PR Programs and Activities,* Institute for Public Relations, 2002.
http://www.instituteforpr.org/files/uploads/2002_MeasuringPrograms_1.pdf.

动的有效性，是看其能否推动再循环。公共关系评估的方法包括运用流水时间分析法，对信息传播前后（例如报道发表前后）的调查数据显示传播的效果；对出版物的可读性评估，认知性与理解；评价媒体关系的有效性。剪报也是公关实施进行评估的调研的重要组成部分，一般寻找覆盖目标公众的媒介上的信息。对传播评估的有效性，格鲁尼格还提出了"将传播资源用在最需要使用并需要信息的公众身上，达至最大化（2008）[①]。"孙秀惠提出公共关系评估的三种基本方法：第一，科学调查法。抽样调查，全台湾约1200——2000个样本。方法：邮访，电话访问，面访。第二，主观性评估法。计划案的进度，工作质量（新闻稿质量、工作人员表现、宣传品），参与者的回馈，工作人员现场观察，工作执行是否达到预设效果，是否满足公关主体的要求。第三，媒体内容分析。媒体的经营形态，定位，发行量/收视率，公关信息（报导量/前后顺序位置），信息内容的正面、中立或是负面[②]。

关于评估可用的资源，彼得·罗希、马克·李普希、霍华德·弗里曼指出，要实施评估必须有一定的资源。无论是从项目现有资源中或评估主办方或者独立基金中，评估者必须获得大量用于评估活动的资源，包括时间和参考数据、装备和实践数据的搜集、分析和汇报的工具（2007）。经费是评估必须涉及的关键资源之一。评估的另一个关键资源就是项目管理层、职员和其他项目方的支持。评估者与项目方之间一个尤其重要的互动就是获取和使用项目记录、文件及其他内部数据。评估者在设计评估时，必须将项目成员的配合、项目数据的获取以及从项目记录中所得数据的性质、质量和有效性，看作是重要的资源问题。除了充足的经费和项目成员的合作之外，有经验的评估者知道，还有一个最珍贵的资源就是时间[③]。

从理论到实践，评估的方法、技术很多，重要的是科学的采集和分析。这是精准评估的重要基础。

（五）案例分析与研究

为了探索公共关系项目评估有效模型，笔者采用跨学科评估案例比较研究方法，首先以中国"最佳公共关系案例大赛"的案例为分析样本，然后从国际上具有一定影响力的周期性评估个案中，撷取了三个评估案例包括瑞士洛桑国际管理学院对国家竞争力评估，美国《商业周刊》50强企业排名，英国《金融时报》对全球EMBA课程排名进行比较分析，探索科学评估的规律。

---

① 詹姆斯·格鲁尼格：《卓越公共关系与传播管理》，北京大学出版社2008年版。
② 孙秀惠：《公共关系理论策略与研究实例》，正中书局1997年版。
③ 彼得·罗希、马克·李普希、霍华德·弗里曼：《评估：方法与技术》，邱泽奇、王旭辉、刘月等译，重庆大学出版社2007年版。

1. 中国最佳公共关系案例大赛

"中国最佳公共关系案例大赛"始于 1993 年，每两年举行一届。每次大赛通过案例征集、案例评选、案例推广等系列活动，推动中国公共关系业的职业化、规范化、国际化发展，促进行业规范与繁荣。截至 2007 年大赛已举办了九届。近年内地、香港、台湾都有选送案例参赛。笔者以公布的 1996—2007 年共 278 个参赛案例报告作为统计分析样本，进行了两项研究，第一，综合研究案例报告的评估模式。第二，对整理出来的 642 个评估项按输出、影响、绩效三项内容分类统计。

（1）参赛案例的评估模式选录

案例 1：广州市科技进步基金会公关传播案例。

这是全国第一个科技进步基金会，该案例是当时全国拥有基金数量最大的基金会传播案例。目标是为广州市科技进步基金会塑造良好的形象；为募捐奠定良好的基础；同时推进市民的科技意识。目标公众是潜在赞助人、媒体和广大广州市民。在案例评估报告中使用的评估元素包括：第一，传播输出：举办了十几项大型活动，包括新闻发布会，征集会徽，百名书画家挥毫，进入小区义卖，发行首日封、纪念戳，《世纪之光》电视直播晚会和成立大会等。并持续开展了一系列的媒体宣传。第二，执行过程评估：注重细节设计，提高了活动的质量。第三，成本效益评估：以活动养活动，征集了大量赞助补偿活动开支，整个活动支出了数十万元，收到良好的效果。第四，传播影响：活动始于 1992 年 3 月，止于 1993 年 6 月，持续一年三个月。大型活动贯穿一条主线："公众的科技发动公众来扶持"，多层次、多渠道的活动，知名度和美誉度都很好，见报率高，各阶层市民都有参与的活动，电视直播文艺晚会，在市民中影响大，反映良好。第五，实现目标，征集了近亿元的基金，成为当时全国最大的注册基金会。

案例 2：永生脐带血银行全台首例脐带血移植传播活动。

这是一项医疗保健专业服务传播。借助永生脐带血银行协助长庚儿童医院为年仅三岁、罹患重度地中海型贫血且生命危在旦夕的小慈进行脐带血干细胞配对活动展开的宣传活动。活动目标是借助活动提升永生的知名度、可信度与专业声誉，扩大永生脐带血银行公捐的来源。目标受众为新闻媒体、即将为人父母者，以及妇产科和小儿科医师等。在活动评估报告中作了如下评估：第一，举行首次新闻发布会，安排主要医药记者进行专访，取得了满意的媒体出席率与报道率，共有 26 家媒体派出 39 名记者到场采访，并产生 36 篇新闻报道。第二，在暖身期内，协助个案主人公小慈父亲进行网络寻找捐赠者达 435 封 E-MAIL，其中包括媒体记者代为转寄，口头传播效益显著。第三，热情期的新闻发布会也取得了较好的媒体成效，一周内有 36 则媒体报导，电视媒体多达 7 个，且每台播出时间皆超过 1 分钟，媒体效益相当可观。第四，为了达到最大的传播效果，举办了为首例脐带血干细胞移植成功个案及其家人一起与媒体面对面的活动。26 个与会媒体中，包括 9 家电视、7 家重点报纸、6 家杂志、3 家广播电台和 1 家重点通讯社。小慈父亲接受媒体访问，产生深远影响。第五，为美商永生脐带血银行做了极佳的市场定位。永生的市场占有率已逐步提升，现已位居在台第三名。

上述案例除了展示传播产出，传播影响和组织目标实现度等基本评估之外，同时也展现了一些值得关注的评估元素，如：执行过程评估，成本效益的评价，关注领导人、目标公众和公众的评价等，这些都是科学评估的重要元素。

（2）对案例评估报告中 642 个评估项统计划分统计

笔者对案例评估报告中 642 个评估项内容以下面三项标准划分。第一，传播产出评估（媒体发稿量或宣传产出数量、质量）。第二，传播影响评估（认知、态度、理解、行为）。第三，组织目标实现度评估。统计结果列表如下：

从统计数据至少可以看到案例报告虽然也包含了传播产出、影响和绩效三个方面的因素，但是，关注的重点是"目标实现"的因素，占 61% 的比例。"传播产出"

案例数量（个）	案例时间	评估项			
		共642个评估项,分类如下			
278	1996年-2007年	传播产出评估：媒体发稿量或宣传产出数量，质量	传播影响评估：认知，态度，理解，行为	组织目标实现度评估	其它
		209	26	393	14

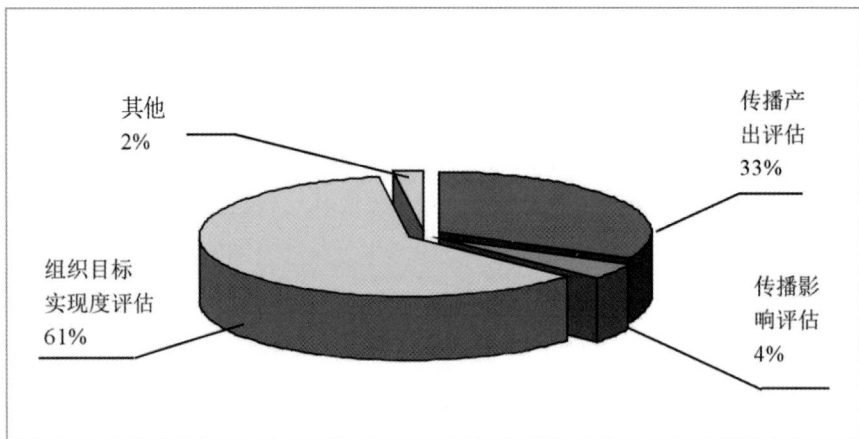

图1：中国公关获奖案例评估统计图

为第二位，占33%。"传播影响"这一因素显然被忽视，或者至少在案例报告撰写的时候被忽视了，只有4%的比例。这就带出了一个评估价值链的重要问题，在有效传播实现的模型中，如果在公众的认知、态度的被影响和行为变化这一模型中缺少了任何一个环节，如何能够实现"组织目标"？当然，作出"传播影响"的评估需要更多资源的支持。

2. 跨学科评估案例的启示

（1）瑞士洛桑国际管理学院每年一度的国家竞争力评估 [1]

从1990年开始，瑞士洛桑国际管理学院（IMD）每年对全世界主要国家和地区的竞争力，以及该国家和地区内的企业竞争力进行分析和排名。IMD全球竞争力报告是采用四大构面因素：经济绩效、政府效能、企业效能与基础建设，每一个构面因素又由5个中分项指标构成，中分项指标又由多个细项指标构成。2009年的国家整体竞争力评估共有329项细项指标，其中统计指标比重占2/3，问卷指标比重占1/3，问卷调查回卷数为3960份。此外，指标体系中有一部分指标乃提供相关背景参照（84项），不计入具体的排名计算。2009年列入评比的国家数为57个。

至于衡量与计算方法，先将57个国家245项指标（135项为统计指标、110项为问卷指标）进行标准化，再将标准化资料乘上权重（统计指标权重为1，问卷指标权重为0.551），最后将中分项20项指标的加权后（每一个中分项要素权重固定为5%）数值，求其算术平均数，进行整体竞争力排名。

---

[1] 见：http://div6.tier.org.tw/newsletter/7.pdf。

IMD 主要国家和地区的竞争力评估的四大类指标和中分项指标如下：

第一，经济绩效（Economic performance）：以宏观经济角度评估国内经济。包括国内经济（规模、增长、财富、预测），国际贸易（国际投资，金融），就业，物价。（细项指标 82 项）

第二，政府效能（Government efficiency）：政府有助提高竞争力的程度。包括公共财政，财政政策，制度框架（中央银行，国家效能），商业法律（开放性，竞争和规则，劳动法），社会结构。（细项指标 70 项）

第三，企业效能（Business efficiency）：国家鼓励企业以创新、盈利和负责任的方式运营的程度。包括生产力和效率，劳动力市场（成本、劳工、技能有效性），金融（银行效能、股票市场效能、金融管理），管理实践，态度和价值观。（细项指标 67 项）

第四，基础设施（Infrastructure）：基础、技术、科学和人力资源满足商业需求程度。包括基础设施，技术类基础设施，科学类基础设施，健康和环境，教育。（细项指标 110 项）。[1] 在国家竞争力评估这一个案中，我们看到评估指标的重要性，一个国家的竞争力，仅透过四大评估指标，329 个具体评估指标评核，突出了抓住宏观经济、微观经济两个主要的竞争力，同时关注了投资环境。体现了以重点看全面评估的科学性。

（2）美国《商业周刊》50 强企业排名 [2]

是什么造就了一家业绩骄人的公司？肯定是强劲的利润增长和股东丰厚的收益。但这些只是基本因素并非答案的全部。连续几年，美国《商业周刊》对业绩最佳的美国企业进行排名，希望捕捉到其中的发展动态，找出其中的可持续性。

《商业周刊》50 强评选把标准普尔 500 指数中的所有公司都纳入了排名初选范围。并将参选公司与其行业中的公司比较，挑选出本行业中成绩优异的公司。

排名首先把注意力集中到两个核心的财务指标上：平均资本回报率和增长率，这两项指标均采用过去 3 年的数据。随后计算出这些利润在投资资本（主要为长期债务及股东权益）价值中所占的百分比，这样就可以对比这些利润数字，然后对公司进行排序。

再将平均资本回报率和增长率两个数字排名合并，其中资本回报率所占的权重相当大，从而编制出新的排名。按照合并后的排名，每个行业排名第一的公司得 1 分，

① 见：http://www.imd.ch/research/publications/wcy/upload/All_criteria_list.pdf。
② 见：http://www.businessweekchina.com/article_p.php?BusinessweekID=2047&Colum= 深度报导（2009）。

排名垫底的公司得 0 分，排在中间的所有公司根据其排名先后得到相应的分数。

最后，由编辑组成评审小组对排名情况进行审核。编辑评审小组只对排名做出少许调整，但也不会机械地运用财务衡量方法，因为总结以往经验有时也会出现纰漏。比如，因为信贷泡沫以及泡沫的破裂扭曲了它们近 3 年来的销售额和利润，并且误导了人们对其未来业绩的预期。

在衡量金融公司和非金融公司时评估指标还有相应的变化，例如，评估非金融公司增长率时，采用了标准普尔计算统计中心提供的销售额增长率，包括经营收入和并购收入。金融公司的成长是以资产增长率来衡量的。

针对企业经营绩效评估，重点采用"平均资本回报率和增长率"两指标，符合企业最基本的经营原则，也是对企业评估的关键绩效指标。《商业周刊》50 强排名的科学性还表现在对评估数据采集方法的严谨性，强调评估信息源自标准普尔等权威机构，而不是由受评机构自报数据信息。采用统计 3 年经营资料和在正式评选前公示的方法。对金融公司和非金融公司不同的评估标准等都说明评估的科学性。

（3）英国《金融时报》2009 年对全球 EMBA 课程的排名 [1]

《金融时报》每年都对全球行政人员工商管理硕士（EMBA）课程排名，这一排名被认为是教育界权威的排名。对 2009 年度全球 EMBA 课程排名，英国《金融时报》访问了 3770 名 EMBA 毕业生意见，并根据各院校 EMBA 学生完成课程后的工作年薪、经验及学院研究成就等 16 项指标，为 113 间院校评分。

在全球 EMBA 课程评估中，既囊括了评估指标的广泛性，又突显了某些评估指标权重的重要性。例如毕业生毕业前、后的工资和其入学前、后工资增长幅度两项指针权重达 40%，说明关键评估指标的高权重。评估指标权重可以侧重于某些关键评估要素，而不是所有评估指标都一般高低。

从科学评估的角度，综合分析上述案例，我们还可以看到其中重要的信息。无论是国家竞争力还是企业绩效评估，科学地选择和归纳评估指标十分重要，甚至要在反复评估中测量、调整、完善。在许多场合，评估指标，包括评估权重设定，都需要根据实际情况量身定做。权重为关键评估指标的细化提供了技术保障。在各项评估中，我们都看到评估数据信息采集方法的严谨性。传播价值链是价值实现的全过程，任何一个环节都是评估过程不可或缺的重要组成部分，犹如链条，缺少任何一环都影响科学评估的实现。

---

[1] 2009 年 10 月 19 日英国《金融时报》。

三、结论

不同领域的评估理论和不同的评估模式，给公共关系项目评估很好的启迪。在综合分析研究专家、学者一系列的科学评估理论和对国际上权威的评估个案比较研究基础上，我们可以尝试对公共关系评估模式作出如下探索：

（一）公共关系项目评估必须以公共关系目标为依归

正如公共关系策划必须要有鲜明目标一样，科学评估必须建基于公共关系项目目标需求。这是公共关系项目评估的基本依归。值得注意的是，公共关系项目的目标应该包括组织整体战略目标和项目目标，在公共关系项目中，组织目标与项目目标两者应该是统一的。

（二）全方位、多渠道、科学收集评估资料是评估重要依据

要实现公共关系项目的科学评估，必须尽可能多地拥有更多的评估信息。包括全过程、多渠道采集，形成科学评估数据库。科学采集评估数据是科学评估的基本保证。所谓科学的评估数据应该包括：第一，科学的数据来源，包括量化或质化的统计结果。第二，从科学渠道获取的资料，例如来自权威的数据分析机构的数据可信度相对比较高。所以，从项目一启动就应该建立评估的数据库。

（三）建立 360 度双环公共关系项目评估的价值链

建立完善评估价值链，既是科学评估理念问题，又是方法和流程管理问题。下图中展示了一个评估的价值链，是综合了多学科专家、学者的科学评估理念和整合实践方法，整合而成的一个 360 度、双环的评估价值链模型。在这评估价值链中，外环包括的目标，信息采集，关键评估指标和评估的方法，是项目评估中最重要价值评估的理念。内环包括主体评估，客体评价、专业评估（专业人士或专业机构的评估）、执行团队的评估，是评估的方式和方法，形成全方位、多渠道的 360 度评估体系。必须指出，价值链的每一环节，都是公共关系项目评估不可或缺的环节，

（四）公共关系项目评估的关键是关键评估指标设计

平衡计分卡理论带给我们最重要的启示是建立关键的绩效衡量指标（KPI）的理论。在公共关系项目评估中，同样需要关键绩效衡量指标的思维模式，我们不妨称

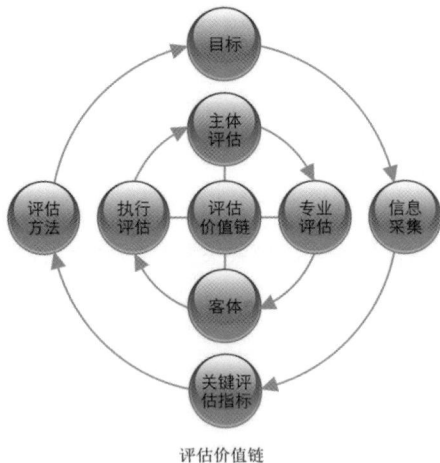

评估价值链

之为公共关系项目关键评估指标。就公共关系项目关键评估指标而言，仅仅以输出，影响和目标实现的模式，还不能涵盖公共关系项目评估的关键评估指标。比如从公众角度的评价，工作流程对战略、目标的影响，以及成本效益的比率。笔者尝试整合科学评估包括社会学、管理学、公共关系学的理念和方法，拟定了公共关系项目关键评估指标。关键评估指标包括五项评估构面因素即使命与目标、公众、策略与流程管理、传播影响、效益评估。

（五）后续研究

后续研究仍有两项重要的工作要做：第一，本文结论的提出，基本是从理论和个案分析的基础上进行逻辑思维的结果，仍需进行大量的量化研究求证。第二，本文只是提出了公共关系项目的五项评估构面因素和中分项指标，细项指标及评估中具体指标的权重仍然需要深化研究。

试析数字时代下公共关系中的三个影响因素及其概念

—— 网络公共空间、公众类型、跨时空关系

侯向平 *

公共关系作为商业服务形态的出现可以追溯到20世纪的早期，其形式是雇佣"宣传代理"机构对组织进行内、外部宣传，如通过媒体组织正面、积极故事的传播。之后，公共关系逐步进入了政治宣传、游说、议题管理、舆论管理等领域。

过往的公共关系属性、作用、功能及特性等各种理论、观点中，曾出现过"传播论""管理论"及"关系论"三大主流派系及其子派系。传播论学派侧重于公共关系的传播属性，如英国公共关系学者弗兰克·杰夫金斯（Frank Jefkins）提出：公共关系就是一个组织为了达到与它的公众之间相互了解的确定目标，而有计划地采用一切向内和向外的传播沟通方式的总和。[1] 管理论学派曾有传播管理、声誉管理等理论学派，如美国公共关系研究与教育基金会主席雷克斯·哈罗博士（Rex L. Harlow）指出：公共关系是一种独特的管理职能，它帮助在一个组织与其公众之间建立和保持互相沟通、了解、接受与合作的渠道，参与问题和纠纷的处理；将公众的意见传递给管理部门并做出反应，明确与加强为公众利益服务的管理责任；它还作为监视预警系统，帮助管理部门预先做好应变准备，与社会动向保持一致并有效地加以利用，它以调查研究和正确的并合乎道德的沟通技术作为主要工具。[2] 国际公共关系协会（IPRA）同样认为公共关系是一种管理职能，其定义是：公共关系是一种管理功能，它具有连续性和计划性。关系学派则认为关系在公关与传播中占有独特的、重要的地位，如陈先红教授、黄懿慧教授曾提出并概括了"关系管理"观

---

* 侯向平：上汽大众汽车有限公司公关与传播执行主管。

[1] 刘志明：《"公共关系"再定义》，《新闻与传播学术前沿》，见 http://www.sohu.com/a/199978953_660894。

[2] 刘志明：《"公共关系"再定义》，《新闻与传播学术前沿》，见 http://www.sohu.com/a/199978953_660894。

点和理论，格伦·布鲁姆（Glen Broom）（1985）从关系管理角度对公共关系的定义是：公共关系是具有识别、建立并保持与决定组织成败相关的各种不同公众建立互利关系管理职能，"关系理论"学派还认为，关系应成为公共关系的中心地位，它可以将公共关系与其他学科相区别。希斯（Heayh）（2001）在其《公共关系手册》中将"基础的转变——作为建立关系的公共关系"作为开篇章节，以此表明组织与公众之间关系的重要性（Organization-Public Relationships，简称OPR，以下简称为"组织-公众关系"）。格鲁尼格主张加强组织与其重要公众之间的关系，进而取得增进组织达成目标的效率及提升组织声誉的价值的理论。

仅从公共关系字面上分析，"关系"在公共关系理论中的重要性是不言而喻的，但是"关系"的内涵、定义，众说纷纭。尼格（L.Grunig）等（1992年）列举了组织与公众之间可能的关系有：信赖、可信任、互为合法、开诚布公、相互满意、相互了解，但没有涉及对关系进行衡量。多齐尔（David Dozier）设计了两种可用于组织公关部门对传播成果评估的指标：关系的改变；冲突的避免。霍恩（Hon）和尼格（Grunig）（1999）在此基础上进行了延伸，增加了交换关系、群体关系等两种关系。卡特利普（Cutlip）和森特（Center）在分析组织-公众关系的意义时提出了三种含义：一是与组织所构成公众之间的关系；二是形成有利关系的方法和途径；三是关系的状态和质量。

在广泛对公关、传播、市场、公共关系的文献进行了回顾和调查后，莱丁厄姆（Ledingham），布鲁宁（Bruning）等（1997）简要罗列了十七种关系度量，丰富了组织-公众关系的内容，这些关系分别是：投资、承诺、信任、关系辩证法的满意度、合作、相互目标、相互依存及权利平衡、表现满意度、备选方案的比较程度、适合性、不求回报的投资、技术分享、约束结构、结构性债券、社会债券和关系紧密性。莱丁厄姆（Ledingham），布鲁宁（Bruning）（1999）对组织-公众关系的多指标刻度进行了类似的研究，并提出了五个关系维度，信任、坦诚、关联、投资、承诺。

进入数字时代，对组织-公众关系的研究进入了一个新领域，如采用了独立的变量来衡量组织-公众关系结果；乔（Jo）和吉姆（Kim）（2003）针对网络内容，探索对组织-公众关系传播策略影响的研究，纪（Ki）和霍恩（Hon）（2009）研究了关系培育策略（便捷、积极、分享任务、保证）与影响群体关系认知质量之间关联的程度。本文从组织-公众公共关系的视角，以下对网络公共空间、公众类型、组织-公众之间的跨时空关系三个影响因素及其概念进行分析。

一、网络公共空间

早在 20 世纪 50 年代，尤尔根·哈贝马斯（德文名 :Jürgen Habermas）对公共空间（public sphere）的定义是：“所谓的公共空间，我们首先认为是社会生活中舆论能够形成的地方，原则上是对所有公众具备进入的开放性的地方”；在评判公共关系的角色时指出 PR "变成了诊断公共空间现象的一种关键技术"。[1]2005 年，本科勒（Benkler）提出了"网络公共领域"的概念，认为：与传统媒体如纸媒、电媒等相比，网络公共空间是集信息、形象、感觉、情绪的公共信息综合系统，网络是一个去传播机构化（传统媒体不再是新闻内容唯一的控制者的传播机构）的关联、交流的空间，在网络公共空间所留下的大数据是了解、分析、掌握公众的一种途径，同时，网络公共空间为公共关系新增了一个可传播与交流的公共空间。本文网络公共空间的定义为：是可实现传播与沟通的网络平台，是组织、公众理解周围世界及确立自身的角色所需舆论管理的"站点"。

与"纸 + 笔"文字或字母为主组成传统交流空间相比，网络公共空间建立了信息与用户之间的全新的接触界面，公众可以跨越各种媒体形式进行交流，而且网络公共空间与新数字化信息环境紧密相连，公众通过各自的在线计算机、数字手机设备等建立的个人、群体及组织等之间的关系，实现相互交流、产生、在线分享内容，更好、更多地明白内容，以获取支撑创意的力量和后续发展的源源动力。

与之前"茶馆""聚会""约会"等传统的"现场"式交流、互动方式相比，在数字时代下，公众通过数字化交流的设备就可实现"非现场"的"在线"式沟通与对话，它是一种能实现"塑造或重造人们在社会生活中的表象"的虚拟技术。电子邮件、社交媒体、网站及移动类（手机网站、手机应用、微信平台语音、文字及其短信等）都是当今公众进入数字化生活的交流空间的具体形式。

与传统公共关系所面对的公共空间相比，网络公共空间具有以下新的公共关系机会：

（一）网络公共空间是组织与公众之间互动、沟通空间；

（二）网络公共空间是相互关联和创意为中心的新的范式方向；

（三）网络公共空间作为一种网络化新的话语场，网络公共空间议题、问题等进行在线公共关系管理的管理；

---

[1] 尤尔根·哈贝马斯（德文名 Jürgen Habermas），是德国当代最重要的哲学家之一。

（四）不同网络公共空间及社会环境因素可以影响公众网络媒介的选择、传播过程及互动、对话的结果；

"人们在建立社会关系和结交朋友时，受到地理位置、社会经济地位、技术、甚至基因等多种因素的限制。了解人的关键就是理解彼此之间的连接关系。"[1] 网络公共空间为理解彼此之间的连接关系提供物理基础，而且是为互动和交流提供一种便捷的方式，无论是熟悉，或是不熟悉。相比把它看作是一种特别的方法、技术或一种形式，对话和互动行为的本身更多地显示的是组织的一种态度、倾向以及在传播过程中责任的体现。在前数字时代，传统公关理论中组织传播策略主要基于"以我为主"，将公众仅视为是信息接受者和消费者，是能迎合组织的战略并实现市场任务的被动的接受对象；而数字化时代下，在线对话、互动不仅是提升了传播内容制造过程中公众的地位，也将传统公共关系中"以我为主"制造传播内容的范式转向"多方或各方共同创造"传播内容的方式，这种前后转变的差异是：前者是以满足企业价值和使命为目标，而后者是以实现互动式积极关系为目标，从这个意义上来讲，网络空间上"对话与互动"范式有点像格鲁尼格等提出的公共关系的双向对称模型，公众不再是被动的接受者；是可以把自己的意见、观点及其情绪内容进行"实时"表现的信息制造者或发布者，但与格鲁尼格双向对称模型不同的是，在数字时代下，不仅存在"双向"关联关系，而且还包括"多向"关联关系，有对称、线性、直接的关联关系，也有非对称、非线性、间接的关联关系。在数字时代，组织与公众进行双向沟通的同时，具有直接或非直接关系的公众之间可以进行多向沟通，基于他们"节点"（node）之间的关系网进行着"点对多""多对多"聚合式沟通，在网络公共空间分析关联"节点"、分享"连点"及互动"触点"之后，可以分析信息的流动、信息的变化及信息的影响等内容，可以为组织公关策略性选择与公众进行互动及交流的各种通路提供帮助和参考。

在网络公共空间，传统的媒介丰富理论在信息传递、信息接收、信息处理等认知领域对公众所产生的影响依然不容小觑。比如，腾讯微信在网络公共平台上提供了集语音、文字、照片、视频等多种可供选择实时通信的丰富传播形式而受到广泛应用，传统的媒介丰富理论中的有些变量对网络公共空间进一步研究有一定的参考意义，如：个体之间的差异，社会影响程度，媒介的体验，信息质量，使用的便捷性，及时性，相关性，媒体的丰富性，响应的及时性等。

---

[1] ［美］尼古拉斯－科力斯塔基斯等著：《大连接》，简学译，北京联合出版公司 2017 年版，第 5 页。

二、公众类型

"数字化时代来临前,由于技术等条件的限制,消费者所了解到的产品信息更多的是生产商提供的,他们只能获取有限的第三方信息,由于信息的不对称,消费者在消费过程中极易被生产商的信息所劝服。随着数字化时代的到来,消费者拥有更多的渠道去分享自己亲身消费后的感受。消费者对分享自己购买后的感受乐此不疲。因此,在数字化时代,消费者更容易获取第三方信息,第三方信息已成为消费者信息需求的重要组成部分。"[1] 在网络公共空间中,与什么类型的公众进行互动和对话呢?这个问题明确的前提是首先需要分析组织公关所要面对的公众类型。

对于公众的划分类型,最常见的是按使用组织的产品和服务的对象进行划分,如,当前用户、潜在用户、之前用户等市场营销的模式,此外,传统理论基本上是以社会人口的因素进行划分,比如:以区域、性别、教育、职业、教育程度等为分类口径。以下分别从公众类型、主题和内容列举了两个公众分类模型:

1. 按组织——公众关系强度的分类:

表一:商业组织、公众类型的模型

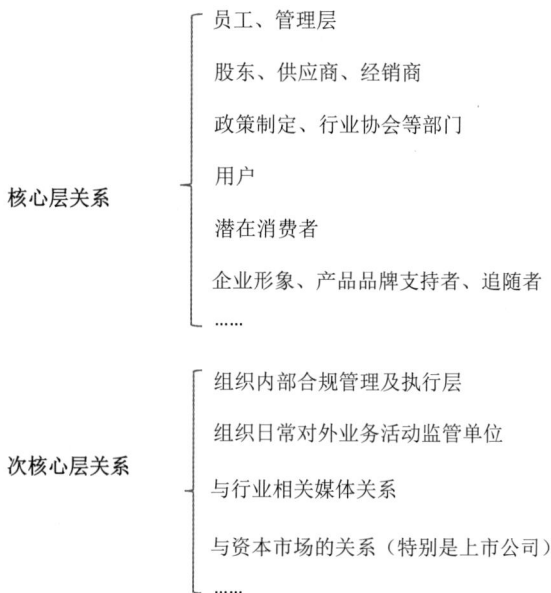

核心层关系
- 员工、管理层
- 股东、供应商、经销商
- 政策制定、行业协会等部门
- 用户
- 潜在消费者
- 企业形象、产品品牌支持者、追随者
- ......

次核心层关系
- 组织内部合规管理及执行层
- 组织日常对外业务活动监管单位
- 与行业相关媒体关系
- 与资本市场的关系(特别是上市公司)
- ......

---

[1] 曾振华、罗俊:《基于数字化传播时代的消费者分析》,《新闻爱好者》2011 年 11 月下半月刊。

2. 依据主题和内容的公众分类：

表二：依据主题和内容的公众分类

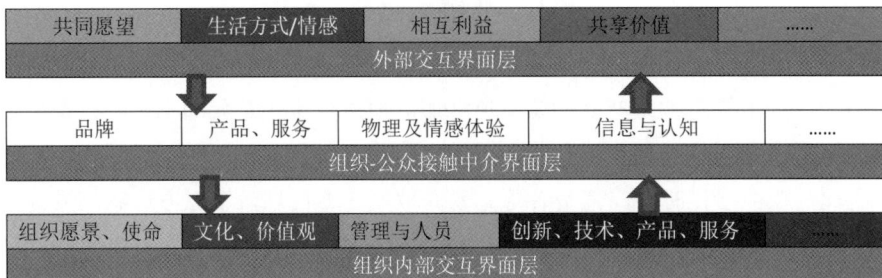

共同愿望	生活方式/情感	相互利益	共享价值	……
外部交互界面层				

品牌	产品、服务	物理及情感体验	信息与认知	……
组织-公众接触中介界面层				

组织愿景、使命	文化、价值观	管理与人员	创新、技术、产品、服务	……
组织内部交互界面层				

而在公关、传播行业中，可依据组织—公众之间的对质疑议题、舆论观点等的认识程度进行分类，如：Grunig and Hunt 将公众分为积极的、察觉的、潜伏的和虚无的几种类型："(1)积极公众：是认识到问题存在的群体，他们愿意讨论这一问题，并组织起来做出行动；(2)察觉公众：确认问题存在，但可能还未准备好讨论问题或牵涉进去；(3)潜伏公众：面对一个组织造成的问题熟视无睹；(4)虚无公众：既不影响某一组织，也不受某一个组织的影响。"[①] 在数字化时代下，对于公众类型的分析，首先需要观察各种类型的公众在网络公共空间中可以实施的行为、实现了哪些需求？比如：

- 有更快、更简明地获取、消化信息及实时了解信息的需求；

- 有自己的声音需求；

- 不同个人、群体及公众之间产生影响的需求，如提供情感支持，倡议、提议行动；

- 不依赖、甚至不需要新闻媒体、机构制造的新闻，自己手里有信息传播、信息接收的"点唱机"的需求；

- 有抱怨、批判、指责引发议题冲突需求；

无论对公众采取什么分类方式。其共同的目的主要是：

第一，根据组织不同公众类型，策略性选择并采用其容易接受的传播方式；

第二，通过社交领域惯用的形式（如喋喋不休）展示、互动来影响不同类型的公众；

第三，覆盖的不同类型的公众所需的信息，以取得最佳的网络公共空间传播效

---

① 转引自［美］迈克尔-辛格尔特里著：《大众传播研究—现代方法与应用》刘燕南译，华夏出版社2000年版，第354页。

果；在网络公共空间中，公众的类型是按其行为在网络上留下的数字痕迹来划分的，公众的类型划分可基于网络公共空间中形成的大数据进行分类，如：注册及在线的地理位置、集中参与峰值时间分布、年龄及性别的聚合数据、公众选择的网站及其入口、URL 的点击率、公众流露的兴趣汇总、公众在网络公共空间互动、对话的喜好类型等，如 Facebook 常常捕捉用户所处不同地理位置中的各种数据进行分析，如人们生活在哪里？工作在哪里？人们经常和哪些朋友进行交流？人们在其休闲的时间里主要在干什么？喜欢什么样的电影、书籍和音乐等；某一出版商可在 Facebook 中对喜欢类似书籍的上百万人群展示他们的促销，同时重点区域的投放也可得到相应资源的匹配。

罗纳德·D·史密斯（Ronald D. Smith）认为在公关、传播领域中对公公的划分上，重要的是明确、锁定需传播、说服、沟通的"调解公众""居间公众"（Intercession Public），这些公众其本身具有关注度、被尊敬度等特征，因此，可起到组织–公众之间影响最终公众的"桥梁"及"功放器"的作用。

从工业时代到信息时代再到当今的数字时代，通过对媒体相关指标如媒体报道量、内容篇幅等指标进行衡量模式正不断面临着挑战，如何度量和解读沉浸在数字生活环境里的公众，史蒂芬·拉帕波特（Stephen Rappaport）曾提出过为了更好观察数字时代环境下的公众，需要建立更符合人性化的度量工具、手段，在网络公共空间中，通过点度（网络公共空间中一个节点所拥有的关联连线的数量）、密度（网络公共空间中实际存在的关联连线数与有可能出现的关联连线数的百分率）、关联频数（网络公共空间中一个节点自活跃数与关联连线出现回应数的百分率）等刻画维度，针对网络公共空间中的舆论领袖、关键公众、关联关系的强弱性、关联关系的变化等方面可进行定量分析。

三、跨时空关系

回顾人类社会、生活的发展历史，人们建立关系的基础是交流、交换，其内容和有多种形式，如："物—物""物—中间媒介—物""心灵与情绪（照顾／态度／情感）——心灵与情绪（照顾、态度／情感）""思维／技能（观点、理论、信息、知识）——思维／技能（观点、理论、信息、知识）"等。"一个组织若不能建立并维护其存在所需的关系，则无法获得能量和资源，进而分崩离析。企业想获得原材料，就需付钱给供应商；想让员工出力，就需要向他们提供有吸引力的薪酬待遇；想从顾客手中赚取收入，就需要向他们提供有吸引力的产品或服务，想获得投资者的投资，就需要向他们提供有吸引力的预期收益。企业如果对利益相关方没有吸引力，便会以失败告终。"[①] 在传统公共关系理论中，公共关系帮助组织协调组织战略顾客的期望与组织目标，为组织提供价值，有效地建立与组织战略顾客之间有质量和长期的关系。

在数字时代，由于可以实现信息交流的时空远距化，而且信息交流的构型及交流效率呈现出了多样性，组织与公众之间借助数字化、符号化的交流已不再受到时空的制约。本文引入跨时空关系的概念并定义如下：基于网络公共空间，组织——公众之间实现信息交换、共享及关注、认同，而形成可持续性、可靠性、可信性的具有价值的关系。

（一）关系（包含产品的声誉）为消费者、投资者、员工、政府、社区、媒体以及其他战略支持者的行为选择提供内容，虽然决定这种行为的影响并不是独立的；而这些战略支持者的行为会作为组织财务表现的影响因素之一；

（二）关系可以减少支出，避免发生或对预测会发生负面事件和行为进行事先、事中的化解，如：危机、合规、诉讼、对组织的不良言论，通过卓越公关的努力，不断化解可能引发组织—公众之间冲突的风险；

本文提出组织—公众关系的资产化需要建立在与相关公众之间建立并保持积极、良好的关系基础上，为组织产生可持续关系资产、可靠性关系资产、可信性关系资

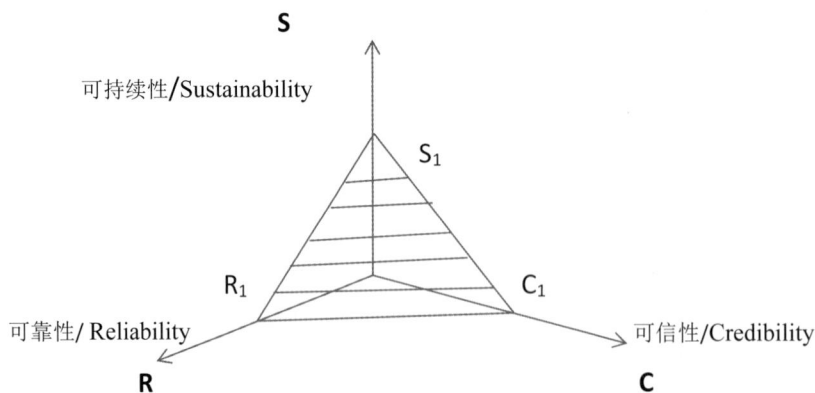

图1：组织-公众三种关系资产

[①] ［美］弗雷德－考夫曼著：《清醒》王晓鹏译，中信出版集团股份有限公司 2017 年版，第 14 页。

产三种关系资产的价值，具体如图 1 所示。

点 S1、R1、C1 围成的面积为组织已有的关系资产 A1（Assets），该资产关系是时间序列的函数，在不同时间段发生变动，At 为特定时间 t 的关系资产，

当 At > A1 时，表明关系资产增值；

At < A1 时，表明关系资产贬值；

At = A1 时，表明关系资产保值；

基于各自的关注重点，对于价值关系的度量内容及途径会存在不同的差异，有些对网站、社交媒体、移动端等传播渠道感兴趣，有些则关注媒体流量、媒体消费时间长度及频次、公众人群数、互动目的、互动率、内容下载及平均订单价值及单一订单成本等。Netflix's 监测各种影响观众的"体验质量"的因素，并通过建模来分析这些因素是如何影响他们的行为的，通过收集最终用户的数据，来分析哪些物理分布的内容影响了观众的体验，并精确计算数据如何分布才能满足更多用户的需求。Netflix's 认识到，许多有价值的数据隐含在视频、音频中凌乱的、非结构性的内容中。英国 BBC 公司通过 iPalyer 设备收集 BBC 数字内容在何时、如何被收看的数据，在 BBC 在线网站上的使用信息也同样持续被收集和监测中以及在社交媒体中分析听众对 BBC 广播节目的反应。

四、结束语

人类所形成不同的理论，是在混杂着抽象的理想主义、有目的性的策略行动、情绪化倾向和直觉反应之间的动态的及不断变化着的相互作用的过程中建立起来的。正如有人在评论经济学家凯恩斯时所说的那样，每"解释一个新概念时，如果创造出了一个新的术语，那么他绝对就不再用旧的术语了。但是如果他有时候用到了某个旧的术语，那么他便赋予这个旧术语以新的语义"①。本文采用了网络公共空间、公众类型、跨时空关系等一些新的术语，尝试理清组织—公众关系中公众的类型以及组织与这些公众建立什么样的关系。并试图释疑在数字时代下这种关系产生的变化是什么，而这种关系的变化对公共关系学科领域所可能带来的变化是什么。

在当今日益广泛使用的物联网、互联网等数字世界环境下，我们做的每一件事情都可能留下数据的痕迹，但是，数量庞杂的大数据只有在被我们转化为对目标公

① 安格斯－伯金著：《伟大的说服》，傅瑞蓉译，华夏出版社 2017 年版，第 22 页。

众的洞察的时候才会显示出其价值，由于对不同学科、不同学者、不同经验而言，针对公共关系中关系的含义一直缺乏广泛性的共识，因此，公共关系如何能通过"关系"对组织、公众、社会提供价值也同样缺乏比较一致的认识，而网络公共空间为现代公共关系实践提供了新的公共信息捕捉、信息分析、信息传播空间，为建立积极"在线"关系提供了新的现实途径和多种新的可能的同时，也会带来许多新的挑战，除了需要融入更多数字化理论、数字化技术之外，在公共关系领域中缺乏训练有素、有丰富经验的数据分析人员也是一大新的挑战。

危机公关与危机管理关系之解读

景庆虹 *

摘要： 危机公关和危机管理是两个不同的概念，二者产生的时间、包含的内容、具体的实施操作都有着各自的界定和指向。危机公关是组织对危机中相关公众信息传播行为的实施，侧重点是对"人"，说些什么？怎样去说。危机管理是对危机事件所有方面的技术处置，表现为对"事"，如何去做，怎样做得更好。危机公关是危机管理过程中不可或缺的必要环节，其成败影响着危机管理的成败。因此，对危机公关本身及与危机管理之关系的研究、探讨与应用，必将成为危机事件管理的大势所趋。

关键词： 危机 公共关系 危机管理 危机公关 传播

一、危机公关 ≠ 危机管理

危机管理概念产生于 20 世纪中叶，标志着人类对危机管理理论研究的开始和实践活动的重视。20 世纪 80 年代以后，随着危机传播在危机管理中的作用日益彰显，危机公关应运而生。在公关学界，一般都将 1982 年美国强生公司"泰诺"止痛胶囊中毒事件的处理看作是危机公关起始的经典案例。但同时，管理学界也将其视为危机管理的成功事例而津津乐道。正因为如此，时至今日学界和业界仍未将危机公关与危机管理二者的关系表述清楚，且争议颇多。

一为"混同说"：认为危机公关就是危机管理。许多专家、学者在使用这两个概念时是不加以区分的，提到危机公关，其中大部分谈及的则是危机管理的内容，即从危机预警、处理到解决、善后都与危机公关没有关联。绝大部分的公共关系教

---

* 景庆虹：现任北京林业大学马克思主义学院"概论"教研室主任，马克思主义中国化学科带头人，硕士生导师，公共关系文化与传播研究所所长，教授。

科书中，将危机公关表述为"公关危机管理"。① 反之，标以危机管理名号的，其内容却又大都是危机公关的内容，讲的是危机中的关系协调、信息传播和形象修复。② 其表述极为混乱，完全混淆了危机公关与危机管理两个不同的概念。

二为"阶段说"：认为危机公关是危机管理的一个阶段。有人给危机公关下了这样的定义，组织"针对危机所采取的一系列自救行动，包括消除影响，恢复形象，就是危机公关"，"危机公关属于危机管理系统的危机处理部分"。③ 危机管理的实际操作涉及行政、法律、技术、财务、刑侦等不同方面。在实际中，危机处理阶段最主要、最重要的工作必定是切实的抢救与处置，如火灾中的灭火，水灾中的抗洪，交通事故中的救人，食品安全事件中的掌控局面、减少损失，抗震救灾中的及时救援、拯救生命，等等。而危机公关是从传播信息、影响舆论的层面进行干预，绝非危机处理中的首要任务。况且，整个危机处理的全过程都离不开信息的传播，阶段说显然与事实不符。

三为"角度说"：认为从公共关系的视角去进行危机管理，即危机公关。如"危机公关是指从公共关系角度对危机的防范、控制和处理"；④ 又如"危机公共关系是社会组织团体预测、监控潜在的公关危机，控制、化解已爆发的公关危机，是良好公共关系状态得以维持或恢复的一系列公共关系活动的总称"；⑤ 再如"危机公关就是指组织面对危机状态的公共关系处理过程，也可以理解为它是处理危机事件过程中的公共关系"。⑥ 公共关系是什么？著名的美国公共关系专家卡特利普、森特和布鲁姆在其合著的公关名著《有效之公共关系》一书中，概括了公共关系的八大职能：处理关系、监测环境、分析政策、调整利益、提供咨询、双向传播、具体实施、协调公众。⑦ 据此而言，危机公关的内容至少涵盖了危机的处置与解决、应对媒体、与各类公众沟通、收集并传播信息、提供咨询与实施、协调危机事件各方关系、处理公共事务和平衡多方利益，等等，这几乎囊括了危机管理的所有内容，使得危机公关成了无所不包、无所不能的灵丹妙药，无限夸大危机公关在危机处理中的作用，非但不科学且难以操作。

四为"包含说"：认为危机管理中自然包含了危机公关，其本身就是危机管理

---

① 徐刚：《公共关系实务教程》，科学出版社 2014 年版，第 264 页。
② 郭惠民等：《公关员》，复旦大学出版社 2005 年版，第 343—346 页。
③ 岑丽莹：《中外危机公关案例启示录》，企业管理出版社 2010 年版，第 5 页。
④ 张兴杰等：《网络时代危机公关手册——理论实践操作与案例分析》，武汉大学出版社 2012 年版，第 3 页。
⑤ 杨冠华等：《关于企业危机公关策略的研究综述》，《现代商业》2009 年版，第 148—149 页。
⑥ 殷娟娟等：《公共关系学教程》，中国人民大学出版社 2011 年版，第 303 页。
⑦ 转引自何舟等：《危机管理与整合策略传播》，武汉大学出版社 201 年版，第 80 页。

中客观存在的策略。如以库姆斯为代表的众多美国学者认为：危机公关强调的是危机应对策略的选择。[①] 这种观点强调的是公共关系在危机管理中的自然存在，认为公共关系的原则、方法、技巧本身就是危机管理过程中一些量化后的固定模式与符号。但是，无论是诺曼·奥古斯丁的"六阶段模式"，还是罗伯特·希斯的"4R 模式"，或是国内学者鲍勇剑、陈百助的"5P 模式"及胡百精的"三范畴模式"，[②] 依旧没有明确地阐明危机公关与危机管理的联系与区别是什么。

危机公关（Crisis public relations）绝对不能等同于危机管理（Crisis Managemenet）。危机管理包含内容多、涉及范围广，是个极其庞大、复杂的危机预防、控制、处理、解决的综合管理系统。而危机公关强调的是在危机发生前后的处理、解决过程中，组织与公众之间信息双向传播方法、手段、技巧的科学运用。具体说就是危机中的传播管理，或称为危机中的关系传播管理。

二、危机公关与危机管理的对比性解读

管理学界长期以来着重从政治学、心理学、运筹学、系统学及风险评估等角度进行危机管理的研究与设计，而对危机期间的传播与沟通不够重视或干脆避而不谈，这种现象直接导致了危机处理过程中危机公关的缺失。而公关学界又急于将危机传播的理念与实务植入危机处理过程，这又造成了危机中具体处置与关系传播的概念混乱与错位。台湾公共关系学者吴宜蓁教授坦言，当危机事件发生时，"许多突如其来的状况必须靠'沟通'而不是'管理'；许多冲突的情况有赖'协调'而不是'控制'；许多危机的成败关键在于第一时间的沟通而非整体的危机管理方案"。[③] 在海量的危机事件中，沟通协调非常重要，它会直接影响、决定危机中各方面关系处在何种状态，从而最终决定危机处置结果的优劣成败。更重要的问题是，关系协调离不开有效的沟通，而沟通则离不开有效的传播。因此，危机中的关系传播管理具有特殊的作用与功效。

在国内外大量危机事件的处理过程中，危机管理与危机公关绝非一个层面的问题。如果我们认同：针对不同危机事件的具体情况，采取各不相同的处理方式、手

---

① 转引自孟健等：《危机公关，融入中国社会发展的新战略——中国危机公关实践的学术考察》，《国际新闻界》2008 年第 6 期。
② 余明阳：《危机管理战略》，清华大学出版社、北京交通大学出版社 2009 年版，第 14—16, 150—151 页。
③ 吴宜蓁：《危机传播》，台湾五南图书出版公司 2002 年版，第 11 页。

段及措施去解决危机，即称为危机管理，那么这些具体措施主要是"对事"的，是针对事件本身的技术处理，其特点是"异多同少"。而危机公关的内容则大致相同：传播真实信息，协调公众关系，降低损失，维护修复形象。其具体实施主要是"对人"的，是面对各类公众的双向传播活动，其特点是"异少同多"。

那么我们也应认同：危机管理是对危机事件本身的具体处理与解决，如控制局面、抢救生命、处置事故、解决冲突、消除危难、做好善后，等等。主要表现为：针对事件本身做些什么？怎么去做？如何做得更好？危机公关则是对危机事件中相关公众关系，通过信息传播方式进行沟通协调，如收集情报、提供数据、发布信息、新闻传播、监测反馈、双向沟通等。主要表现为：针对危机中的各类公众说些什么？何时去说？怎样说的更好？

针对千差万别的各类危机事件，危机管理是运用各种不尽相同的方式方法和技术手段去解决危机本身造成的灾难后果与常态的失衡，在实施操作中表现出极大的差异性。但是在危机事件中的危机公关则表现为基本一致的趋同性。即对危机中的各种信息进行收集、归纳、分析、研究、发布与评估，解决的是危机事件中信息真实、准确、科学、有效地传播的问题。正如国内著名公关学者郭惠民教授所言："危机公关，实质为危机传播管理。危机为非常态事件之表现，有其传播效应，为减少危机对常态的冲击和影响，对其进行管理自在情理之中，且早已成为一种客观现实"。[①]

主流观点认为，危机管理是社会组织对所有与危机有关的因素，如政治的、经济的、文化的、法律的、技术的、环境的、不可确定的诸多因素的管理，用罗伯特·希斯的话说，是"对危机事前、事中、事后所有方面的管理"。[②] 遗憾的是学界和业界未能将"传播"这一现代不可忽视的因素列入危机管理过程进行考量，尽管，奥古斯丁在概括自己的危机管理经验早已用了这样六个字：说真话，赶快说。[③]

危机管理的三个阶段：事前管理、事中管理和事后管理，分别对应了三种机制：危机预警机制、危机处理机制和危机反馈机制。其具体内容，学界虽然口径不同，但论述很多。事实上，危机公关同样贯穿于危机的事前、事中和事后，其对应的是预警、处理和善后三种机制。而对此问题的论述，几乎空白，且混沌不清。为厘清二者区别，笔者特用列表格式将危机公关与危机管理三个阶段中的主要内容进行比较性解读如下：

---

① 何舟等：《危机管理与整合策略传播》，武汉大学出版社 2010 年版，第 80 页。
② ［澳］罗伯特·希斯：《危机管理》，中信出版社 2001 年版，第 17 页。
③ 张小明：《公共部门危机管理》，中国人民大学出版社 2013 年版，第 44、196—198、303 页。

表1：危机公关与危机管理三个阶段的主要内容比较

三阶段	危机公关	危机管理
一、危机前（预警阶段）	1 危机意识和理念的内部传播	1 建立危机管理机构（团队）
	2 制定危机传播管理预案	2 分析、研判可能发生的危机（设置议题）
	3 制作危机公关手册	3 制定危机管理紧急预案及处理计划
	4 监测组织内、外部环境（危机发生前相关信息的采集、分析、研究）	4 对相关公众进行危机意识教育（危机预防培训、模拟与演习）
	5 危机公关过程的模拟与相关培训	5 建立危机预警评估系统
	6 建立危机传播预警评估机制	6 适时发布危机警示预报
二、危机中（处理阶段）	1 成立专门的危机公关小组	1 主要领导第一时间赶赴现场
	2 迅速制定并实施媒体策略	2 迅速控制危机事态
	3 认真准备并为媒体提供相关信息	3 组织一切力量全力抢救
	4 适时召开新闻发布会（原则在24小时之内）	4 协调各类公众关系（防止次生危机发生）
	5 收集、监测各种媒体信息反馈	5 立即调查危机发生原因
	6 暂停组织的一切广告传播	6 尽快启动赔偿机制，安抚公众
三、危机后（善后阶段）	1 保持媒体联系渠道通畅	1 建立危机恢复组织机构
	2 继续收集公众信息并及时反馈	2 制定恢复（重建）计划
	3 策划公关专题活动，修复组织形象	3 执行恢复（重建）计划
	4 实施公关专题活动，传播组织形象	4 协调公众关系，修复公众心理
	5 评估危机传播管理全过程	5 评估危机管理全过程

三、危机案例中管理与公关分析及定式

近年来，我国频发的危机事件中，危机管理与危机公关的表现，从正反两面印证了笔者的推论：危机管理与危机公关二者存在着密切相关、相辅相成的有机联系。

以下列举王家岭矿难、伊春飞机失事、温州动车追尾和刘翔退赛四个典型危机案例，来说明危机公关与管理在危机事件处理过程中的不同功能及结果。2010年，山西王家岭煤矿3•28特大透水事故救援过程中，各级政府组织、涉事公司及每一位参加救援的工作人员，坚守着"只要有一线希望，就要尽百倍努力，决不轻言放弃"的信念，千方百计，奋力营救九天九夜，创造了115名矿工获救的"奇迹"。[①]

在危机传播中，中央电视台、山西电视台、凤凰卫视及其他媒体，连续滚动播出现场抢救的画面，第一时间报道井下矿工生存状况。依照"一人一车一医一护一专家"的抢救方案，153辆救护车排成长龙随时待命运送被困者；每救出一名矿工，

---

① 张小明：《公共部门危机管理》，中国人民大学出版社2013年版，第44页、196—198页、303页。

省委领导立即近前慰问、安抚；救援现场群策群力，动用一切技术力量，全力救人，这些场面通过媒体及时、直接、清晰地传播给全国公众，危机公关为成功救援锦上添花。

2010 年 8 月 24 日，河南航空有限公司一架 E190 型客机，在黑龙江省伊春市林都机场降落时与地面发生猛烈撞击，部分机身分解并起火。飞机失事不到 3 分钟，伊春机场就启动了"一级应急救援"机制，消防队员、武警官兵、公安干警、医护人员 1000 余名救援大军在第一时间赶到现场，冒着飞机随时可能爆炸的危险，奋力救援，使得机上人员有 52 人最终获救。[①]遗憾的是，有关政府组织危机公关意识淡薄，危机公关举措缺位。禁止媒体进入现场采访与报道，并与记者发生冲突，以至网上没有抢救的相关信息，却出现了记者现场打出抗议执法人员拒绝采访的标语横幅。原本一场及时、有效、成功的空难抢救未能在第一时间公之于众，造成了人们对此次空难及抢救的种种猜测与质疑。危机传播的失误，使得本应值得称道的危机管理美中不足。

2011 年 7 月 23 日，北京开往福州的 D301 次列车与杭州开往福州的 D3115 次列车发生追尾，整个事故处置过程中，铁道部对动车组列车运行中发生特大事故应急预案和处理机制不完善，危机管理实施不力。在依据实名制公布死者名单；在仍有幸存者存活的情况下就已宣布救援结束并拆解车体；就地掩埋车体，未能很好保留事故现场；事故赔偿方案不尽人性化；救援工作以及受害者家属安置等一系列环节上，出现了严重失误。[②]事故发生后，未能在黄金 24 小时之内召开首次新闻发布会，首次发布会时间过长，答记者问时发言人表现不佳，没有处理好价值与事实、态度与真相的关系，后续的新闻发布也存在一定问题，这些都凸显出事件中危机传播不可原谅的"硬伤"。糟糕且乏力的危机公关，招致公众极大不满、指责以至愤怒，给原本就失误连连的危机管理雪上加霜。

2008 年 8 月 18 日中午，刘翔在鸟巢近十万观众的注视下黯然退赛。刘翔六七年前的脚伤，为何能撑过雅典奥运会，却突然爆发在今日北京？上场前打封闭针的"伤痛"，事先未做任何"预警"，以至民调显示："举办一届成功的奥运会"，在人们心中只排第 4 位，而"刘翔夺金"则名列第 1 位！跑不下来，坚持走到终点，是否也能彰显奥运会"重在参与"的体育精神？这些阴差阳错的既成事实和未能发生，

---

① 张小明：《公共部门危机管理》，中国人民大学出版社 2013 年版，第 44 页、196-198 页、303 页。
② 唐钧：《应急管理与危机公关》，中国人民大学出版社 2012 年版，第 44-45 页。

说明此次突发性事件在危机预警与处理上存在严重的问题与漏洞。

值得庆幸的是许多被代言企业立即启用危机公关机制：可口可乐公司第一时间发去慰问信，支持刘翔；耐克的广告语随即换成了"爱运动，即使它伤了你的心"；伊利集团的第一反应是在网上播出"有梦想，就有下一次飞翔，期待刘翔王者归来"；VISA 则在其官网上做了即时回应：刘翔永远是"中国优秀运动员的代表，也将永远是 VISA 的朋友"。①

危机公关做到了转"危"为"机"，挽回了刘翔退赛本身造成的一些负面影响，可谓亡羊补牢。

从以上四个案例的分析中，可以得出危机管理与危机公关的关系及结果的四种定式：

这四种定式分别告诉我们：

定式一：成功管理 + 成功公关 = 锦上添花

成功的危机管理固然为人们所称道，它意味着在危机事件本身的处置中，决策正确、抢救及时、效果明显。而成功的危机公关又为其锦上添花，传播了正能量，减少、避免了负面舆论的扩散，使危机管理过程更趋完善与有效。

定式二：成功管理 + 失败公关 = 美中不足

大多数情况下，相关组织危机管理的具体施救过程卓有成效，对生命、财产、环境等危机中硬件元素的抢救、保护无可厚非。但在危机传播上存在失误或者干脆空缺，这在某种意义会让本来成功的危机处置大打折扣，对危机事件本身处理原本正面的解读带来负面的影响。

定式三：失败管理 + 失败公关 = 雪上加霜

如果对危机本身的处理和解决已经陷入不利或尴尬的境地，公众对相关组织的解决措施已深为不满或广为非议，而这时危机管理的主体又不能科学地进行危机传播，在应对媒体、新闻发布、信息沟通等方面出现重大失误，则会出现雪上加霜的严重后果，危机公关的失利会使得失败的危机管理再度蒙羞。

定式四：失败管理 + 成功公关 = 亡羊补牢

由于各种原因，组织在危机管理中会有各种失误与盲区，使得对危机的处置陷于被动或极为不利的状态之中，但如果能正确运用危机公关的原则、技巧、手段及

---

① 余明阳等：《危机管理战略》，清华大学出版社、北京交通大学出版社 2009 年版，第 14—16 页、150—151 页。

方法，进行科学、有效的危机传播，取得媒体的支持与帮助，进而赢得公众的理解、谅解与默认，那么亡羊补牢式的危机公关也能起到使危机管理起死回生的效果。

诚然，以上分析的是较为典型的危机事件案例，得出的只是一般性定式的结论。但是，危机公关应该成为危机管理中的重要环节，危机公关的成败影响甚至决定着危机管理的成败，确应成为政府、企业、媒体和社会公众的一致共识。

四、结语

海量危机事件处理的事实都反复证明着这样的逻辑与结论：危机公关是危机管理中的重要组成部分，二者应该成为一个完整的有机体，所有的危机管理中都有传播管理这一无法回避的事实存在，而危机公关是否运用及得当与否则会直接影响甚至决定危机管理水平的高低及效果的优劣。

综上，在当今媒体高度发达，传播日趋重要，信息左右命运，沟通成就胜负的全媒体时代，我们更要进一步清醒地认识到传播力决定影响力，话语权决定主导权，实效性决定有效性，透明度决定美誉度这一客观现实。因此，加深对危机公关的科学认知，加强并规范危机公关的实际运用，必将成为现今中国社会危机管理理论研究和实际操作中的当务之急。

公关治理现代化的逻辑思考

施恩亚 *

一

党的十八届五中全会审议通过的《中共中央关于制定国民经济和社会发展第十三个五年规划的建议》明确要求："国家治理体系和治理能力取得重大进展。"国家治理现代化是一个具有时代意义的重大理论问题和实践问题，也是一项极为复杂的系统工程，更是一件需要各方着力完成的长期任务。

随着习近平总书记系列重要讲话、特别是关于国家治理的论述，在中国深入人心和在世界广为流传，人们自然而然地逐步把"治理"二字充分聚焦为"治国理政"；并由此逻辑推演出治理现代化多指国家治理现代化。

国家治理的主旨，是指国家政权的所有者、管理者和利益相关者等多元行动者在一个国家范围内对社会公共事务的合力管理，最终目的是增进公共利益，维护公共秩序，造福广大民众。就这一意义而言，国家治理现代化实质上是涵盖企业、社会自治组织、相关利益群体、公民个人利益诉求与政府有效回应、协同治理的统一。由此可见，作为一种事业、一条战线的公共关系（以下简称"公关"），其治理现代化原本就是国家治理的题中应有之义。对此进行广泛的舆论宣传、冷静的理论研习、深入的实践探索，是完全必要的。本文试从逻辑视角，对公关治理现代化问题进行略加粗浅的理性思考。

二

公关治理现代化涉及不少词语概念。弄清这些词语概念的内涵和外延，是研究公关治理现代化的逻辑要件。

第一个要件是"公关"。公关是公共关系的简称。什么是公共关系？关于公共关系的定义演变如下：20 世纪 90 年代，认为公共关系定义有几十种。以下几种基本概括了各种观点。一是作为管理功能的公共关系。二是作为双向传播的公共关系。

---

* 施恩亚：中国公共关系协会常务理事，江苏省公共关系协会副会长、盐城市公共关系协会会长、盐城市委党校教授。

三是作为组织子系统的公共关系。2003年,把历史上各种公共关系定义分为五种类型:一是管理职能论,二是传播沟通论,三是社会关系论,四是形象描述论,五是表征综合论。(参见全国通用教材《公共关系学》)作为一种管理功能和过程,公共关系是指一定的组织机构或个人与相关的社会公众建立和发展关系,以期获得理解和支持,确立良好的形象和声誉。也有把公共关系简括为是指团体、企业或个人在社会活动中的相互关系。

公共关系定义的多样性源于公共关系含义的多维性,我们不必、也无法强求近期就有一个统一的定义。旁及公共关系活动、公共关系组织、公共关系学科、公共关系历史等界定表述,也有类似的情形。这种状况,为公关治理现代化预留下较为广阔的空间。

第二个要件是"治理"。从古至今,治理大体涵括四个方面:

一是统治、管理。《荀子·君道》:"然后明分职,序事业,才技官能,莫不治理。"

二是理政的成绩。《后汉书·献帝纪》:"玄(刘玄)在郡连年,若有治理,迁之,若无异效,当有召罚。"

三是理政的道理。严有禧《漱华随笔·限田》:"侍郎蒋纯璟出揭驳之:'……由此思之,法非不善,而井田既湮,势固不能行也。'其言颇达治理。"

四是指公共或私人领域内个人和机构管理其共同事务的诸多方式的总和。是20世纪90年代开始在西方兴起的一种新的管理范式。强调治理具有过程性、协调性、全面性、互动性等特征。这里所说的治理,意味着传统的统治含义已经发生了重大变化;往常习惯的旧式管理也应革新改善。

第三个要件是"现代化"。现代,是指现在这个时代,在我国历史分期上多指五四运动到现在的时期。意指具有现代先进科学技术水平,如工业现代化、现代化设备等。简单说来,所谓现代化,是指不发达、欠发达、次发达社会成为发达社会的过程和目标。具体说来,作为过程,现代化的首要标志是用先进科学技术发展生产力,生产和消费水平不断提高,社会结构及政治意识形态出现变化(其标志为政治民主、理性主义和科学精神、社会流动和现代化人格)。作为目标,现代化一般指以当代发达社会为参考系的先进科学技术水平、先进生产力水平及消费水平。现代化潮流起始于第二次世界大战后。各国现代化并无统一模式。中国的现代化是社会主义现代化,具有中国特色。

三

　　国家治理现代化、公关治理现代化，都要有先进科学的顶层设计和及时有序的渐进调适，只是顶层设计和调适主体不同而已。而在顶层设计和渐进调适的过程中，都需要切实明晰逻辑节点。

　　公关治理现代化的第一个逻辑节点是起始。人们的逻辑思维是从哪里开始的？唯心论者和唯物论者对此认识大相径庭。唯心论者认为，是从最抽象的纯概念"存在"开始的；唯物论者则认为，是从客观现实和反映客观现实的问题开始的。什么是问题？问题就是事物的矛盾。世间没有什么事物是不包含矛盾的，问题便是客观现实矛盾在人们思想中的反映，是矛盾的具体表现形态。从逻辑视角考量，反映公关现实矛盾的问题就是公关治理现代化的逻辑起点。

　　公关治理现代化的逻辑起点在哪里？这是由中国公关的现实状况决定的。三十多年来，随着改革开放的深入拓展和社会主义市场经济体制的建立健全，中国公共关系事业取得了长足的进步。中国胜利加入世界经贸组织，连续承办博鳌亚洲论坛年会，成功举办北京奥运会，主动在美国播放中国国家形象片，在政、军、商、学各界普遍建立新闻发言人制度等。在一系列标志性的重大事件中，对公关理论的诠释运用、对公关实践的身体力行、对公关风采的全面展示，让世界惊叹不已，让国人引此自豪。但与此同时，我们应当清醒地认识到，中国公关在发展前进的过程中还存在一些不尽如人意之处。大而言之——公关职业的认可度还有待提升，公关理论的中国化还有待提升，公关文化的融入度还有待提升；小而言之——公关案例中的西化痕迹尚存，公关组织中的官化痕迹尚存，公关活动中的俗化痕迹尚存；总而言之——中国公关的本土化、时代化、大众化都不同程度地存在一些问题。遵照习近平总书记关于问题导向的科学论断，这些存在问题便是公关治理现代化的逻辑起点。

　　公关治理现代化的第二个逻辑节点是步骤。公关治理现代化是一个较长的过程。在这一长过程中，大体须经四个步骤：一是设计战略规划。通过深入实际、调查研究、广集众智、多方借鉴、反复论证，设计出科学合理、切实可行的战略规划，着力精心地完成各个层级的公关顶层设计。二是确立阶段目标。顶层设计的战略规划，只是一个总体目标，还需进行分析细化，考量主客观条件，确立一个任务和时间节点清晰的阶段目标，确保有序完成分期工作任务。三是指明实践路径。明确目标任务是重要的，但要完成任务、实现目标，离开正确的途径是不行的，必须尽最大可能

176

探明公关治理现代化的实践路径：哪些路径是正确的、必经的，哪些路径是或然的、可试的，哪些路径是错误的、绝不可选的。四是组织渐进调适。治理现代化的任务是艰巨的，不可能一路畅通、跨越式成功，必须不断根据进展情况逐渐改进工作方法，以调整适应向前发展的需要。

公关治理的四个逻辑步骤是紧密联系、互相渗透的，不可截然割裂、相互对立；但也不是等量齐观的。四个逻辑步骤中，更为重要的是顶层设计和渐进调适。顶层设计这一逻辑步骤，可以确保治理现代化的科学性和权威性，可以确保从战略高度和全局广度两方面完成公关治理现代化的远景目标、运行机制以及重点领域的宏观布局。渐进调适这一逻辑步骤，可以确保公关治理现代化的灵活性和普适性，可以根据治理现代化过程中不断显现的新情况、新问题，及时而又有针对性地调整思维方式，改进工作方法，从而有效规避公关治理现代化过程中可能出现的风险。

公关治理现代化的第三个逻辑节点是归结。从逻辑起点出发，序行逻辑步骤，完成阶段任务，迈向战略目标。至此，公关治理现代化的引论、本论部分已经告终，结论也已经显现。如果再对以上逻辑起点和步骤加以引申升华，则可以作出如下逻辑归结：

公关治理现代化必须体现四个特征：一是要把治理现代化视为一个过程，这个过程应当清晰可见；二是要把治理过程的基础视为协调，这种协调应当适宜得力；三是要把治理视为涉及公共部门和私人部门，这些部门应当齐全无缺；四是要把治理视为持续的互动，这种互动应当成为常态。

四

当前，和平与发展的时代主题没有变，世界多极化、经济全球化、文化多样化、社会信息化深入发展，世界经济在深度调整中曲折复苏，全球治理体系深刻变化。在这一世界格局中，我国经济正在步入新常态。在新常态下，经济发展展现三大特点：一是速度变化。增长速度从高速转向中高速，发展方式从规模速度型转向质量效率型。二是结构优化。经济结构调整从增量扩能为主转向调整存量、做优增量并举。三是动力转化。发展动力从主要依靠资源和低成本劳动力等要素投入转向创新驱动。公关要适应新常态、把握新常态、引领新常态。中国公关的理论工作者和实际工作者要按照"四个全面"的战略部署和"五位一体"的建设布局，确立创新、协调、绿色、开放、共享的发展理念，践行社会主义核心价值体系，常怀对中国公关的忧患之心、恪尽对中国公关的兴旺之责，更加凝心聚力、奋发有为地推进中国公关治理现代化的逻辑行程，实现中国特色社会主义公关更加美好的未来。有效推进中国公关治理现代化，必须坚持以下三个结合。

一是坚持顶层设计与公众认同相结合。顶层设计这一专业概念始用于系统工程学领域，后为其他领域借用。国家治理现代化的发展也需要通过顶层设计进行总体规划。因此，顶层设计开始应用于中国的深化改革领域，几乎成为深化改革的代名词。公关运用顶层设计进行总体规划和全局统筹，可以弱化眼前利益和局部利益的局限性，最大限度地集中各方力量，合力推进公关治理现代化的行程。公关高层领导的总体规划和全局谋略，必须切实尊重公众的群体地位，充分征得公众的悉知认同，决心改造"事事领导说了算，样样必须全照办"的管理旧式，真正使顶层设计与公众认同相结合，才能契合公关治理现代化的逻辑走势。

二是坚持敢于创新与勤于改善相结合。要把创新摆在公关发展全局的首要位置，切合公关实际，推进理念创新、规划创新、科技创新、文化创新，真正使创新贯穿公关全程，让创新在公关中蔚然成风，把创新放在公关发展的基点上。创新理念的萌生、形成、确立和创新行动的设想、布置、开展，有一个由量的积累到质的提升的渐进过程。在这一过程中，应当把敢于创新与勤于改善有机结合起来，努力把分散的、微小的、局部的修正、改进、善化，升华为集中的、较大的、全局的创新。从而使公关治理现代化着眼高远、行动务实。

三是坚持民主公关和依法公关相结合。民主化是公关治理现代化的本质特征和基本方式。要充分发挥民主，贯彻党的群众路线，依法维护公众的正当权益，激发公众深度参与的公关意识。法治化是公关治理现代化的核心内涵和基本方式，是公关治理现代化的重要保证和关键标识。坚持用法治思维和法治方式推动公关发展，公关才能立于不败之地。在一定意义上可以说，公关治理现代化的过程主要是公关法治化的过程。民主化和法治化是公关治理现代化的双翼，二者缺一不可。民主公关和依法公关相结合，是公关治理现代化的必由之路，是公关治理现代化的重要预期目标。

（选自《公关世界》2016 年第 5 期）

中国国家形象
个人代言的传播效果研究

薛可 黄炜琳 鲁思奇 *

摘要：国家形象是国家软实力的重要组成部分，具有国际影响的个人是国家形象的重要代言人，研究个人代言对国家形象的影响具有重要的国际传播意义。本文在前人研究的基础上，通过专家访谈法确定了四类主要的中国国家形象代言人。以国外具有国际影响力的媒体为研究平台，探讨了国际媒体对这四类代言人的关注度，并通过国际受众研究，得出这四类代言人对中国国家形象国际影响的传播效果。研究发现，（1）从传播效果角度，国外媒体对中国形象代言人的总体报道偏向正面，传播效果好；（2）从媒体关注度角度，国际媒介对国家领导人的关注度最高；（3）从传播分类研究角度，第一夫人代言中国国家形象传播效果最好。

关键词：中国国家形象 形象代言人 新闻报道 传播效果

中图分类号：G206.2 【文献标识码】A

一、研究背景

随着经济社会发展，迅速崛起并日益强盛的中国，越来越受到世界各国的高度关注。中国国家形象的传播不仅成为政府关注的热门话题，也成为新闻传播学研究的重要课题。目前对国家形象的研究多是从国家层面，如国家利益、传播和谐文化等去着手，从不同类型的个人代言角度传播效果研究国家形象的很少。本文在前人研究的基础上，试图从国际传播主体中不同类型的个人代言角度出发，研究不同类型的个人代言对中国国家形象的影响，扩展国家形象传播研究的范畴。

* 薛可：上海交通大学媒体与设计学院新闻与传播系教授，博士生导师。
黄炜琳：上海交通大学媒体与设计学院新闻与传播系本科生。
鲁思奇：上海交通大学媒体与设计学院新闻与传播系本科生。

二、理论背景与研究问题

国家形象是一个国家对自己的认知以及国际体系中其他行为体对它的认知的结合①。本文对国家形象个人代言的传播效果研究将从国家形象、个人代言和传播效果的三大理论视角来展开。

（一）形象与国家形象

形象指人们所持有的关于某一对象的信念、观念与印象②。一般认为，国家形象是一个综合体，它是国家的外部公众和内部公众对国家本身、国家行为、国家的各项活动及其成果所给予的总和评价和认定，具有极大的影响力、凝聚力，是一个国家整体实力的体现③。

国家形象的基本要素可以概括为物质要素、制度要素和精神要素三个层面④。国家形象取决于两点，一是自己的实力和行为，二是信息传播，尤其是国际传播所产生的效果⑤。我是谁、我做了什么、我怎样说是国家形象塑造三个比较重要的环节⑥。

（二）国家形象的个人代言

国家形象的塑造主体为政府、企业和全体国民三大类⑦。但由于传播技术手段的不断发展，国家（政府）不再作为主要的或唯一的传播国家形象的主体，个人和企业摆脱了依附地位，逐渐成为国家形象传播的重要方式。

国家形象代言人一直以来被认为是国际社会中最具关注度、最具代表性的中国公民。其中，名人作为全体国民中的主要传播主体，在国家形象建设与传播中的应用具有不可替代的优势⑧。

近年来已有不少学者对以明星为主的名人代言国家形象进行了研究。李孟淇认为姚明能够作为中国国家形象代言人的原因为：他具有跨文化传播的能力、性格特征，与当代中国国家形象的基本内涵相符，以及大众文化的盛行为姚明提供了跨文化传

---

① Boulding, K. E, "National Images and International Systems", *Journal of Conflict Resolution*, vol. 3, pp. 119–131.
② Philip Kotler, "Marketing Management, Analysis, Planning, Implementation and Control", 19th ed1 Upper Saddle River, NJ: Prentice Hall International, Inc1, 1997(1), p607.
③ 管文虎：《国家形象论》，电子科技大学出版社 2000 年版，第 23 页。
④ 张昆、徐琼：《国家形象刍议》，《国际新闻界》2017 年版，第 3 期。
⑤ 尹鸿、李彬：《全球化与大众传媒》，清华大学出版社 2002 年版。
⑥ 弓伟波：《从矿难事故看国家形象塑造》，《新闻爱好者》2011 年第 3 期。
⑦ 程曼丽：《大众传播与国家形象塑造》，《国际新闻界》2007 年。
⑧ 王佳炜：《名人策略在国家品牌形象建设中的应用》，《当代传播》2011 年第 3 期。

播优势①；李振粉认为成龙身上所蕴藏的文化形象，即中国文化情感认知以及中华美德的一个缩影，使他对中国形象的传播产生了影响力②。事实上，不止明星，我国的国家领导人、第一夫人和企业家等也具有类似的个人形象特质。近年来，"第一夫人外交"在国际上愈演愈热；著名企业家时常代表国家商界的最高水平亮相国际视野。因此，如何进行国家形象代言人的分类是国际传播的重要研究角度，也将是本文的研究重点之一。

（三）国家形象个人代言的传播效果

目前，国家形象个人代言的传播效果研究主要集中在分析某一个人传播国家形象的效果，而研究某一类或不同分类传播效果的研究还较少。比如，赵凌绘制了姚明个体传播与国家形象传播路径图，认为个体传播是一条从个人到明星的传播上升通道，而国家形象通过个体的行为、言谈和参与的活动，逐渐得以展现③。王创业以李娜夺得法网冠军为例进行分析，认为中国的体育价值观已经发生了极大变化，中国正在热烈地融入世界体育主流文化圈。这些为世界人民而不仅仅为中国人民熟知的体育明星，才是最佳的公共外交大使④。

对某一类代言人传播国家形象的效果目前虽有研究，如汪媛媛在研究朱镕基和温家宝两位总理的形象呈现后认为，总理作为我国重要领导人之一，通过言行举止和执政风格，形成自身领导形象，同时映射出党的形象和国家形象。综合素质高、个人形象好的总理，能够给民众带来一种可靠感、稳定感、信赖感，能映射出强大、稳定、可靠的国家形象⑤。但就整体而言，对某一类代言人传播国家形象的效果研究还是鲜有。

综上所述，目前大部分国家形象的研究仍主要从国家文化、经济、政策等角度展开。虽然已有学者开始关注个人对国家形象的影响，但是对"形象代言人"的分类界定、传播效果方面仍然比较模糊。因此，本研究将对国家形象代言人进行分类界定后，通过国际媒体的关注度和国际受众的调研，分析不同类型国家形象代言人的正负传播效果。基于前人研究，本研究将从三个角度进行研究：一是具有国际影响力的国外媒体对中国国家形象代言人的报道数量和报道态度如何；二是国际受众通过媒体阅读到中国国家形象代言人的相关报道后，对中国国家形象的认知有了何

---

① 李孟淇：《浅析姚明在中国国家形象中的代言作用》，《改革与开放》2013年第10期。
② 李振粉：《成龙：代表中国文化形象的一个典型》，《今传媒》2012年第5期。
③ 赵凌：《个体传播与国家形象传播互动路径探究——以姚明个体传播为个案》，《当代传播》2012年第6期。
④ 王创业：《制造英雄：媒体的狂欢——以李娜夺得法网冠军为例分析》，《阜阳师范学院学报（社会科学版）》2013年第2期。
⑤ 汪媛媛：《总理形象呈现与国家形象塑造》安徽大学学位论文，2013年。

种态度；三是结合前两个问题，分析不同类型国家形象个人代言的传播效果如何。

三、研究方法

（一）研究对象

据文献梳理发现，在"形象代言人"分类方面尚无清晰界定。针对此问题，本研究采用专家访谈法，邀请来自国内 10 所高校及研究机构和 6 个媒体的新闻学、外交学、国际政治学、社会学等领域的专家及资深记者、编辑共 48 名。专家根据媒介曝光度、行业地位、社会地位、相似性、差异性、近年国际社会关注度等作为依据，将"国家形象代言人"主要分成四大类：国家领导人、第一夫人、文体艺术名人与企业家。

国家领导人是指国家政治权力和地位的最高象征，是国际媒介最为关注的人群。根据对国家领导人的定义，本研究主要选取了前任国家主席胡锦涛、前任国务院总理温家宝、现任国家主席习近平、现任国务院总理李克强四位领导人作为研究对象。

第一夫人是国家元首夫人。中国第一夫人近年来在国际舞台上逐渐频频亮相，获得了海内外媒体的高度关注。本研究主要选取了刘永清和彭丽媛作为典型代表。

文体艺术名人是指在文学、体育、艺术领域具备独特才赋，吸引受众、获得媒体与社会高关注度的人群。经过专家访谈法，本研究选取了诺贝尔文学奖获得者、中国著名文学家莫言，国际著名钢琴家郎朗；前 NBA 球星姚明，近年叱咤网坛的李娜；国际功夫影星成龙，国际影后章子怡作为典型代表。

企业家是指大公司中能独立自主地做出经营决策并承担经营风险的人群。本研究以企业家自身和所在企业的国际影响力，经过专家访谈法，选取了华为科技公司总裁、"中国最神秘的商人"任正非，阿里巴巴集团、淘宝网、支付宝创始人马云以及全球顶尖家电品牌海尔集团创始人兼董事局主席张瑞敏作为中国企业家代表。

根据界定，本研究选取不同类型的以下 15 位人物作为研究对象。

表1：媒体报道数量统计图

国家领导人	胡锦涛、温家宝、习近平、李克强
第一夫人	刘永清、彭丽媛
文体艺术名人	莫言、郎朗、姚明、李娜、成龙、章子怡
企业家	任正非、马云、张瑞敏

（二）样本选取

经过滚雪球抽样方式，通过对 48 名专家就国际社会中哪些新闻媒体具有高国际影响力、高议程设置能力的访谈，选取出美国的《纽约时报》和美国有线电视新闻网（CNN）、英国的《泰晤士报》和英国广播公司（BBC）以及澳大利亚的《澳洲人报》五家具有高国际影响力的媒体，将媒体对有关 15 位国家形象代言人的新闻报道作为样本。

研究选取 BBC、CNN、《泰晤士报》、《纽约时报》和《澳洲人报》五大媒体 2008 年 1 月 1 日至 2013 年 12 月 31 日的标题、内容中包含人物姓名等关键词的所有报道，共获得样本 1760 个，去掉重复和不相干内容后得到样本 1220 个。

（三）操作过程

对于本研究所涉及的变量：具国际影响力的媒体对代言人报道态度的正向（得 +1 分）、中立（得 0 分）、及负向（得 -1 分），采用内容分析的方法，由编码员根据所有成员所发布的信息内容进行编码。共由上海交通大学的六名在校生担任编码员，分两组进行编码，且在正式编码前，均按照统一的编码手册接受了编码培训，并通过了信度检验。

四、研究结果

本研究对五家媒体关于国家形象代言人的报道进行了内容分析，确定其报道偏向、对中国国家形象个人代言人的评价。

（一）基于媒体报道内容分析的国家形象个人代言的传播效果研究

（1）媒体报道数量统计

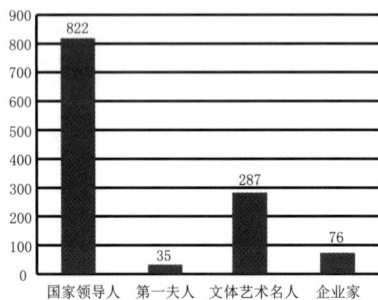

图 1：媒体报道数量统计图

据图 1 显示，在关于四类国家形象代言人的报道中，国家领导人报道数量最多，其他依次为文体艺术名人、企业家、第一夫人。国家领导人因为是国家政治权力和地位的最高象征，其一言一行均是国家对外政策及形象的最主要的代表，时刻影响着国际舆论走向，所以对国家领导人的报道关注度最高。近年来，随着中国综合国力的稳健提升，国际媒体自然会把报道焦点聚集在中国国家领导人身上。

（2）媒体报道偏向研究

表2：国家领导人报道态度偏向统计表

偏向	《纽约时报》			《泰晤士报》			《澳洲人报》			BBC			CNN		
	正	中	负	正	中	负	正	中	负	正	中	负	正	中	负
数量	205	129	70	61	25	18	70	97	21	42	30	11	26	12	5
百分比	51%	32%	17%	59%	24%	17%	37%	52%	11%	51%	36%	13%	60%	28%	12%
报道总数	404			104			188			83			43		
平均得分	0.33416			0.41346			0.26064			0.37349			0.48837		

新闻媒体具有议程设置的功能，在政治传播领域尤为明显，被媒体加以突出报道的事件、人物，会被认为比较重要从而获得更多更广泛的关注[①]。从表2可以得出，《纽约时报》对中国国家领导人的报道数量最多；从报道偏向看，CNN的报道态度偏向最为积极；两家英国媒体《泰晤士报》与BBC得分略低于CNN，但相差无几，其报道态度偏向基本一致，倾向于对中国国家领导人的国际访问、政策方针、外交策略作事实陈述报道，态度鲜明的观点与评价较少；《澳洲人报》则对中国国家领导人颇有微词，该报持负面态度偏向的报道多为"反腐建设""官员个人问题"此类议题。究其原因，在本文所选的研究样本期限内中澳两国之间存在多次经济贸易与国际合作政策摩擦，从而产生了一定的认知偏见，影响了《澳洲人报》的议程设置。

表3：第一夫人报道态度偏向统计表

偏向	《纽约时报》			《泰晤士报》			《澳洲人报》			BBC			CNN		
	正	中	负	正	中	负	正	中	负	正	中	负	正	中	负
数量	3	2	0	5	1	0	7	12	0	2	0	0	3	0	0
百分比	60%	40%	0%	83%	17%	0%	37%	63%	0%	100%	0%	0%	100%	0%	0%
报道总数	5			6			19			2			3		
平均得分	0.6			0.83333			0.36842			1			1		

从表3可以看出，国际媒体对中国第一夫人的报道数量并不多，但报道态度偏向良好。本研究所选时间段内报道数量较少，原因在于中国前任第一夫人刘永清在国际上鲜少露面。现任第一夫人彭丽媛频频亮相国际舞台后，对于第一夫人报道才逐渐增多。彭丽媛凭借她作为民族声乐艺术家的卓越成就与其大方得体的衣着装扮、优雅端庄的举止谈吐广被西方媒体称赞，对中国国家形象的提升起到了正向的作用。

---

① 王国珍：《关于"媒体曝光率"的理性思考》，《新闻实践》2011年第6期。

表4：文体艺术名人报道态度偏向统计表

	《纽约时报》			《泰晤士报》			《澳洲人报》			BBC			CNN		
偏向	40	38	13	21	32	0	29	43	5	15	16	2	21	12	0
数量	44%	42%	14%	40%	60%	0%	38%	56%	6%	45%	48%	6%	64%	36%	0%
百分比	91	53	77	33	33	0%	37%	63%	0%	100%	0%	0%	100%	0%	0%
报道总数	0.29670			0.39623			0.31169			0.39394			0.63636		
平均得分	0.6			0.83333			0.36842			1			1		

关于文体艺术名人的报道，数量较其他三类代言人适中。从报道偏向上看，CNN报道偏向显著良好。从报道内容上看，CNN选题多为对文体艺术名人事业良性发展的报道（例如：唱片发布、电影上映、比赛夺冠等），相对于其他媒体感兴趣的名人私生活方面则涉猎较少，因此报道态度显著良好。

经过研究发现，文体艺术名人能够获得持续正面偏向报道的机会不多，常常仅限于某一时刻的某一项成就（例如：比赛夺冠、音乐获奖等），建立的良好形象持续周期较短，非常容易因为某些负面新闻的曝光而声名狼藉。因而，关于文体艺术名人的媒介报道态度偏向有波动较大的特点。

表5：企业家报道态度偏向统计表

	《纽约时报》			《泰晤士报》			《澳洲人报》			BBC			CNN		
偏向	正	中	负	正	中	负	正	中	负	正	中	负	正	中	负
数量	3	6	8	2	1	0	11	7	2	12	13	2	4	5	0
百分比	18%	35%	47%	67%	33%	0%	55%	35%	10%	44%	48%	7%	44%	56%	0%
报道总数	17			3			20			27			9		
平均得分	-0.29412			0.66667			0.45			0.37037			0.4444		

据表5显示，关于企业家的国际报道数量较少，但报道态度偏向差异极大；《泰晤士报》评价最高，《澳洲人报》、BBC和CNN三家媒体评价适中；《纽约时报》则对此类代言人形象评价最差，出现了本研究中唯一的负平均分。《纽约时报》的负面报道中，议题多为对中国企业家的社会背景讨论、商业决策剖析。此类代言人的媒体报道偏向极易受到国际经济贸易摩擦或经济发展趋势的影响，因此容易产生较大的波动和地域差异。

表6：国家形象代言人媒介报道态度偏向统计表

国家形象代言人	媒介报道态度偏向得分
国家领导人	0.36
第一夫人	0.57
文体艺术名人	0.37
企业家	0.26
平均得分	0.39

如表6显示，综合以上5家媒体的报道，各类国家形象代言人的报道偏向平均得分按照高低依次排序为：第一夫人；文体艺术名人和国家领导人；企业家。从媒介报道角度看，第一夫人媒体态度偏向最好，代言国家形象的传播效果最好；文体艺术名人与国家领导人得分相近，代言国家形象的传播效果适中；企业家排名最末，代言国家形象的传播效果欠佳。

在媒体报道的内容分析中，本研究发现具国际影响力的媒体对不同类型的国家形象代言人评价高低不同，其不同的评价到底会对国际受众产生什么样的传播效果，本研究进行了国际受众调研，完善国家形象代言人的传播效果研究。

（二）基于受众分析的国家形象个人代言的传播效果研究

（1）研究过程

本研究对以上3个国家的1125位受众进行了调研，研究成员通过海外同学的帮助在美国普林斯顿大学（188份）、美国麻省理工大学（187份）、英国爱丁堡大学（375份）以及澳大利亚墨尔本大学（375份）对在校师生进行了问卷调研，共发放问卷1125份，有效问卷1078份。

采用目前国际最普遍的国家形象测评量表Anholt-GfK Roper Nation Brands Index①（Simon Anholt，2009）对目标受众进行测评。最后，受众对国家的喜爱程度被评为一个7分量表，7分为非常喜爱，4分为既不喜爱也不讨厌，1分为非常讨厌。具体操作过程主要分为三个步骤：

第一步，本研究按照国家与代言人类别将受众分组，3个国家4类代言人共12个小组；让受众对已有的中国形象作出评价；

第二步，本研究从内容分析所用的新闻报道中按照媒体所属国家类别、代言人类别分别为每个小组挑选出15篇新闻报道（15篇报道中正面、中立、负面报道均有

① The Anholt-GfK Roper Nation Brands IndexSM Methodology and Quality Control for the 2009 NBI Study.

包含，每类报道所占比例与本研究所获该类报道总数占该类形象代言人报道总数的比例一致），让各组目标受众在一周时间内阅读这些关于中国国家形象代言人的报道（例如：从美国媒体《纽约时报》和CNN的中选取15篇关于"国家领导人"的报道，让美国受众中"国家领导人"一组阅读一周）。

第三步，一周之后，本研究再次利用Anholt-GfK Roper Nation Brands Index国家形象量表，让受众基于先前认知以及代言人报道阅读的感受重新对中国国家形象作出评价。

（2）研究结果

表 7：受众阅读报道前后，国家间显著性检验

国别	阅读前均值	阅读后均值	Sig. 值
美国	5.12	5.16	0.237
英国	5.37	5.51	0.043
澳大利亚	5.28	5.39	0.061

注：采用 T-test 方法分析，P<0.1 差异显著，P<0.05 差异极显著

据表 7 显示，阅读国家形象代言人报道后，各国受众对中国国家形象的评价均有了提升，英、澳两国受众评价产生了显著差异，其中，英国受众评价差异极显著，再次说明国际媒体关于国家形象代言人的报道整体上对中国国家形象传播有积极影响。

表 8：受众阅读报道前后，代言人类别间显著性检验

组别	阅读前均值	阅读后均值	Sig. 值
第一夫人	5.25	5.71	0.039
国家领导人	5.26	5.45	0.057
文体艺术名人	5.25	5.31	0.091
企业家	5.26	4.96	0.068

注：采用 T-test 方法分析，P<0.1 差异显著，P<0.05 差异极显著

从不同代言人角度来看，据表 8 显示，受众阅读相关报道后，对中国国家形象评价产生了显著差异，其中，"第一夫人"组评价提升程度最高，差异极显著。

综上所述，从受众评价角度来看，第一夫人代言国家形象传播效果最好；国家领导人比文体艺术名人代言国家形象传播效果好，二者相差不大；企业家代言国家形象传播效果欠佳。

（三）媒体报道内容分析、受众调研结果比较

表9：国际媒体报道内容分析、受众调研分析数据比较

	内容分析	大小排序	受众分析	大小排序
国家领导人	0.36	3	5.45	2
第一夫人	0.57	1	5.71	1
文体艺术名人	0.37	2	5.31	3
企业家	0.26	4	4.96	4

　　根据报道内容分析，各类国家形象代言人代言中国国家形象的传播效果（见表9），第一夫人传播效果最好，国家领导人、文体艺术名人传播效果次之（二者排列次序虽略有不同，但两项得分之间相差甚小），企业家排名最末，传播效果欠佳。各类国家形象代言人之间传播效果存在差异，其原因在于：一方面，各类形象代言人的正面宣传力度、负面新闻保护强度存在差异，在通常情况下，文体艺术名人、企业家的负面新闻报道会比较多；另一方面，各类形象代言人所处行业的行业发展态势、竞争状况也会对其传播效果产生影响。对此，本研究进行了进一步的探索与讨论。

五、研究结论与讨论

　　通过以上分析发现，领导人、第一夫人、文体艺术名人、企业家不仅是富有魅力的个体，对国家形象的传播也会起到积极的作用。

（一）个人代言在国家形象的传播中起到了正向效果

　　根据研究表明，2008年至2013年五家媒体共有国家形象代言人相关报道1220篇，媒体报道态度偏向为0.39，可见五家媒体对中国国家形象代言人的报道数量较大，报道总体偏向正面的特征；同时根据受众传播效果理论，受众态度会因新闻信息的报道内容和倾向发生改变，本研究研究发现，受众在阅读完代言人相关报道后，对中国国家形象的评分有所提升，表明这些报道确实会对受众的评价产生正面影响。

　　国家形象代言人身上代表着中国文化独有的特质，成为中国文化不可或缺的一个缩影。国家领导人在处理重大国际外交问题时始终保持大度谦和的态度；文体艺术名人如郎朗等在各自领域造诣极深，展现出中国艺术家的风范；著名企业家如马云等凭借坚韧不拔的奋斗精神带领中国企业逐步走向世界；第一夫人如彭丽媛气质优雅、富有才华，通过举手投足展现了中国现代女性的内涵与魅力。各个领域的中国国家形象代言人在国际舞台上不仅展现了个人的魅力，也展示了国家积极向上的态度与风范，展现了昌盛富强的大国形象，起到了正向传播效果。

（二）国外媒体对国家领导人的关注度最高，文体艺术名人其次，而企业家和第一夫人的关注度偏低

从媒介关注度角度，国外媒体对国家领导人的关注度在四类不同的国家形象代言人中最高。本研究所获取的全部样本中，关于国家领导人的样本量占研究样本总量的67%，可见，在相同的时间段内国际媒体对中国国家领导人的关注度远高于其他三类代言人。虽然国家领导人所获的关注度高，但却不是传播效果最佳的形象代言人。其原因是：首先，国家领导人代表着本国利益，难免会有媒体不能公平报道。正如媒介立场论和议程设置理论所强调：媒体的定位以及编辑记者的意识会影响新闻报道的立场。因此，国外媒体对国家领导人的关注度和好评度不一定成正比。其次，因为大量有关国家领导人的报道多为距离受众生活较远的国际政治、外交事务等硬新闻，所以不容易从情感上打动受众。

文体艺术名人因所处行业的特殊性受国际媒体、受众的关注度也较大。自身层面，他们因拥有"众多粉丝"，易被事业起伏和私生活推到关注的风口浪尖上；受众层面，互联网的兴起激起了人们表达的欲望，相比于国家领导人，对他们的谈论限制更少；媒体层面，面对广大受众的猎奇心理，他们成为媒体"喜欢"的报道对象。

企业家关注度偏低，原因主要是不同经济领域各有特征，受众了解需要一定的专业知识；同时因行业发展情况瞬息万变，随着行业的起起落落，难以获得具有国际影响力的媒体的持续关注。

第一夫人关注度偏低主要原因在于"第一夫人外交"在中国兴起时间较晚，只是近年随着彭丽媛在国际社会频频亮相，国际媒体才开始对中国第一夫人的关注越来越多。

（三）国家形象代言人中，第一夫人的传播效果最好

从传播分类研究角度，在媒体报道内容分析中，第一夫人得分0.57，遥遥领先于其他三类代言人；在国际受众调研分析中，受众对第一夫人的评价为5.71，也显著高于三类其他代言人；因此，第一夫人代言中国国家形象的传播效果最好。

近年来，国际媒体时常抓住第一夫人彭丽媛在参加国际事务期间的言辞谈吐、举止仪态与衣着服饰等细节，赞扬其优雅的形象，具有大国的风范；在报道影响下，国际受众也对中国第一夫人频频称赞。

从新闻报道角度看，媒体在选择新闻报道内容时要遵循一定的价值原则，第一夫人因其特殊的社会地位，符合了新闻价值"重要性"和"显著性"的要求。其友

善的态度、优雅的气质、得体的穿着，展现了国家首脑"贤内助"优雅亲和的形象，拉近了受众与国家政治人物的距离，符合了新闻价值的"接近性"和"趣味性"，因此常常受到媒体的追捧；从历史进程角度分析，第一夫人在国际上崭露头角，这与国际社会所提倡的"男女平等""女性自尊自省自爱自觉"等理念相呼应，顺应了社会文明开化与女权主义发展的潮流；从社会学角度看，社会性别文化理论认为社会和文化对男性气质和女性气质的要求是不相同的，人们倾向于期望女性和男性表现出与此一致的社会角色和行为[1]。"角色期待"理论也强调，个人形象只有符合角色期待，按照社会公众期待的规范和要求行事，才能保证对社会的适应，进而受到公众舆论的认可与称赞。第一夫人温情优雅的形象，正好吻合了人们对这一角色的期望，第一夫人自然容易获得社会公众的青睐与赞赏。所以，"第一夫人"外交，不仅起到重要的政治作用，还成为传递中国文化、民族精神的国家形象代言。

本研究在未来的继续研究，会加大样本量和选样区域的选择，继续跟踪研究，强化研究结论的信度与准度。

本文发表于《新闻大学》2015 年第 2 期；基金项目：国家社科基金项目（14BXW046））；教育部"新世纪人才项目资助"（NCET-11-0337）；上海交通大学文理交叉重大项目课题（13JCZ01）。

---

[1] 陈瑶、李江勤：《社会学视角下的"第一夫人"外交》，《赤峰学院学报（汉文哲学社会科学版）》2013 年第 8 期。

亚投行的国际性与中国的主导权

顾宾 *

亚投行开业运营以来，国际社会的反响总体很好，认为亚投行打造 21 世纪新型多边开发银行的承诺是真诚的，亚投行也认真践行"精干、廉洁、绿色"的业务理念。但是，总有一些杂音；听得最多的说法是，亚投行是中国的政策银行，服务中国的外交政策，不是真正的国际组织。

这些人这么主张，主要还是因为，中国是亚投行的倡议者，也是主导者。中国出资额占到亚投行法定资本的 30%，投票权占到总投票权 26%，对重大决策事项具有事实上的一票否决权。

但是，仅凭这些能说明亚投行是"中国的银行"吗？布雷顿森林体系下有三家国际经济组织，其中两家即世界银行和国际货币基金组织需要成员缴纳股本，美国在这两家是绝对的一股独大。再看传统多边开发银行体系下，共有"一大四小"五家银行，美国在其中三家长期一股独大。这些都是事实，丝毫不影响这些机构成为国际组织，而不是美国一家的机构。

而且，这些机构近年来朝着有利于新兴市场国家的方向进行股权改革，但作为大股东的美国不情不愿，甚至阻挠改革落地。一个典型例子就是国际货币基金组织 2010 年份额与治理改革方案；没有亚投行成立带来的压力，这项改革迄今还不知能否实现！

对比之下，中国推动亚投行成为国际组织的诚意更加凸显。中国出资最多，唯一的目的是把机构建立起来。只要有人愿意入股，中国愿意把自己的股份降下来，这就是为什么早期倡议阶段中国愿意出资 50%，后来降到 30% 的原因。中国之所以"一股独大"，是因为亚投行执行"域内外有别，以 GDP 为基准"的股本分配方式。这些股权分配和投票权制度安排，鲜明体现了亚投行的国际性。

亚投行的国际性还体现在日常业务和项目实践中。笔者有幸参加了两届亚投行理事会年会，发现一些有意思的巧合。例如，在 2016 年 6 月北京首届年会上，亚投

---

* 顾宾：北京外国语大学法学院教师。

行宣布下一届年会在韩国济州岛召开。但不久中韩关系就因为"萨德"问题陷入僵局，这并未影响在韩开年会的计划。2017年6月济州年会最终很成功，韩国新任总统文在寅还亲临年会开幕式并发表演讲。据说这是文总统在国际场合的首秀，如此礼遇在一个多边开发银行年会上并不多见。在文总统眼里，亚投行不是某些人担忧的"中国的银行"，而是服务于区域互联互通的国际组织。

在中韩关系陷入僵局时，中国没有打亚投行牌，韩国也没有抵制亚投行。这体现中韩两国政府的理性，也体现亚投行作为一个国际组织的中立性。而且，亚投行正在为改善中韩关系注入正能量。笔者以为，美国、日本的一些人如能抛开对亚投行的成见，亚投行还将成为中美关系、中日关系的推进器！

在济州年会上，亚投行宣布第三届年会在印度孟买举行。巧合的是，一周后又发生了中印边界对峙事件并持续至今，被媒体称为"几十年来最严重的边界冲突"。这会不会像"萨德"影响中韩关系那样，对中印关系造成重大冲击呢？这还有待观察，但可以明确的是，中印关系走向没有影响亚投行作为国际组织的中立性。在此举两个例子：在6月济州年会前夕，亚投行决定向印度基础设施基金投资1.5亿美元，这是亚投行的第一个股权投资项目，意义重大；7月初，亚投行又批准了对印度的3.29亿美元贷款。亚投行明年在印开年会的既定计划，也将不会受到中印关系走向的影响。

国际组织理论认为，国际组织具有独立于成员国的天然倾向。上面的例子印证了这一点。但是，成员国缴纳真金白银，目的是寻求对国际组织的最大影响。于是，代表成员国利益的董事与银行管理层之间的关系总是呈现相当的张力。怎么利用多边开发银行实现国家利益？我们看看美国的经验。

以世界银行为例。美国是世行的最大股东，推动本国企业成功中标世行项目采购合同，一直是美国政府的优先目标。为此，美国政府不仅指令驻世行的美国执董负责收集并与国内企业分享项目信息，而且在世行设立特别基金，帮助美国企业占据先机，及早介入项目准备阶段。美国的做法启示我们，在维护国际组织的国际性、中立性的同时，股东国要理直气壮地依法行使股东权利、维护股东利益。

总之，亚投行从2015年12月25日诞生之日起就是真正的国际组织，中国作为大股东也全力维护其中立性和独立地位。与此同时，亚投行管理层需要平衡并最大限度满足各成员的现实利益诉求。作为亚投行大股东，中国需要在与其他股东以及亚投行共商合作的过程中，依法行使大股东权利，维护其大股东利益。

（本文发表于2017年7月19日英国《金融时报》中文网）

大道有形——实践篇

新时代讲述中国故事　新使命彰显中国精神

——中国公共关系协会"大道有形"文化创新传播工程

王　丽　李欣宇[*]

　　党的十九大开启了中国特色社会主义新时代，新时代倡导新使命，新时代呼唤新担当。习近平总书记在十九大报告中强调指出："文化是一个国家、一个民族的灵魂。文化兴国运兴，文化强民族强。没有高度的文化自信，没有文化的繁荣兴盛，就没有中华民族伟大复兴。"中国特色社会主义文化，包括中华优秀传统文化、党领导人民在伟大斗争中孕育的革命文化和社会主义先进文化，是在中国特色社会主义伟大实践中创造性发展的结晶，是中华民族新的"精神标识"和精神家园，也是实现中华民族伟大复兴不竭的精神动力。因此，弘扬优秀民族文化，增强中华文化自信，是实现中华民族伟大复兴中国梦的强大力量源泉。

　　作为国内最早成立的全国性公共关系行业组织，中国公共关系协会始终把传播优秀民族文化、弘扬民族精神作为重要使命，积极贯彻落实习总书记讲话精神，通过开展丰富多彩的文化传播交流活动，创新传播中华优秀传统文化，大力弘扬红色文化和革命精神，推动新时代社会主义先进文化的国际传播，为培育和践行社会主义核心价值观、凝心聚力共铸中华民族伟大复兴中国梦作出了重要贡献。

一、"天人合一　大道有形"：积极传承和弘扬中华优秀传统文化

　　作为习近平新时代中国特色社会主义思想的重要内容和有机组成部分，习近平新时代中国特色社会主义文化思想，是新时代坚定文化自信、推动社会主义文化繁

* 王丽：北京市社会科学院、中国公共关系协会调研员。
　李欣宇：中国公共关系协会副秘书长。

荣兴盛、建设社会主义文化强国的理论武器和科学指南。习近平在党的十九大报告中指出："中国特色社会主义文化，源自于中华民族五千多年文明历史所孕育的中华优秀传统文化，熔铸于党领导人民在革命、建设、改革中创造的革命文化和社会主义先进文化，植根于中国特色社会主义伟大实践。"党的十八大以来，以习近平同志为核心的党中央高度重视中华优秀传统文化的传承发展，始终从中华民族最深沉精神追求的深度看待优秀传统文化，从国家战略资源的高度继承优秀传统文化，从推动中华民族现代化进程的角度创新发展优秀传统文化，使之成为实现"两个一百年"奋斗目标和中华民族伟大复兴中国梦的根本性力量。

为了更好地贯彻落实习近平总书记讲话精神，更好地培育和践行社会主义核心价值观，中国公共关系协会始终坚持"文化先行 公关先导"的指导理念，汲取"仁义礼智信"的精华，积极传承和弘扬优秀传统文化，并与时俱进，赋予体现新时代精神的新内容。在习近平新时代中国特色社会主义思想的指导下，中国公共关系协会紧紧围绕国家战略和主旋律开展丰富多样的文化公关活动，积极传承和弘扬中华优秀传统文化。主要体现在以下文化公关传播系列活动中：

（一）开展生态文化公关活动 传承和弘扬中华生态文化

"人法地，地法天，天法道，道法自然。""天人合一"的生态文明和文化理念，体现了五千年中华文明的美好特质和深层底蕴。2018 年 5 月 18 日，习近平总书记在全国生态环境保护大会上指出："中华民族向来尊重自然、热爱自然，绵延 5000 多年的中华文明孕育着丰富的生态文化。""天人合一、道法自然"等中华优秀传统生态理念，开了生态文明之先河、可持续发展之先驱。这些绵延数千年的生态理念依然是我国生态文明建设的思想指引。习总书记强调指出，生态文明建设"秉承了天人合一、顺应自然的中华优秀传统文化理念"。"我们应该遵循天人合一、道法自然的理念，寻求永续发展之路。"

中国公共关系协会作为我国公共关系行业的国家级组织，积极贯彻落实党中央"生态文明建设"战略要求，围绕生态文明建设，运用公共关系策略，联合国际生态文明多边外交平台——生态文明国际论坛，邀请国内外著名的生态研究专家学者，举办国际生态文明论坛和沙龙活动，通过与生态文明国际论坛组委会等机构开展深层次、多领域的合作，为推进我国生态文明建设作出应有的贡献。

1. 主办生态文明国际论坛分论坛

2014 年 7 月，中国公共关系协会与生态文明贵阳国际论坛共同主办"2014 生态文明贵阳国际论坛年会'公共关系行业的使命与责任'"分论坛，并与 36 名中外公共关系界代表共同发表了《公共关系行业积极践行生态文明理念——贵州宣言》，号召从点滴做起，从细节抓起，全面践行生态文明理念，积极培育崇尚生态文明的社会文化氛围。"全球传播正席卷着这个时代，舆论环境已经成为影响一个组织发展的最重要因素之一，公共关系行业的服务已经无处不在。"十二届全国人大常委会委员、全国人大教育科学文化卫生委员会主任委员、中国公共关系协会会长柳斌杰认为，"公共关系界在带头践行生态文明理念的同时，更要利用一切为各方提供专业服务的渠道，传播生态文明理念、鼓励生态文明实践。发挥公共关系行业的使命与责任，广泛传播生态文明理念，大力倡导低碳绿色的生产生活方式。"

中国公共关系协会常务副会长兼秘书长王大平指出，"公共关系界应大力倡导低碳绿色的生产生活方式，积极培育崇尚生态文明的社会文化氛围，让生态文明的理念与实践永续承传。中国公共关系协会将充分发挥协调沟通的优势，把生态文明理念的种子播撒到各行各业的机构之中，并在持续的传播活动里得到拓展、传播、提升，为推进生态文明建设做出应有的努力。"

2. 举办国际生态文明学术沙龙

2014 年 3 月 17 日，由中国公共关系协会主办，中国公共关系协会新闻与传播委员会和中国公共关系协会政府公共关系委员会承办的"中国梦的全球传播系列学术与实践沙龙——生态文明及国际传播专场"在北京举办，中国公共关系协会常务副会长兼秘书长王大平出席会议并致辞。本期沙龙的主题是"关于环境保护、文化艺术的新闻报道与国家形象——来自奥地利的经验与思考"。奥地利国家记者俱乐部主席图恩海姆（Fred Turnheim），维也纳大学出版和传播学院教授豪斯耶（Fritz Hausjell），维也纳大学孔子学院院长李夏德（Richard Trappl）等嘉宾，围绕生态文明建设和"中国梦"等议题进行了深入探讨。

2014 年 4 月 24 日，中国公共关系协会在北京举办"镜美华夏——生态文明与影像文化"沙龙活动。协会常务副会长兼秘书长王大平首先向来宾们介绍了中国公共关系协会和"镜美华夏"大型影像文化活动的基本情况，之后中外摄影家分别从各自的角度，就"影像文化对生态文明的影响"等相关话题进行了深入的研讨，并对即将于 7 月份召开的"生态文明国际论坛"进行了展望和寄语。同时，中国公共关系协会向 7 位参加沙龙的外国摄影家颁发了"镜美华夏"影像文化主题活动的国际摄影师聘书，倡导中外摄影家运用影像的力量，为生态文明建设作出应有的贡献。

3. 开展生态文化传播活动

2014 年 10 月，由中国公共关系协会新闻与传播委员会、政府公共关系委员会和文化艺术委员会主办，陕西合阳印光文化研究会承办的"净土善心·和合永续——生态文化合阳行"活动在陕西省渭南市合阳县举行。本次活动旨在体验生态文化，助力生态文明，为社会主义核心价值观的宣传、普及、培育和践行作出积极贡献。该活动以党的十八大精神和全面深化改革为指导，通过对传统文化的传承，探寻生态文化资源与生态文明建设的有机结合，为实现伟大的中国梦，加快社会经济发展注入活力。

活动主要分为以下几个单元："印祖故里行——印光大师文钞诵"，通过参观学习诵读印光大师经典文钞，瞻仰大师故里，感受大师生长地的人文情怀；"名家讲坛——印光大师文钞学术交流会"，邀请有关专家、学者同修研讨印光大师文钞；"合阳生态文化论坛"，邀请地方政府、国内外知名媒体，旅游、文化、经济、农业和环保等方面的专家学者，从不同视角探讨生态文化建设；"文庙荟萃——诗情画意·《诗经》文化书画展"和"清净自心——印光法师法语小楷《心经》书法展"是通过书画艺术的形式，展示传统文化的精髓；"镜美华夏——缘聚合阳·发现洽川生态之美·摄影名家合阳行"，通过数十位摄影名家的镜头展示洽川生态之美；"黄河雅集——《诗经》经典诵读会"在华夏文明的母亲河——黄河洽川湿地举行，通过诵读《诗经》中的精选篇章，弘扬优秀传统文化，推崇关爱他人、崇尚自然的理念，祈福和平。

4. 参与主办首届全国环境互联网会议

2015 年 6 月 1 日，中国公共关系协会与中国环境报社、中国环境新闻工作者协会、环境保护部信息中心等单位，在山东济南联合主办"首届全国环境互联网会议"。本次活动是环境保护部 2015 年世界环境日的重点活动。环保部副部长潘岳，山东省副省长于晓明出席会议并致辞，全国政协外事委员会副主任王国庆等嘉宾出席活动。会议期间，来自政府部门、新闻媒体、科研机构等领域的各界人士，围绕"互联网 +"时代环境传播的机遇和挑战、环保部门与媒体如何良性互动等主题，展开热烈讨论，并成立了全国环境新媒体联盟。

中国公共关系协会常务副会长兼秘书长王大平在演讲中表示，现代意义上的公共关系是一个新兴的学科领域，也是一个新兴的社会实践领域，是在人类社会关系复杂化的基础上，为了解决冲突危机而逐渐发展起来的。公共关系不仅是一门传播的艺术，更是传播的科学，各行各业都亟须得到公众的理解、关注和积极参与，这都与公共关系相互关联、密不可分。因此，社会需要更宏观、更科学的方法来解决无所不在的公共关系。如何做好公共关系？这是大到国家、民族，小到企业、个人都无法回避的重要问题。如何让公众认知、认识、了解、理解、参与、合作，这是环保公共关系亟须做的事情。中国公共关系协会自成立之日起，一直致力于推动各行业公共关系的发展。要学会与媒体打交道，要善待媒体，要用好媒体。同时中国公共关系协会也多次呼吁，无论是传统媒体还是新媒体，包括融合媒体和自媒体，在环境保护和生态文明建设方面，都有一份义不容辞的社会责任。中国公共关系协会将通过大力发展环保公共关系活动，倡导更多的人们参与到环保大军中，为美丽中国、为生态文明建设、为实现伟大的中国梦而共同努力奋斗。

（二）"字说中国 节传文脉"中华优秀传统文化传播大型系列活动

中华文化源远流长，汉字是中华文明的集中体现。作为中华民族的面孔和灵魂，汉字是中华民族的精神象征，表达了国家和民族最深厚的历史气息和文化底蕴；节日、节气是中国文化传播和传承的重要载体，它承载了厚重的文化内涵，积淀了丰富的文化资源，传承着优秀的人文血脉。它们都是博大精深的中华文化的集大成者，是中华民族的巨大精神财富。正如习近平总书记所强调的，"博大精深的中华优秀传统文化是我们在世界文化激荡中站稳脚跟的坚实根基。中华文化源远流长，积淀着中华民族最深沉的精神追求，是中华民族生生不息、发展壮大的丰厚滋养。"

为了更好地传承中国优秀传统文化，促进城市建设中的文脉保护和延续，探索建设"美丽中国"的发展模式，奠定国家建设道路自信、制度自信、文化自信的坚实基础，实现中华民族伟大复兴中国梦，中国公共关系协会联合中国青年报社等机构，共同举办以"字说中国 节传文脉"为主题的中华优秀传统文化传播大型系列活动。

1. 举办"一带一路"年度汉字发布活动

"一带一路"年度汉字发布活动，是中国公共关系协会在服务"一带一路"倡议的背景下，打造的以"弘扬汉字文化"为主题的"中华汉字"文化公关品牌活动。该活动紧紧围绕国家主旋律，携手权威机构和知名专家学者，发动广播、电视、报纸、网络、微信、微博等多媒体合作，充分体现传统媒体与新媒体的创新融合，扩大活动影响力和传播力，齐心协力传承中华优秀传统文化，推进和谐美丽丝路建设。

"一带一路"年度汉字发布活动，每年谷雨节在字圣仓颉故乡——陕西白水举行。自从2016年启动以来，已经连续举办了三届。2016"一带一路"年度汉字发布仪式结合当地祭拜仓颉风俗，表达对仓颉精神的敬仰，再现中华传统礼仪的生动画面。并融合舞蹈、视频、音乐、朗诵等艺术形式，形象地阐释了 2016 "一带一路" 年度汉字 "和" 字，彰显了中华优秀传统文化 "和" 的精髓。活动紧紧围绕 "一带一路" 大格局，携手 "一带一路" 和 "汉字文化" 研究领域的权威机构、著名专家学者及留学生代表等，并得到了我国著名语言文字学家、汉语拼音之父周有光先生的支持和关注。

2017 "一带一路" 年度汉字发布仪式首创由数百位青少年代表和著名书法家窦德胜先生现场共同书写年度汉字 "融"，以传承仓颉文化、弘扬仓颉精神。2017 "一带一路" 年度汉字为 "融" 字，寓意 "一带一路" 是世界各国人民互利共赢的 "融和" 之路。活动现场由来自美国、法国、韩国、土耳其、巴基斯坦、卢旺达、哈萨克斯坦等 "一带一路" 沿途优秀的留学生代表，以及白水当地的优秀中小学生代表，构成 "2017" 方阵共同书写年度汉字 "融"，寓意文化传承从青少年抓起，青少年是 "一带一路" 建设和文化传承的骨干力量。同时，舞台上表演现代舞《墨风唐韵》，将书法与舞蹈结合，现代与古典相融，用现代舞蹈形式演绎传统文化的古韵精髓，通过全民书写和专家演绎，追溯仓颉功德、传承丝路精神、弘扬传统文化。最后，数百位学生共同展示所书写的 "融" 字，将发布活动推向高潮，寓意 "一带一路" 是融和之路，"一带一路" 是融通之路，"一带一路" 年度汉字发布仪式将凝心聚力，弘扬仓颉精神，共创融和丝路！

2018 "一带一路" 年度汉字发布仪式在借鉴前两届基础上创新表达，融合运用国际传播喜闻乐见的舞台剧，结合文化的重要表现形式——国画，来全面诠释 2018 "一带一路" 年度汉字的精神和底蕴。舞台剧《汉字之美》运用优美舞蹈、3D 影像和汉字魔方等形式，阐释 2018 "一带一路" 年度汉字 "新" 字，生动展现了中华汉字文化的博大精深，是传播中华优秀传统文化的创新之举。活动邀请著名画家张录成现场创作国画《奔向新时代》，采用传统大写意的表现手法，以万马奔腾之博大气势和豪迈气概，寓意 "一带一路" 壮阔雄浑和复兴征程的势不可挡。本次活动还得到了著名的 "汉字叔叔" ——来自美国的理查德·西尔斯（Richard Sears）先生的大力支持，"汉字叔叔" 通过视频问候传达了他对汉字的热爱和对本次活动的支持，凸显了汉字文化对促进 "一带一路" 沿途民心相通的重要作用，增强了汉字文化传播的国际影响力。

2. 开展"字说中国 节传文脉""文创黄陵"大型文化创意活动

"文创黄陵" 是中国公共关系协会"字说中国 节传文脉"中华优秀传统文化传播系列活动在陕西开展的大型文化创意活动。习总书记指出，"黄帝陵是中华文明的精神标识"，需要我们"追根、溯源、寻魂"，做到"以文化人、以史资政"。为了贯彻落实习总书记在陕西视察时重要讲话精神，更好地传承中华优秀传统文化，弘扬内涵丰富的黄帝文化和中国精神，中国公共关系协会、中国青年报社联合黄陵县人民政府、黄帝陵管理局于 2017 年 3 月 31 日共同举办"文创黄陵"大型文化创意活动，旨在更好地弘扬黄帝文化，坚定中华民族伟大复兴的文化自觉和文化自信！

"文创黄陵"大型文化创意活动，首创"字说＋节传"的独特传播方式，创新推出"字说黄陵"之"文"字，由著名雕塑家李小超打造的五米高"文"字雕塑，表达对中华文明起源——文字的致敬，也寓意五千年中华民族在滋养华夏文明的同时与世界文明共生、共享。

黄陵作为中华民族的共同祖先和人文初祖——轩辕黄帝的发祥地，是中华民族重要的历史文化纪念地和亿万海内外炎黄子孙谒陵拜祖的人文圣地，具有悠久的历史和文化底蕴。"字说中国 节传文脉"之"文创黄陵"大型文化创意活动，联合中国青年报社等机构，运用微信、微博等新媒体、自媒体传播方式，通过中青在线、北京时间等在线直播，并融合书法、雕塑、音乐、摄影等丰富的艺术形式，挖掘"字说黄陵"之"文"字的独特内涵，全方位呈现转型跨越发展中的黄陵文化内涵和城市形象，具有重大影响力和传播力。

（三）"文化中国 诗经合阳"中华优秀传统文化传播活动

党的十九大开启了新时代中国特色社会主义现代化建设的新征程，习近平总书记在党的十九大报告中指出，深入挖掘中华优秀传统文化蕴含的思想观念、人文精神、道德规范，结合时代要求继承创新，让中华文化展现出永久魅力和时代风采。为了更好地贯彻落实党的十九大报告精神和中共中央办公厅、国务院办公厅《关于实施中华优秀传统文化传承发展工程的意见》要求，中国公共关系协会携手中共合阳县委、县人民政府，于 2018 年 4 月 22 日在《诗经》文化发源地——陕西合阳，举办 "于文华·万人唱诵《诗经》国风·周南·关雎"活动。该活动是中国公共关系协会打造的 "中华优秀传统文化传播工程"系列活动之一，"中华优秀传统文化传播工程"联合国内外文化界、艺术界、科研机构、媒体等机构，并选取具有代表性的中华优秀文化经典、传统节日、礼仪，开展丰富多彩的文化传播活动，挖掘深厚的历史文化底蕴，创新传播中华优秀传统文化。

作为"中华优秀传统文化传播工程"系列活动之一，该活动围绕"文化中国·诗经合阳"的主题，在被誉为"诗经文化之乡，中华情诗之源"的陕西合阳举办，并特邀中国当代著名歌唱家、国家一级演员于文华与17000多名中小学生共同唱诵经典，填补了中国音乐史上的缺憾，创新世界吉尼斯新纪录。

合阳作为"诗经文化之乡"，高度重视诗经文化的传承，诗经文化已经融入到每一个合阳人的血液，代代相传，绵延至今。《诗经》是中国最早的诗歌总集，也是中国诗歌文化的开端，诗经文化作为中华民族源远流长的文化基因，正体现了新时代中华儿女身上凸显的高雅品格。著名歌唱家于文华自2010年开始专心致力于前无古人的传统优秀文化传播工程《国学唱歌集》的创作，其《诗经》演唱典雅柔美、韵远情长，对传承和创新传播优秀传统文化作出了重要贡献。在活动现场，来自合阳的17000多名学生，分设合阳中小学校教室和礼堂等不同分会场，在于文华老师的引领下，共同唱诵《诗经》国风·周南·关雎，现场的孩子们用他们最质朴的语言、最真挚的情感，结合方言古韵演绎《诗经》最美的诗篇。现场朗朗的诵读声回荡在诗经的故里，展现了中华儿女对传统优秀文化的无比热爱和自信自豪。

本次活动联合国内艺术界、文化界著名的歌唱家、艺术家及知名的专家学者，通过共同唱诵经典，充分调动青少年学生作为优秀传统文化传承骨干力量的积极性；并联合中央权威媒体和新媒体，创新传播优秀传统文化，增强活动的影响力和传播力。

（四）"薪火匠心·感知华夏"大型传统文化主题活动

2016年10月，由中国公共关系协会、中国烹饪协会、中国青年报社、陕西省渭南市商务局和陕西省合阳县人民政府等单位共同主办的"薪火匠心·感知华夏"大型传统文化主题活动在陕西合阳举行。

本次活动共有六大主题内容：由中国烹饪协会主办并组织全国名厨进行"中华烹饪始祖伊尹祭拜仪式"、2016合阳伊尹美食文化旅游节、伊尹饮食文化研讨会、传乐诗经·雅集洽川——2016"一带一路"大学生记者传统文化合阳行、"一带一路"大学生记者合阳饮食文化研学活动和《面面大观——丝绸之路上的面食》大型人文电视纪录片走进合阳。

洽川又被誉为"中国诗经文化之乡"和"中华爱情诗歌的发源地"，《诗经》开篇《关雎》就诞生于此。伴随着一段段《诗经》中的千古名句，传乐诗经·雅集洽川——2016"一带一路"大学生记者传统文化合阳行活动进入了高潮。中央电视台中国电视剧制作中心导演、演播艺术家李野墨，国家一级演员朱琳，中央人民广播电台十佳主持人黎春和著名歌唱家于文华等，分别朗诵和唱诵了《诗经》中的精彩篇章以及部分当代的诗歌作品，并与来自国内外的大学生记者和留学生代表们进行了互动交流，让观众在古典与现代诗歌的交融中，深刻体会到了中华传统文化的独特魅力。

综上，中国公共关系协会积极贯彻落实习近平总书记讲话精神，大力传播中华优秀传统文化，赋予中华优秀传统文化时代内涵，创新传播理念和传播方式，有力地凝聚了民族精神；并通过丰富多样的文化公关活动，凝心聚力弘扬优秀传统文化，为将中华优秀传统文化转化为实现中华民族伟大复兴、构建"人类命运共同体"的强大精神力量作出了重要贡献。

二、"不忘初心 大道直行"：传承和弘扬红色文化系列公关传播活动

五千年的中华文明孕育出博大精深、丰富厚重的中华优秀传统文化，哺育着中华民族生生不息、顽强发展。在传承和发展中华优秀传统文化基础上，中国共产党带领中国人民在长期的革命、建设、改革的实践中，形成了独特的"红色文化"。十八大以来，习近平总书记曾先后到延安、井冈山等革命圣地考察，多次强调指出，延安精神、井冈山精神等红色文化和红色精神，是党和国家的宝贵精神财富，要"把红色资源利用好、把红色传统发扬好、把红色基因传承好"，要不断结合新的时代条件发扬光大，让红色精神放射出新的时代光芒。

中国公共关系协会积极贯彻落实习近平总书记的号召，牢记传承和弘扬红色文化的重要使命，积极传承和发扬红色基因，创新传播和弘扬红色精神，通过开展形式多样的红色文化传播活动，加强革命历史、传统文化、国情社情等爱国主义教育，积极弘扬培育和践行社会主义核心价值观，铭记光辉历史，传承红色基因，使红色文化成为我们构建社会主义和谐社会和实现中华民族伟大复兴的强大精神动力。

（一）将传承红色文化与"两学一做"紧密结合

党的十八大以来，习近平总书记高度重视深化党内教育，深入推动全面从严治党新实践，并就此多次作出重要讲话。习近平总书记强调指出，"两学一做"学习教育是加强党的思想政治建设的一项重大部署，是协调推进"四个全面"战略布局特别是推动全面从严治党向基层延伸的有力抓手，基础在学，关键在做。

红色文化是我国文化的重要组成部分和宝贵财富，红色文化内蕴的优良革命传

统成为干部群众团结一心、奋勇向前的精神动力，激励着一代代中国人前赴后继，为党的事业和国家建设无私奉献。当前，个别党员干部身上出现了理想信念动摇、党的意识淡化、宗旨观念淡薄等问题，这也是"两学一做"学习教育要重点解决的问题。为此，中国公共关系协会把弘扬红色文化与开展"两学一做"学习教育有机结合起来，使优良红色传统入脑入心，调动党员干部和广大群众深入学习党章党规、学习习近平总书记系列重要讲话精神、做合格党员的积极性。

1. 搭建党建学习全国示范平台："中国共产党思想理论资源数据库延安中心"

2016 年 1 月 21 日，由人民出版社、中共延安市委、中国公共关系协会携手共建的"中国共产党思想理论资源数据库延安中心"，在延安新区正式启动。"延安中心"建于延安新区，辐射到延安市所属的党政机关、高校、社区、农村及非公有制单位的党建组织。按照中央关于各级党组织要创新理论学习方法的要求，"中国共产党思想理论资源数据库延安中心"，以"红色宝典 再谱新篇"为宗旨，以现代技术为支撑，结合广大党员的实际需求，建成了国内首个以"大数据（中国共产党思想理论资源数据库）＋小书包（中国共产党党员学习小书包）"有机结合创新宣传党的思想理论的学习平台，通过新形式、新技术的运用，凸显了"延安中心"从形式到内容、渠道的全面创新，体现了宏观与微观、历史与现代的有机结合。

"中国共产党思想理论资源数据库延安中心"内容权威，功能先进。"中国共产党思想理论资源数据库"是人民出版社按照党中央关于在网上建设具有广泛影响力的思想文化传播平台的重要指示精神，在中央领导同志的视察指导下，在中宣部、国家新闻出版署的高度重视和有力推动下启动建设并顺利推进的，是我国目前最完整、最系统、最规范和最权威的中国共产党思想理论图书资源库。其查询功能先进，开创了"知识点阅读"的新形式。强大的检索功能使文献检索从传统的篇目、章节检索，发展到了知识点检索，实现了文献内容快速获取。该数据库已经在中央办公厅、全国人大、中宣部等近百家单位安装使用，成为必备的学习研究工具。

"中国共产党党员学习小书包"是"互联网＋"背景下，依托权威的"中国共产党思想理论资源数据库"，由"延安中心"推送的通过党员手机客户端打造的在线阅读和移动学习与交流平台。"党员学习小书包"移动互联网客户端以手机客户端APP 为载体，创新搭建数字化在线党员学习平台，使大家随处可学习、随时受教育，推动党建工作拥抱"互联网＋"，引领党员学习数字化革命，为广大党员用户提供信息聚合、互动互融的学习平台，实现党组织和党员个体学习内容的双向反馈。

"中国共产党思想理论资源数据库延安中心"作为党的思想理论武装、党性修养的课堂，将成为党员锤炼党性、加强修养的重要学习平台。同时也是统一思想、凝心聚力的会堂，通过组织学习体会交流，营造党建学习氛围，在组织领导上合心合力，学习内容上相互融合，方法手段上共创共享，从而为全面推动党的思想理论学习的深入，促进"两学一做"等各项工作的有效落实，具有重要的示范引领作用。

2. 围绕"弘扬红色文化"主题，结合"延安中心"党建学习情况，开展丰富多样的文化传播活动

2016年1月22日，中国公共关系协会在延安鲁艺旧址——鲁艺文化园区，举行由人民出版社读书会办公室和延安鲁艺文化园区共同承办的"重回鲁艺追忆往昔"——人民出版社读书会第二十九期活动。活动围绕《回望与思考——纪念延安文艺座谈会召开70周年论文集》《在文艺工作座谈会上的讲话》两部图书，由中国延安干部学院延安精神研究中心副研究员王亚妮，陕西省作家协会副主席、延安大学文学院院长梁向阳，中国延安干部学院教学科研部教授王东仓三位嘉宾，与大家一起重温1942年毛泽东在延安文艺座谈会上的讲话及其对当前我国文化建设的重要意义，学习并贯彻习近平总书记在文艺座谈会上的讲话精神，探讨新时期传承和弘扬延安精神，做好文化工作的方式和方法。

2016年5月3日－7日，中国共产党思想理论资源数据库延安中心开展"红色延安"系列文化主题活动。

（1）"红镜头——追·忆红色延安"影像主题文化活动。本次影像文化主题活动以"红色延安 辉煌历程"为主旨，聚集了新华社、人民日报、中新社、中国摄影家杂志社、中国民航报、中国经济导报、工人日报、搜狐网等十余家主流新闻单位的摄影记者代表，通过他们手中的镜头，展现延安鲁艺、吴起、南泥湾、杨家岭、壶口瀑布、梁家河等红色故地的风采。活动还将借助高品质影像作品的展览和多样化影像活动的开展，通过新老照片的对比，用镜头记录红色延安催人奋进的变化历程，用心挖掘延安人民感人至深的历史事迹，既突出社会主义核心价值观主题内容，又凸显延安地区特色，号召全国人民特别是青少年继承、发扬中国共产党和中国人民在延安时期形成的革命精神与革命传统，为传承和弘扬延安精神作出新的贡献。

（2）"'红色箴言，致敬经典'——纪念'五四'运动97周年诗歌朗诵会"。2016年5月4日，中国共产党思想理论资源数据库延安中心主办的"'红色箴言，致敬经典'——纪念'五四'运动97周年诗歌朗诵会"在延安鲁艺旧址举行。来自中共延安市委、中国公共关系协会、人民出版社的领导，以及 200 多位延安市优秀党团干部和骨干参加了本次活动。中国戏剧家协会副主席、上海电影译制厂原厂长、著名配音演员乔榛，国家一级演员朱琳，中央人民广播电台十佳播音员、主持人黎春等艺术家分别朗诵了红色经典诗歌；来自延安当地的文艺工作者演唱了《延安颂》等红色歌曲。本次活动作为群众性爱国主义教育系列活动之一，旨在通过回顾历史、缅怀先烈，重温革命先辈以血肉之躯铸就的"红色箴言"，激励广大青年继承和弘扬延安精神，担负起实现中华民族伟大复兴的历史使命，把"两学一做"活动推向深入，更好地激发对革命先烈的崇敬之情，进一步坚定在中国共产党领导下，走中国特色社会主义道路，实现中华民族伟大复兴的信念和信心。

（3）"红色延安 书香延河"——中国共产党思想理论资源数据库延安中心阅读季。人民出版社和中国公共关系协会特为本次活动捐赠了 12000 多册哲学和党建学习内容的图书，这些图书将主要面向中共延安市委党校、延安大学和中共梁家河支部的全体党员干部，作为目前他们正在使用的利用大数据技术实现的"中国共产党思想理论资源数据库"和"中国共产党党员学习小书包"学习的有力补充。连续三年，全民阅读被写入政府工作报告，彰显了国家对于普及全民阅读、共筑书香中国的高度重视。本次活动的举办，正是为了响应国家号召，打造"红色延安 书香延河——中国共产党思想理论资源数据库延安中心阅读季"文化品牌，为全面建设"书香中国"作出贡献。

3. 结合党的生日等纪念节日，开展"弘扬红色精神"纪念与传播活动

2016 年 6 月 28 日，为了纪念中国共产党成立 95 周年，面向即将到来的第一个一百年，继承和弘扬延安精神，由中国共产党思想理论资源数据库延安中心、中共延安市委组织部、中共延安市委宣传部共同主办，"面向百年，品读延安——纪念中国共产党成立 95 周年"大型主题文化活动。该活动特邀中国青年报社协办，全国东西南北中不同区域、各具代表性的城市共同参与。

活动通过歌舞、唱诵、演讲和视频连线等多种形式纪念党的生日，特别是活动接近尾声的时候，现场近千名来自延安各支部的党员代表拿出手机，打开"党员学习小书包"，在各方阵代表的引领下高声诵读《中国共产党章程》总纲的部分内容。同时，场外延安数万名党员干部也通过"党员学习小书包"在线阅读党章并发送心得体会，形成"千人诵读，万人互动"的场景，将活动推向高潮，表现出在新的历史时期，在弘扬和继承延安精神的同时，也需要与时俱进，开拓创新，从而创造新的历史辉煌。

4. 创建"中国共产党思想理论资源数据库天津中心"和"中国共产党思想理论资源数据库华州中心"，拓展党建学习平台和领域

2016 年 6 月 29 日，由人民出版社、中共天津市河西区委和中国公共关系协会携手共建的"中国共产党思想理论资源数据库天津中心"（简称"天津中心"）在河西区委党校举行揭牌仪式并进行了第一次线上线下互动活动，标志着"天津中心"正式启动运行。"天津中心"运用丰富、灵活的融媒体形式，通过"云计算""大数据"等信息化手段促进党的思想理论对于每名党员的立体全方位覆盖。

"天津中心"是天津市广大党员加强修养、锤炼党性的重要学习平台，是夯实理论武装、提升咨政水平的有效载体，是对党员学习实时监督、精准考评的管理工具。该中心初期辐射到河西区所属的党政机关、学校、社区及非公有制单位的党建组织，力求形成具有天津特色的党建工作新模式，成为全国党建工作拥抱"互联网＋"的历史新起点，为马克思主义基本原理这一共产党人的"看家本领"再谱新篇，为实现京津冀协同发展、"两个一百年"奋斗目标凝心聚力。

2016 年 10 月 26 日，由人民出版社、中国公共关系协会、中共华州区委携手共建的党建学习创新型典范中心——"中国共产党思想理论资源数据库华州中心"正式成立。

"中国共产党思想理论资源数据库华州中心"作为党的思想理论武装、党性修养的课堂，将成为党员锤炼党性、加强修养的重要学习平台，同时也是统一思想、凝心聚力的会堂。在中心的建设上将切实保持和增强政治性、先进性、群众性，组织动员广大人民群众更加紧密团结在党的周围，把广大人民群众对美好生活的追求汇聚成强大动力，为共同谱写实现"两个一百年"奋斗目标、实现中华民族伟大复兴中国梦作出重要贡献。

（二）将弘扬红色精神与培育社会主义核心价值观有机结合

红色文化是中国革命精神的重要组成部分，是中国革命的源头之一，红色文化也是中华民族精神的现代传承。中华民族吃苦耐劳、崇尚公平正义、敢于抗争的民族特性在红色文化中都能找到历史的烙印。红色文化的价值导向与社会主义核心价值观的要求是一致的，核心要素与社会主义价值观的内涵完全契合，两者之间有内在的逻辑联系。红色文化具有先进性、内涵丰富、表现鲜活的特征，因此对人民群众能够正确理解、践行社会主义核心价值观有着独特优势，更有利于推动社会主义核心价值观建设。

中国公共关系协会积极举办红色文化主题活动，通过传承和弘扬红色文化，使社会主义核心价值观融入到人民群众的精神生活中，用新时代社会主义先进文化形成统一价值观，凝聚思想、激发斗志，引导人民群众在实践中实现社会主义核心价值观的要求，凝心聚力共建美丽中国。

1. "悦读延安"文化主题活动

2017 年 4 月 16 日，由中共延安市委、人民出版社、中国公共关系协会指导，中国共产党思想理论资源数据库延安中心、中共延安市委宣传部共同主办的"悦读延安"读书会在延安学习书院举行。本次读书活动以"读经典 品书香 润情操"为主题，迎接即将到来的"世界读书日"。

本次活动，特邀请到国家一级作家、全国公安文联理事孙晶岩女士，解放军出版社昆仑图书编辑部主任、《军事故事会》杂志创刊人、主编丁晓平先生，陕西省作家协会副主席、延安市作家协会主席、延安大学文学院院长梁向阳教授现场为读者进行读书指导。

"悦读延安"是由人民出版社、中共延安市委、中国公共关系协会联合共建的"中国共产党思想理论资源数据库延安中心"打造的"书香延安"文化主题活动。继 2016 年 5 月在延安启动的"红色延安 书香延河"后，陆续开展了"'红色箴言，致敬经典'——纪念'五四'运动 97 周年诗歌朗诵会"、"面向百年 品读延安——纪念中国共产党成立 95 周年"红色主题文化活动。延安中心通过开展多种形式的读书活动，努力打造成为"政府引导、业界支持、社会参与、群众受益"的具有延安特色的"全民阅读"推广体系和文化品牌，持续服务延安城市文化建设，努力将延安打造成为一个富有精神气质、创造活力以及文化魅力的城市。"书香延安"建设，是延安市委市政府积极贯彻落实 "倡导全民阅读，建设文化延安、书香社会"的重要举措，引领全社会爱读书、善读书、读好书，进一步营造浓郁的读书氛围，着力提升人民文化素质和社会文明程度，使全民阅读理念深入人心，共同建设书香社会。

据了解，中国共产党思想理论资源数据库延安中心向延安市直机关（为民服务中心）图书馆捐赠了 5000 余册、近 30 万码洋的由人民出版社出版的人文社科、党建、传统文化、文学艺术类的图书，服务延安学习型党组织建设，并通过不断创新活动形式和活动内容，整合社会优质活动资源，联动社会各界开展"与名家面对面读书""阅读与影像""聚焦阅读"等活动，给人们提供更多的读书和学习的资源，让人们享受读书的便利、发现和感受读书的乐趣。

2. 参与开展"香港各界纪念抗日战争胜利 70 周年"系列活动

2015 年是中国人民抗日战争暨世界反法西斯战争胜利 70 周年，2015 年 9 月 3 日更是中国第二个"中国人民抗日战争胜利纪念日"。为了配合国家有关纪念活动，并促进香港各界团结一心，牢记历史，开创未来，弘扬爱国爱港精神，中国公共关系协会联合香港友好协进会、香港中华总商会、香港各界文化促进会等机构，共同参与开展了"香港各界纪念抗日战争胜利 70 周年"系列活动，并于 8 月 25 日和 26 日分别在深圳和香港举行。十二届全国人大常委会委员、全国人大教育科学文化卫生委员会主任委员、中国公共关系协会会长柳斌杰，中国公共关系协会常务副会长兼秘书长王大平等协会领导参加了系列活动。

2015 年 8 月 26 日，"香港各界纪念抗日战争胜利 70 周年大型展览"开幕式在香港会议展览中心举行。香港特别行政区行政长官梁振英，中央人民政府驻香港特别行政区联络办公室主任张晓明，中国人民解放军驻港部队司令员谭本宏、政治委员岳世鑫，外交部驻港特派员公署副特派员佟晓玲，原全国人大常委曾宪梓等香港各界代表出席了开幕仪式。展览分为"抗战时期""香港抗战""抗战胜利"与"珍爱和平、开创未来"4 个部分，展品内容涵盖历史图片、影像、抗日将领及名人手迹、战时文物、战争地图、刊物等，其中包括《红星照耀中国》作者斯诺亲笔签名书籍，斯诺和夫人所拍百张抗战照片，以及中外多位军政名人的活动写真。中国公共关系协会非常重视加强和港澳台地区的交流与合作，为加快传统文化领域的融合与发展，弘扬主旋律，积极促进文化事业的大繁荣与大发展作出应有的贡献。

（三）将弘扬红色文化与促进文旅发展有机结合

十九大报告指出，要"继承革命文化"。红色文化体现的是革命精神、人民群众的爱国精神、民族精神等，这些优良文化和精神亟须传承和弘扬。红色旅游作为传承红色文化的载体，近年来在国人文化自信提升的过程中逐渐火热起来。如何将弘扬红色文化与促进文旅发展有机结合，让红色文化在更长久的时光中绽放出她的熠熠光彩，中国公共关系协会围绕这一重大使命开展了相关文化主题活动，做出了重要探索和贡献。

2017 年 12 月 21 日，为了更好地贯彻落实党的十九大精神和习近平总书记关于红色旅游发展的重要讲话精神，创新发展红色旅游文化，统筹推进"五位一体"总体布局和"四个全面"战略布局，创新红色旅游资源的传播方式，着力发挥红色旅游在脱贫攻坚中的带动作用，探索新时代中国红色旅游文化产业的健康可持续发展，由中国公共关系协会、中国军事文化研究会、中国青年报社、延安市人民政府共同主办的"2017中国红色旅游文化发展研讨会"在"红色圣地"延安召开。中国公共关系协会常务副会长兼秘书长王大平，中国军事文化研究会会长、原第二炮兵副政委程宝山中将，延安市委副书记薛占海等领导出席会议并分别致辞。来自全国红色旅游城市、红色文化和红色旅游研究的专家学者，以及产、学、研从业者代表、媒体记者共200多人参加本次会议。

本次研讨会以"传承·创新·超越"为主题，旨在传承红色文化，弘扬革命精神，发展红色旅游，助力脱贫攻坚，不忘初心、牢记使命，为实现"两个一百年"和"中国梦"增强文化自信和精神动力。中国公共关系协会常务副会长兼秘书长王大平表示，在延安召开"2017中国红色旅游文化发展研讨会"，正是为了通过发挥公共关系协调整合的优势，凝聚发展合力，充分挖掘延安深厚的红色文化资源，大力塑造"根在延安，通达天下"的文化定位，融合达成物质汇通、文化融通和旅游达通，促进红色文化与红色旅游的融合发展，为延安红色旅游文化的发展谱写美妙辉煌的"协奏曲"；并通过联合权威媒体，融合运用新媒体和现代传播技术，协调社会各界各方资源，通过高标准规划和高力度传播，高平台融合打造由政府机构、学术专家、市场主体构成的"产学研政"联动平台，提升红色文化和红色旅游的对外传播影响力。

研讨会上还正式发布了《2017中国红色旅游文化发展延安宣言》，来自江西省井冈山市，贵州省遵义市，宁夏回族自治区吴忠市，陕西省咸阳市、铜川市、榆林市和延安市等全国各地红色旅游城市的代表共同宣读誓言并作出庄严承诺，将研讨会推向了高潮。

学习研讨是最好的纪念和传承。本次研讨会在全国革命传统教育的红色基地——延安召开，具有重要的时代寓意。习近平总书记强调，要把红色资源利用好、把红色传统发扬好、把红色基因传承好。"2017中国红色旅游文化发展研讨会"，是响应中央号召，顺应时代要求的一次重要会议。党的十九大开启了新时代中国特色社会主义建设的新征程，这个新时代，是承前启后、继往开来、在新的历史条件下继续夺取中国特色社会主义伟大胜利的时代。新时代发展中国红色旅游文化，需要我们以习近平新时代中国特色社会主义思想为指导，立足红色圣地，传承红色基因，创新红色旅游，增强文化自信，携手致力于中国红色旅游的跨越发展，为实现中华民族伟大复兴中国梦贡献智慧和力量。

三、"海纳百川　和合大道"：创新传播社会主义先进文化系列公关活动

习近平总书记在十九大报告中指出："中国特色社会主义文化，源自于中华民族五千多年文明历史所孕育的中华优秀传统文化，熔铸于党领导人民在革命、建设、改革中创造的革命文化和社会主义先进文化"。可见，中华优秀传统文化、革命文化和社会主义先进文化共同构成了新时代中国特色社会主义文化的基本内涵。新时代中国特色社会主义文化是马克思主义基本原理与中国文化相结合的最新成果，是激励全党全国各族人民奋勇前进的强大精神力量。

中国特色社会主义公共关系的发展历程与国运紧密相连。当前，全球化信息技术和新媒体时代为公共关系的发展提供了重要空间和发展契机，也对中国特色社会主义公共关系的发展提出了新的要求和目标。在新时代，如何更好地践行社会主义核心价值观？如何实现传统文化的创造性转化、创新性发展？如何推进新时代社会主义先进文化事业的发展？中国公共关系协会一直致力于探索和解答这些命题，并运用新时代中国特色社会主义公共关系积极开展多种多样的文化传播活动，推动社会主义先进文化的国际传播和创新发展。

（一）贯彻落实"一带一路"倡议，创新弘扬"丝路精神"

习近平总书记在"一带一路"国际合作高峰论坛上指出，"古丝绸之路绵亘万里，延续千年，积淀了以和平合作、开放包容、互学互鉴、互利共赢为核心的丝路精神，这是人类文明的宝贵遗产。"2018年5月26日，"一带一路"建设工作领导小组会议在北京召开并强调，推进"一带一路"建设是以习近平同志为核心的党中央作出的重大决策，是推动构建人类命运共同体的重要实践平台。在推进"一带一路"建设中，要以习近平新时代中国特色社会主义思想为指引，牢固树立"四个意识"，坚定"四个自信"，坚持稳中求进工作总基调，认真落实首届"一带一路"国际合作高峰论坛成果，紧紧围绕构建人类命运共同体，推动"一带一路"建设走深走实、行稳致远，更好造福各国人民。

中国公共关系协会积极贯彻落实习近平总书记讲话要求，围绕"一带一路"倡议，从2015年3月起，持续开展"一带一路"大型公关文化活动，包括"'大道有形'——俯瞰'一带一路'大型文化公关主题活动""'一带一路'年度汉字发布仪式""'一带一路'主宾国主题展""一带一路"多彩风情书画艺术展、《面面大观——丝绸

之路上的面食》等活动，科学地运用公共关系，积极响应文化"走出去"战略和"一带一路"倡议。

1. 运用多种国际通用的语言符号和艺术形式讲述中国故事，增强文明互鉴

中国公共关系协会"一带一路"系列文化传播活动主要运用雕塑、绘画和摄影等国际通用的语言符号和艺术形式，讲好中国故事，在对外文化交流中发挥了积极作用。2018年2月25日上午，作为中国公共关系协会"一带一路"系列文化传播的重要活动，由法国巴比松市政府，法国米勒博物馆，中国公共关系协会，北京保利艺术博物馆，法国乡村艺术协会共同主办的李小超户外青铜雕塑作品《回家》收藏仪式，在法国巴比松市政府广场举行。这尊大型青铜雕塑作品《回家》是法国巴比松市政府收藏中国当代雕塑家、画家李小超先生以"中国乡愁"为主题的系列作品之一，安放在巴比松市政府广场。

中国公共关系协会与中国保利艺术博物馆先后组织了著名雕塑和绘画艺术家李小超先生的一系列重要文化活动，如：2013年8月8日至8月18日在北京保利艺术博物馆举办的李小超《远去的村庄》系列雕塑与绘画作品展；2014年7月19日法国蒙达尔纪市政府收藏李小超大型户外青铜雕塑作品《教书先生》；2014年中法建交五十周年官方活动李小超《从长安到尼斯——蔚蓝海岸的乡村》绘画雕塑国际展在法国巴黎、尼斯和中国北京的巡回展出；2017年7月22日，在法国巴比松举行李小超乡村记忆《从长安到巴比松》雕塑与绘画系列作品展；2018年1月4日，在北京保利艺术博物馆举行"纪念中国公共关系协会成立三十周年系列文化活动——李小超、吴建斌《乡村记忆》雕塑、绘画、摄影作品展"等，这些国际性文化交流活动都取得了良好的传播效果。

2017年5月，由中国公共关系协会总策划的《面面大观——丝绸之路上的面食》入选五洲传播中心与探索亚太电视网联合创办的中国题材纪录片专栏《神奇的中国》，并于2017年5月6日至7月1日隆重推出"一带一路"主题播出季，将由国际主流平台，通过其东南亚主频道、澳新频道、南亚频道面向38个国家和地区的1.16亿家庭播出，向世界展示了"一带一路"给丝路沿线地区带来的深刻变化，为"一带一路"国际高峰论坛提供了有力的注解。

2. 筹建"丝路文旅研究中心"，知行合一倡导丝路精神

2017年12月12日，中国公共关系协会联合西宁文化旅游发展投资有限公司和方塘智库，在青海西宁市共建"丝路文旅研究中心"，并同时召开"丝路文旅沙龙"。

中国公共关系协会常务副会长兼秘书长王大平出席仪式并致辞。他表示，"丝路文旅研究中心"对于西宁打造"中国夏都"和"丝路明珠"具有重要的现实价值和理论意义，它有利于实现西宁从"印象"到"影响"的蜕变，有利于打造西宁从"存在"到被"感知"的国际平台，进一步提升"大美西宁"的品牌形象，挖掘"中国夏都"品牌文化内涵，创新打造精品旅游项目，以提升西宁文化旅游业的活力和全球"感知力"。在当前"一带一路"建设蓬勃发展下，"丝路文旅研究中心"高瞻远瞩，在高原明珠——西宁率先启动，将在十九大精神的引领下，以科学创新、开放积极的心态，进一步强化西宁全域旅游力度，促进西宁市旅游发展转型升级，创新创造西宁的丝路价值和璀璨光环。

2017年4月中国公共关系协会举办2017"一带一路"年度汉字发布仪式活动期间，还举行了"2017'中华汉字'学术研讨会"。主办方邀请了"一带一路"和"汉字文化"研究领域的知名专家学者，以"丝路文明——汉字与文化旅游开发"为主题，围绕"汉字与白水形象""丝路文明与区域发展""仓颉文化与旅游开发""打造'中国字都'与形象传播"四个专题，解读"一带一路"与"中华汉字"的意义，提升白水形象和文化旅游产业的价值。来自政府有关部门、高校、研究机构、媒体等单位代表和专家学者出席本次研讨会。

3. 传承丝路文化，探讨丝路研学创新

2018年4月，中国公共关系协会开展2018新时代"五个一"研学精品发布活动。该活动围绕"新时代新丝路 新自信新传承"宗旨，贯彻落实教育部、国家文化和旅游部等11部委《关于推进中小学生研学旅行的意见》，通过发布一个汉字、一套教材、一部舞台剧、一套游戏和一条研学经典旅游线路等"五个一"研学精品，将游学和研学有机结合。中国公共关系协会发布了2018"一带一路"年度汉字为"新"字，指出"新"字更好地体现了"一带一路"在新时代的新发展，解读了"一带一路"在新时代的新担当，展现了中华儿女在新时代实现中华民族伟大复兴中国梦的坚定决心和豪迈气概。本次发布会创新新时代研学旅行教育发展，充分调动青少年学生作为优秀传统汉字文化传承和"一带一路"建设骨干力量的积极性。来自中国研学联盟、国家旅游智库、著名文旅专家、北京及陕西省市县高校及旅行社代表及政府有关部门、权威媒体等机构代表和专家学者出席本次发布会。

为了更好地调动大学生等青少年群体参与"一带一路"倡议的积极性，中国公共关系协会于2016年举办了"一带一路"大学生记者合阳饮食文化研学活动。中国

公共关系协会联合中国青年报社，通过综合大学生记者的业务水平，从 400 名大学生中最终选拔了 10 名大学生记者组成合阳饮食文化研学团，走进丝路起点、伊尹故里——陕西合阳。通过采访非物质文化遗产传承人，体验民俗技艺和特色美食，寻访合阳多个旅游文化景区和历史遗迹，让大学生领略合阳的绿色生态和自然风光，体悟合阳的人杰地灵和文化传承，感受合阳的勃勃生机与和谐发展。并通过 24 小时中青在线把研学活动的精彩内容进行全媒体传播。大学生记者也将用青年视角和青年喜闻乐见的传播方式，全方位、立体化呈现转型跨越发展中的合阳，传承和弘扬优秀的丝路文化和丝路精神。

（二）打造"影像公关"品牌，通过"影像的力量"传播"中国精神"

十二届全国人大常委会委员、全国人大教育科学文化卫生委员会主任委员、中国公共关系协会会长柳斌杰指出，面对国际化、全球化、多元化的复杂国际关系和国内改革开放攻坚、经济社会发展跨越的特别时期，中国公共关系事业要"围绕中心，服务大局，攻坚克难，改革创新，开拓新阵地，占领制高点，以融通中外的新概念新范畴新表述，讲好中国的故事，传播中国的信息，树立中国的国际新形象"。

中国公共关系协会把影像引进公关界，使影像文化成为公关事业的组成部分、传播方式、发展平台和新的抓手，这是公关工作的新创新、新发展。并围绕"影像公关"主题开展了相关影像文化传播活动，包括："镜美华夏"影像公关文化品牌活动、"影像的力量"中国（大同）国际摄影文化展、李小超乡村记忆《从长安到巴比松》雕塑与绘画系列作品展、"香江·乡情——香港回归二十周年特展""一带一路"主宾国主题展、"一带一路"多彩风情书画特邀展等国际化、高品质活动，讲好中国故事，传播好中国声音，提升中国软实力，构建"中国文化走出去"的全新战略，建构具有鲜明中国特色的、与时俱进的新时代中国特色社会主义公共关系，有效增强中国与世界国家文化的交流，提升文化自信，推动中国文化走出去，齐心合力实现伟大复兴中国梦。

2015 年 9 月 10 日，"影像的力量"中国（大同）国际摄影文化展在中国古都——山西大同首次开幕，迄今已经连续举办了三届，并在积极筹备新一届 2018"影像的力量"中国（大同）国际摄影文化展活动。该活动紧紧围绕"一带一路"倡议，聚集国内外著名的摄影师、影像传媒机构、影像界、新闻界、公关界的专家学者及大众摄影爱好者，传播影像的力量，促进文化交流，受到国内外社会各界的广泛关注，具有重要的社会影响力。

三届活动围绕不同主题开展了丰富多彩的摄影文化展览，其中，2015"影像的力量"中国（大同）国际摄影文化展活动以"影像世界 大美大同"为主旨，展出了1200多幅风格多样的摄影作品，这些作品来源广泛，作者包括国内外著名摄影师、大众摄影爱好者、青少年摄影发烧友等。展览主要分为六大单元，包括"一带一路"作品展、"镜美尊"得主作品展、沙飞抗战摄影作品特展、"华赛"11年金奖作品展、"2014中国影像"获奖作品展、"镜美华夏"作品展、"大家拍大同"大众摄影作品展等。在国际摄影文化展期间，还举办了多场大师讲座和研讨活动，主要包括："大眼睛的希望"——解海龙解读影像的力量、"看与见"——李树峰趣谈摄影理念与方法、"战争与和平"——走进唐师曾的"语像"世界等，让人们在与知名"镜美尊"（King of Photography）得主等各位摄影大师的对话中，更深刻地领会"影像的力量"之真谛。

2016"影像的力量"中国（大同）国际摄影文化展主色调突出"大同蓝"和"影像蓝"，活动宗旨是为了更好地弘扬蓝色海洋文化，倡导保护海洋生态。其中展览单元主要分为三类：一是蔚蓝的海洋影像展，旨在更好地弘扬海洋文化；二是镜美华夏主题展，旨在更好地展现美丽中国的建设历程和辉煌成就；三是镜美尊得主代表作品展示，旨在更好地向摄影大师和经典作品致敬。共展出600多位作者的1000多幅高品质摄影作品。

2017"影像的力量"中国（大同）国际摄影文化展以"影像世界，大美大同"为主旨，结合时代主旋律，重点强调"融和跨越、和合大同"的活动理念，共展出来自国内外120多位摄影师的1000多幅高品质摄影精选作品。本次活动在传承以往两届活动基础上，创新开展"一带一路"主宾国主题展、"一带一路·多彩风情"主题艺术展、"香江·乡情——香港回归二十周年特展""镜美华夏"精品展等，并特邀巴基斯坦伊斯兰共和国、俄罗斯联邦共和国、荷兰王国作为主宾国，这是国内第一次在摄影文化展上设立"主宾国"展，彰显了本次活动的主要特色，并体现了该活动有利于增强与"一带一路"沿途国家"文化交流、文明互鉴"的重要意义。

"影像的力量"中国（大同）国际摄影文化展活动得到了国内权威媒体的广泛关注，中央电视台、中国国际广播电台及新华社等都对活动进行了详尽报道，新华网、中国新闻网、《中国青年报》、《北京晚报》、搜狐、网易、凤凰网等国内100余家权威媒体和新媒体等也对活动进行了采访和连续报道，对打造具有国际影响力的新影像公关文化品牌，建设大美中国具有重要影响。

（三）积极响应中央号召，开展精准扶贫相关活动

为了贯彻落实十九大精神和习近平总书记就扶贫开发工作提出的"六个精准"的基本要求，中国公共关系协会充分运用中国特色社会主义公共关系资源和渠道，积极推进健康产业扶贫工作的有效开展。在 2017 年 11 月 5 日开幕的第二十四届中国杨凌农业高新科技成果博览会上，中国公共关系协会与渭南市华州区人民政府正式签署"健康产业扶贫"项目。该项目总投资 2 亿元，将加快推动渭南市华州区产业扶贫项目实施进度，助力华州区脱贫攻坚工作，最终实现建档立卡贫困户 2020 年脱贫不返贫。同时，为服务健康中国建设探索有效路径贡献力量。

2015 年 9 月 29 日，在陕西西安召开的"2015 中国公共关系发展大会"期间，中国公共关系协会与陕西省延安市甘泉县人民政府签署精准扶贫战略合作协议。中国公共关系协会、中国扶贫基金会、陕西省旅游局、延安市人民政府以及甘泉县人民政府等单位的代表参加了签约仪式。

为贯彻落实习近平总书记在陕甘宁革命老区脱贫致富座谈会上的讲话精神，积极响应 2015 年 3 月 4 日召开的《国务院扶贫办 2015 年党的工作会议》的号召，中国公共关系协会经过研究，决定与甘泉县合作开展扶贫工作。中国公共关系协会将充分发挥多元资源优势，在规划统筹、金融服务、政策引导、科技创新、企业及人才引进等方面提供支持。中国公共关系协会将与甘泉县委、县政府一起，高起点、高标准、高质量全面推进甘泉县扶贫工作。

2015 年 9 月 29 日，在陕西西安召开的"2015'中国公共关系发展大会"期间，中国公共关系协会向"中国革命文艺家博物院"项目捐款 50 万元人民币。中国公共关系协会、中国扶贫基金会、陕西省旅游局、延安市人民政府等单位的代表参加了捐款仪式。

中国公共关系协会为弘扬延安精神，传承鲁艺精神、提升延安革命文化影响力，经研究决定为"中国革命文艺家博物院"项目捐款 50 万元人民币，主要用于延安桥沟鲁艺革命旧址的修复。中国公共关系协会将与延安市委、市政府在爱国主义教育、延安精神传承、传承和弘扬中华优秀传统文化等方面共同努力，为推动传播当代中国价值观念、弘扬中华优秀文化等方面开创新局面，为实现中华民族伟大复兴的中国梦作出积极的贡献。

（四）推动构建"新闻发言人"制度，增强我国话语传播国际影响力

进入新时代以来，中国公共关系协会坚持把传播国家形象作为公共关系的一项重要工作，并作出积极的国内国际公关新探索。新闻发言人作为党和政府联系群众、沟通媒体的桥梁和纽带，站在党的新闻舆论工作第一线，懂政策、知情况、会说话，在阐释传播党和政府主张、生动鲜活讲好中国故事方面，承担着重要使命，也具有特殊的优势。

2014年，中国公共关系协会联合中国传媒大学，建立"全国领导干部媒介素养培训基地"，并多次举办新闻发言人沙龙活动，增强政府与媒体和公众的良性互动、诚信沟通，更好地树立政府形象和国家形象。2014年7月，中国公共关系协会联合法国蒙塔尔纪市政府共同举办中国"教书先生"走进蒙塔尔纪活动，进一步宣传和弘扬中国优秀传统文化，加强中法文化交流与合作，增强了国家软实力。2016年，中国公共关系协会联合新华通讯社等开展"民族品牌传播工程"，致力于民族传统文化和品牌的传播和推广，运用公共关系的力量促进中国优秀文化"走出去"。2016年，中国公共关系协会会长柳斌杰率中国公共关系协会访港团参加"庆祝香港回归祖国二十周年展览暨中国书画名家艺术展"活动，致力于弘扬中华民族传统文化，推进内地香港艺术交流。

为了更好地推动"新闻发言人"制度的完善，中国公共关系协会多次举办"新闻发言人"沙龙活动。沙龙活动以"新时代，发言人的坚守与变革"为讨论主题。特邀国家重要部门新闻发言人围绕新闻发言人制度和新闻发言人目前存在的问题和困惑等进行了深入探讨，为今后进一步完善新闻发言人制度建设提出了一些良好的建议，并取得了一定的共识。

（五）建立中医文化国际体验中心，将中医药文化的全球传播和"文化走出去"国家战略紧密结合

2015年4月3日下午，中国公共关系协会和北京中医药大学战略合作协议签字仪式在协会举行。参加签字仪式的协会领导有：十二届全国人大常委会委员、全国人大教育科学文化卫委员会主任委员、中国公共关系协会会长柳斌杰，中国公共关系协会常务副会长兼秘书长王大平等。北京中医药大学参加签字仪式的领导有：北京中医药大学党委书记吴建伟，北京中医药大学校长徐安龙等。

柳斌杰会长对双方的合作表示支持，他说："中医是中国独特的文化、技术、医疗方式，在世界上也是独一无二和最具特色的。中医药文化是我们国家最重要的文化遗产，也是当代世界最重要的遗产，党和国家都十分重视中医药的发展，一些外国领导人对中医也都很感兴趣。公关协会的工作重点就是传播国家形象、政府形象。

这次合作是从传播中医药文化走出去开始，一起开辟渠道、搭建平台，相信能为世界人民的健康与幸福贡献力量。"

中国公共关系协会常务副会长兼秘书长王大平表示，希望能够将中医药文化的全球传播和"文化走出去"的国家战略紧密结合，充分发挥各自的优势资源，通过公共关系特殊的、与众不同的传播方式，多渠道、多资源有效地向世界传播，让中医药文化为世界人民服务，也让世界了解中医药和中华文明。

吴建伟书记表示，中医文化是优秀传统文化的重要组成部分，希望通过双方的努力，在国家"文化走出去"战略中发挥更大的作用。

徐安龙校长介绍了学校在推广中医药文化走出去中所做的工作。学校探索和建立了自己的特殊模式，接下来将沿着"一带一路"的倡议，为沿途国家和地区提供更好的支持和服务。

中医药文化是我国传统文化中的瑰宝，为了传承和发扬传统中医药文化，让其更好、更快地走出国门，促进中医药理论研究与实践相结合，扶植中医药产业的健康可持续发展，中国公共关系协会和北京中医药大学进行全面战略性合作，建立中医文化国际体验中心，向世界传播中医药文化。

习近平总书记指出，"实现中国梦必须弘扬中国精神。这就是以爱国主义为核心的民族精神，以改革创新为核心的时代精神。这种精神是凝心聚力的兴国之魂、强国之魂。"阐释好中国道路，传播好中国声音，讲述好中国故事，这是习近平总书记站在党和国家战略全局的高度提出的重大任务，是时代赋予我们的重大责任。中国公共关系协会积极贯彻落实习总书记讲话精神，通过开展丰富多样的文化传播活动，传承和弘扬优秀传统文化，彰显红色文化和红色精神，推动社会主义先进文化的创新传播和发展。新时代讲述中国故事，新征程传播中国声音，新使命弘扬中国精神！

互联网＋背景下的《公共关系学》教学模式构建与创新

杨俊*

摘要：在互联网＋时代，基于职业化条件下，提出《公共关系学》课程教育教学改革的命题，我们在人才培养模式、课程体系、教学手段、教学方法等方面施行有的放矢的改革，尝试"6+1"教学，"发现——调整"式教法，构建立体化教学资源网，取得较丰硕的成果，逐步走出一条富有创新精神的提高教学质量的新路径。

关键词：公共关系学 "6+1"教学模式 "发现——调整"教学法 立体化教学资源网

随着《国家中长期教育改革和规划发展纲要》颁布，对于职业教育提出"大力发展职业教育，职业教育要面向人人、面向社会，着力培养学生的职业道德、职业技能和就业创业能力。到 2020 年，形成适应发展方式转变和经济结构调整要求、体现终身教育理念、中等和高等职业教育协调发展的现代职业教育体系，满足人民群众接受职业教育的需求，满足经济社会对高素质劳动者和技能型人才的需要。把提高质量作为重点。以服务为宗旨，以就业为导向，推进教育教学改革。实行工学结合、校企合作、顶岗实习的人才培养模式"。[①] 如何在互联网＋时代打造学习型社会、构筑终身教育体系，是摆在我们面前的时代重大课题。我们必须树立先进的教学理念，改革传统的教育教学模式，努力打造一流的优秀课程，创建崭新的教育教学方法，逐步为培养一流创新型人才奠定良好的基础。30 多年来，我们基于素质教育的背景，在《公共关系学》课程的教育教学改革中，不断与时俱进，尤其是 2016 年以来，比照国家质量工程的基本要求，在人才培养模式、课程体系、教学手段、教学方法等

---

* 杨俊：南京特殊教育师范学院教授，国家"十一五"、"十二五"规划教材《新型实用公共关系教程》主编，省级精品课程《公共关系学》负责人，研究方向：高等教育、公共关系学等。
① 《国家中长期教育改革和发展规划纲要 (2010—2020 年)》，教育部网首页。

方面施行改革,创立 6+1 教学模式,创立"发现——调整"式教学新方法,建立立体化教学资源网,主编、编著出版 2 本国家和省级规划教材,发表多篇教学改革论文,获得国家职教论文优秀奖、省级教学成果一等奖和二等奖多项,建成省级和校级精品课程,逐步走出一条富有独特创新精神的提高教学质量之路。[①]

一、6+1 教学模式

在 30 多年的高校教学生涯中,我们目睹传统教学方法利弊,在不断改革的进程中,体会到新型教学模式的有益性与价值。从 20 世纪 80 年代末,我们从事《公共关系学》教学,从学习借鉴名校如中山大学、复旦大学、中国传媒大学等高校有关公关教学的有益经验,到反思自身优劣的基本情况,逐步走出一条独特的教学之路。

在教学中,综合国际、国内《公共关系学》教学的成功经验,结合学生的实际情况,创立 6+1 教学模式。

把公关课程的教学过程整合为:

（1）教学目标与要求

（2）情景导入

（3）章节串讲

（4）课堂讨论

（5）画龙点睛

（6）创意策划

这六个环节,是按照目标、任务教学的基本思路,环环相扣,最后通过"温故测试"检验教学效果。

这一教学模式是根据心理学、教育学、教学论的基本原理,结合中国传统教育暨中国人学习思维的特征,借鉴西方大学教育的理念所实施的基本整合。我们的总体思路是,把现代公关教学理念剖析为,掌握基本知识、把握重点和难点、灵活运用技巧,达到温故知新、举一反三的目的。6 大环节是按照学生掌握知识的顺序、教师传授知识的过程,格物致知、先易后难、知行合一、与传统的教学区别在于,目标先行,确定学习计划,把传授知识的侧重点放到引起学生的兴趣上来,注重传授的顺序,先易后难、循序渐进,为防止学习疲倦,巧设互动情景,把问题和难点摆出来。

---

① 省级、校级精品课程《公共关系学》,教育部全国精品课程教学资源网高职高专《公共关系学》,精品课程专栏《公共关系学》。

二、"发现——调整"式教学方法

这一方式的施行是建立在贯彻科学性与思想性相统一，理论联系实际、启发性、循序渐进、因材施教等教学原则基础之上，面向广大学生，以学生为主体，自觉发挥老师的主导作用。

"引导"——启发发现思维，形成问题情结。

这是教学的第一个环节，注意学科性质，把握系统性，找准切入点，"引导"学生开阔视野，为发现问题奠定基础。

"发现"——深入阅读思考，收集发现材料。

这是教学的第二个环节，在"引导"基础上，启发学生发现新问题，从而改变传统教学"学而不思则罔"的弊端，变被动接受为主动反思、联想，为进一步学习做准备。

"调整"——交流发现结果，综合比较选择。

这是教学的第三个环节，在"发现"基础上，收集各种相关资料，互相交流，课堂上下"针锋相对"，互相争辩诘难，教师积极主动进一步引导、调整，积极发挥教学的主导作用。

"再发现"，取得发现认同，继续深层探索。

这是教学第四个环节，在相互交流、争论、辩诘基础上，让学生们对上述问题进行比较、反思、选择，从而形成属于自己独特的新思想、新发现，这就逐渐由感性认识上升到理性认识。

在这种新的教学方法中又包含着重视实践的环节，为了对某一理论有更深认识，必须联系实践，所有的"发现"均建构在对诸多"案例"判断、剖析、辨别的基础之上；同时，为了帮助学生认知新概念、知识点，培养他们的学习兴趣，必须关注当今的国际国内热点问题，借助新闻媒体、网络技术，提供最新资讯的源点，让学生在学习中始终意识到今天的学习不是仅仅回溯历史，而是博古通今，学以致用，提高对环境事物复杂性问题的鉴别、取舍，找回自我，回归提高自己素质——发出眼光，练就"孙行者火眼金睛"，运用"金箍棒"——随心如意地把握世界、把握今天、把握自我，明确"今天每时每刻点点滴滴的努力，将来总会回报"。

针对实际状况，加强学生动手能力的训练。在讲解宣传功能时，结合学院"教育管理与发展研讨会"精神，让学生们尝试做一做"宣传教院，展示自我"的实践活动，自编一期小报。学生们兴趣浓厚，积极参与，自编了图文并茂、生动形象的各种小报，完成了一项有益的宣传活动，增强了对公共关系"宣传功能"的深刻认识、切身体悟，为将来走向社会开展宣传活动奠定了良好的基础。

三、立体化教学资源网

为了把《公共关系学》课程真正建成立体化课程，我们与高等教育出版社、电子工业出版社和南京特殊教育师范学院相关技术人员合作，开发出文秘专业立体化教学资源网：《新型实用公共关系教程》《公关与礼仪》；华信教学资源网：《新型实用公关实践教程》；《公共关系学》；电子光盘三套，国家、省级"十一五""十二五"规划教材6本，具有庞大的网络教学空间：课程标准、教学队伍、课程教案、教学课件、教学实践、课后习题、参考书目、教学录像、教学评价；网络学习：学习建议、电子课件、公关案例库、在线测试、课程录像、课外学习参考、校外学习资料链接等。

这是基于新职教理论指导下推进《公共关系学》课程教学体系、课程结构、教学资源、教学方法的改进，按照公关职业的工作特点确定职业功能和工作内容，依据工作内容确定技能要求暨相关背景知识，体现以技能训练为导向的教学改革思想。

在《公共关系学》网站上，我们按照教育部对于国家精品课程的基本要求：实施"五个一"工程，即"一流教师、一流教材、一流的教学内容与方法、一流的教学管理"。负责人是省级专业带头人、教授，主编普通高等教育"十一五""十二五"规划教材3本、省级规划教材3本，获得国家职教优秀论文、省级教学成果二等奖，在国家核心及省级期刊发表70多篇教科研论文。3名主持人有2名为省级带头人，其中1名教授、1名副教授、1名博士在读，3名讲师，3名助教，2名某企业总经理（高级经济师）。共同构成强有力的师资队伍，在同类院校中领先。使用的主教材是由教授、副教授合作主编的国家"十一五""十二五"规划教材（由高等教育出版社出版），辅助教材也是国家级"十一五""十二五"规划教材和全国高职高专教育"十一五"规划教材。根据学生实际状况，我们经过市场调研，确定课程标准和教学大纲，在教学中严格实施，确保教育教学质量。教学内容围绕当前的市场信息与实践状态，确保有的放矢。在多轮的教学实践中，我们首创"调整——发现"式教学方法（详见前述）。从30多名获奖的优秀学生和连续5年就业率达到98%等实际状况衡量，这是达到省内先进、国内优秀水准的方法。在具体课程实施中，我们多年来一直严格按照现代教育管理流程，课程标准、教学大纲、教师备课、试讲、听课、评课，引入学生网络评教，对于课程实施全程监控。

在我们的网站上，特别推出"网络学习"专栏：包括有学习建议、电子课件、习题解答、公共案例库、在线测试、课外学习参考、校外学习资源链接等。有效地拓展第二课堂，让学生及时把握最新资讯、专业前景、发展方向，树立"仰望星空与脚踏实地"的理念，把课堂学习与社会实际结合起来，朝着"学以致用"的目标迈进。

在课程标准与教学大纲中，我们结合信息技术职业学院的特点，有目的地安排了网络公关一章，在实训教学计划中，我们安排4次网络教学实践作业：编辑一期电子小报（要求学生以组为单位）、设计一张电子网页、创建个人空间、设计编写一本电子书。让学生在学习中明确当前在网络时代、信息化背景下，要学会充分地利用网络为高效率地掌握实际技能奠定良好的基础。

学习之余，学生们建立了QQ群，利用Email、MSN、BBS等针对相关的公关理论与国际、国内热点的公关案例、事件展开讨论，写成书面的文章，转换成电子文档，适时地在网上交流、互动。

实践证明：网络为信息化背景下的公关教育教学提供了无限的空间与实践舞台，在信息高度密集、快捷的眼下网络社会，公关教育教学为学生接触社会提供了崭新的平台，许多危机事件的发生及处理，为我们的公关理论与实践教学提供了不可多得的范本与例证。学生对于网络背景下的公关教学所得到的收益非常明显，为以后的自主选择就业、创业提供了便捷的条件和演练与锻炼机会。

《公共关系学》网络课程里，我们巧设了校外链接的"中国公关网""中国国际公关协会网""文秘立体化教学资源网""华信教学资源网"等国内一流的公关专业与教学网站，无限量的信息、咨询，大流量的板块、空间，为公关教学提供了无限量的平台。师生可以在同一背景下互动、交流、反馈，相互切磋、辩驳，及时沟通，使"坐地日行八万里"成为现实。在网络的支撑下，师生的"教学"得到"相长"，彼此互学、互助得到互进。

本文系中国高等教育学会"十三五"高等教育科学研究规划课题公关教育专委会立项课题《互联网＋背景下课程改革与创新——以精品课程〈公共关系学〉建设为例证》阶段性成果，编号：GZ2016021。

从协助跨国公司走进中国到鼎力中国企业走向国际

—— 伟达（中国）变迁折射中国公共关系三十年

于爱廷*

摘要： 1984 年伟达在中国建立办事处，从而开创了中国公共关系的先河。值此中国公共关系协会成立三十周年之际，通过搜集整理相关资料，再次回顾历史，展望未来，颇有深意。笔者非常有幸 2002 年加入伟达，至今已经 15 年，目睹并见证了伟达过去 15 年的发展。希望通过伟达的变迁折射出中国公共关系业的发展繁荣，鉴于水平有限和时间仓促，难免有不当及遗漏之处，还望指正。

一、洞察先机，1984 年伟达率先将公共关系带入中国

1. 20 世纪 80 年代的中国的公共关系

20 世纪 80 年代初的中国，媒体、通讯、信息都不发达，然而正值改革开放之初，人们已经开始向外看。而此时的香港，已处在世界经济发展大潮前沿，被称为"亚洲四小龙"之一。当时人们除了学习许国璋英语，还有不少人开始以学习粤语作为时尚。80 年代初，香港电视剧《霍元甲》《上海滩》播出时，可谓火爆异常，《万里长城永不倒》，相信这首歌几乎到了"全民 K 歌"的地步。

广州由于距离香港很近，成为当时改革开放的前沿。我当时考入了令人羡慕的对外经济贸易大学，主要因为这所大学毕业的学生会分配在颇令人羡慕的外贸单位，可以经常出国。记得当时大四因为生病未能去广交会实习还伤心不已，年轻的心怎

---

* 于爱廷：伟达（中国）公共关系顾问有限公司中国区高级副总裁。

么抵御时尚的诱惑！款式新颖的服装，轻巧的电子表，洒脱的墨镜，这在当时着实令人心动。

如果物质只是表面的，那么外来的先进思想可谓一股春风吹皱封闭静谧的生活。据说当时广州的白天鹅宾馆、中国大酒店是 20 世纪 80 年代早期中国公关的先锋。也正是如此，何春晖在《中国公关的回顾与瞻望》一文中多次提到了广州的公关行业。据悉 1984 年，广州的白云山制药厂率先挂出了国内第一块国有企业公共关系部的招牌，并注资 120 万元，开展公共关系活动，陆续举办了广州"白云杯"城市国际足球邀请赛，广州歌舞团也被白云收归麾下。白云制药厂的声名也随着足球和歌舞团的南征北战而威名远扬。

在当时的首都北京，公共关系还是极为陌生的概念，也没有任何国际和国内的公共关系公司，然而改革开放的春风已吹，市场已经在暖流涌动。

2. 洞察先机，伟达率先进入中国大陆

公共关系诞生于美国，据考证，这个概念，是 20 世纪初在美国首先出现的，当时最早使用这个概念的，是美国的一个新闻记者——艾维·李。1904 年，艾维·李使用 public relations 这个词来描述公共关系的概念，后来人们把它简称为 PR，这就是公共关系的缩写。而伟达的创始人约翰·希尔（John Hill）也属同一时期的先知先觉者。作为一名记者，希尔先生发现媒体与企业还存在隔阂，记者在采访企业方面存在许多不便，企业也不知如何和媒体打交道，因此，他于 1927 年在克利夫兰建立了公共关系公司，1934 年与诺尔顿（Don Knowlton）先生合作成立伟达（Hilland Knowlton）公司，并将总部迁到纽约。此后伟达便迅速将公共关系的理念开始在全球传播并建立起公共关系的国际网络。

1958 年伟达进入日本市场，1962 年又率先登陆香港。20 世纪 80 年代初，伟达香港在与客户，比如当时伟达香港最大的客户和记黄埔（之后由李嘉诚掌管）的密切交往中，预感到中国大陆市场对公共关系行业的需求，因为一些香港及跨国公司的客户已经为进入中国市场迈出尝试性的第一步。为此，伟达相信中国大陆必将迎来公共关系的时代。

于是 1984 年春，伟达任命曾有大陆工作经验的柯任弥（RON CROMIE，加拿大籍），为伟达北京代表处首席代表。同年十月，中国改革开放总设计师邓小平宣布了一个重大方针战略——对外开放，这标志着一个重大的机遇在中国已经出现。这与伟达当时的洞察不谋而合，于是更加坚定了对中国的信心。伟达便立即着手启动在北京

的客户资源，四处奔波筹备进入中国大陆市场。

3. 1984 年伟达驻京办事处注册成立，书写中国公共关系历史

公共关系公司作为战略沟通和传播咨询服务公司，必须具备深刻的洞察力、前瞻的思考力和果断的行动力，而伟达之所以能成为世界领先的公共关系公司是具备这种素质的。看准机会，雷厉风行，利用客户关系，跑手续，争盖章，解释各种质询，短短几个月内，最终获得许可，能够在当时的环境下在中国开启公共关系行业，这是史无前例的创举。1984 年 10 月 24 日，伟达正式在中国注册成立第一家以从事公共关系领域服务的跨国公司驻京代表处，注册地址在当时北京长安街上的京伦饭店。跟随其后的其他国际公共关系公司如博雅、爱德曼等也相继进入中国，然而伟达先声夺人，率先一步第一家取得登记注册，从而创造了历史，也让中国公共关系教科书永远记载下这一时刻。

据说伟达在备案时，当时的经贸部也无法完全厘清其核心业务，不知如何该将公共关系公司，归类于咨询业，还是广告业，还是活动公司。对于一般百姓来说，大家对现代公共关系这一舶来品和改革开放的产物，既好奇又有不少想当然的猜测，理解偏颇，甚至走入误区。

其实笔者自己最早接触公关，也跟多数当时的国人一样，是从 1989 年看了黄加良执导的电视连续剧《公关小姐》开始的，这是大陆最早的反映改革开放、最早反映公关行业的电视连续剧，创下了诸多第一。在改革开放之初，五星级国际大饭店是国际友人最早下榻之地，普通人很少进入，而五星级饭店的对外事务经理，见多识广，落落大方，往往是饭店对外沟通的形象代言人。《公关小姐》取材于广州中国大饭店，主角设计为一名来自香港的公关人士。现在记不清电视剧的具体情节，但女主角时尚光鲜，美丽大方而又优雅知性，让"公关小姐"异常火爆！其实当时最早在北京做公共关系的专业人士，许多都是在北京的中国大饭店，长城饭店，建国饭店等工作过的公关经理，他们专业的素质和广博的见识，为公共关系在中国的迅速扩张起到推波助澜的作用。

4. 开张伊始，伟达办公条件简陋，却接单服务世界顶级客户

1985 年 1 月 25 日，星期五，一个十分寒冷的冬天，伟达北京代表处在长城饭店举行了开业典礼。尽管天气严寒，但人们似乎对公共关系这个新事物还是充满关注和期待，超过 200 名宾客参加宴会，包括政要、外交官、外国商业代表以及中外媒体，其中最重量级嘉宾是邓小平之子邓朴方。伟达全球总裁洛埃特·威尔曼斯（Loet

Velmans）参加了此次典礼，那是他第一次来中国，完全没有架子，是个非常和蔼可亲的荷兰人，给予北京办公室的开业大力支持。开业的前一天，伟达还举办了一整天的研讨会来为中国相关政府机构和媒体介绍公共关系的概念。

成立初期，伟达北京代表处在京伦饭店 3045 房间办公，面积大约 30 平方米左右。那时伟达全部家当就只有一张两边都可以坐人的中式办公桌，一把中式椅子，设备只有一台英文打字机和一个电传机。公司人员只有首席代表柯任弥（Ron Cromie）先生、梅森先生、赵青先生 3 人。

但是实际上在伟达办公室正式启动之前，伟达北京代表处已通过香港先签下六七家固定客户以保证资金的正常周转。根据伟达当时的首席代表柯任弥先生回忆，当时最早的一批客户有：第一次进入中国的 IBM，紧接着是美国通用公司、德国汉莎航空公司、可口可乐等。伟达北京办事处在正式开张之前，曾帮助 IBM 公司 5550 型台式电脑开展新品发布，这是第一台将中国汉字输入的台式电脑。就这样，伟达在北京公关和媒体概念尚未形成的情况下，设法进入了市场，可以说 1984 年伟达在中国的第一份公关合同是和当时世界上最负盛名的、要求最为严苛的 IBM 公司签订的。

IBM 5550 台式机的新品发布虽不算当时轰动性的新闻，但还是在中国媒体报道中占据了非常重要的位置，同时，新闻背后的推手伟达北京代表处，引起了驻北京国际媒体的关注，然而那时的伟达北京办公室还没有正式开张！

5. 创立伊始，备受瞩目，伟达联合《中国日报》首创中国中央政府组织机构挂图

20 世纪 80 年代，作为当时唯一的公共关系和政府事务的咨询公司，伟达享受极高的话语权和地位。由于当时市场对外信息还比较闭塞，那些早期的跨国公司来中国市场考察——他们更多的是希望了解中国的商业文化环境，社会公共关系各个层面，从而更准确把握投资意向，而不是急于达成重大交易，而当时了解这方面实情的仅有为数不多的驻华大使和少量的律师、银行家等，而伟达由于最先入场，可以享受早期蓝海市场的红利，提供当时为数不多的高端公共关系咨询服务。当然后来中国对外开放的大门进一步打开后，情景早已不可同日而语。

据伟达第一任首席代表柯任弥先生透露，当时伟达的一个内部项目，日后却产生了不可思议的深远影响——就是中国政府高层组织架构图。通过将中国前 80 名左右官员头衔的整理及照片的收集，将高层管理机构和中国官方政府的布局在一张图表中展现出来，这样做，其实是为了给国际客户提供一张清晰的中国政府组织图

（Government Mapping），以便他们更好了解中国政府，进而更好地与政府沟通，这当时是伟达提供的政府公共关系的一项服务。于是伟达联系当时中国唯一的一份英文报纸China Daily，即中国日报（英文版）询问是否可以帮忙提供相关照片的时候，伟达团队非常惊讶，China Daily答应为整个项目全程提供帮助。最终的中华人民共和国政府图是此类图表中第一个出版的，据说CIA和隐秘学者都做过早期努力，但是没有一个能够出版刊发。而伟达最终办成，并最终将图表挂图发布出去，可谓又一创举。由于来自全世界商业和政府部门对副本的需求量实在太大，后来就开始收费来抵消开支。

这张政府图几度更新，并且持续刊发了很多年，这令伟达首任代表柯先生每当回忆至此都倍感荣耀，"最初版政府图是我亲手绘制的，每当看见它挂在许多跨国公司的客户和大使馆办公室中，我都会感到十分自豪"！

二、开创先河，书写历史，伟达在中国创立的"第一"

1. 门庭若市，占得先机，伟达开业迎来第一批客户

仅仅开业几个月之后，伟达就迎来了百事可乐品牌在人民大会堂的盛大开业，那时还由唐纳德·肯德尔（Donald Kendall）执掌"帅印"。这算是伟达柯任弥领导的团队第一次走进神圣的人民大会堂，为了活跃和提升百事可乐盛大开张的现场气氛，伟达还开创性地将音乐家现场演奏带入大会堂，让跨国公司的公关活动不仅高雅隆重而且气氛热烈，这在当时亦是开创活动新风尚。

随后伟达接待了杰克·韦尔奇（Jack Welch）第一次访华。杰克·韦尔奇是美国通用电气公司的长期首席执行官和美国企业偶像。他全身心投入的、放松的、充满兴趣的工作状态深深感染伟达员工。另一个公关活动是接待德国汉莎航空公司的首席执行官海因茨·鲁诺（Heinz Ruhnau）。在那个时候德国汉莎航空公司对中国市场已有了深刻洞察，他们对待乘客的态度也与其他航空企业迥然不同，伟达在服务客户的过程中可谓比肩学习，共同成长发展。

接下来的几年中，可以说国际公共关系公司在中国的业务风生水起，如火如荼。伟达接管了范围更为广阔的活动和项目：首席执行官访问、公司开业、商展、合资通告、记者招待会、一对一采访，以及各种类型的公司事宜。每天，伟达团队都在大量赶制新闻稿、公司演讲稿、中文的宣传册和各种新闻素材。

当时的伟达，算是作为外资或外国政府部门了解中国的窗口。伟达也积极向他们介绍中国巨大的市场潜力和机遇，以及相关中国行业合作伙伴。以下是根据伟达当时的首席代表柯任弥回忆，简要介绍伟达最初几件里程碑事件：

1985 年的通用汽车项目：在中国改革开放的初期，中信公司需要配置一系列凯迪拉克轿车用来作为租赁车辆。这就给通用汽车公司高调进入中国带来机遇。在北京举办的发布会活动中，伟达需要安排将第一辆凯迪拉克轿车开上公路，并且配合瑞士摄影家瓦尔特的拍摄工作。当时伟达安排车队开车绕行壮丽辽阔的天安门广场兜圈，以便可以让摄影师拍到有以毛主席画像为背景的照片。令伟达感到惊讶的是，在北京这种安全一流的地方，交警对黑色锃光瓦亮的加长版豪华轿车还是充满惊奇，给予了格外的礼遇，停下来往的车辆、拦住穿梭的人群，让轿车能够顺利通行，以便摄影师拍到理想的照片。事在人为，大功告成，此次活动的照片一经发出便被整个世界引用，包括《纽约时报》的封面！

此外，1985 年春天伟达为美国纳贝斯克与北京义利食品厂的合资签约及 1987 年生产开业典礼提供公共关系服务，这几乎是中国最大型食品合资公司的开张，或者至少是北京地区。成立后首先制造了乐之饼干和稍后的奥利奥，随后推出了中国本土品牌的饼干。

纽约证券交易所：这是伟达早期举办过的最大活动，伟达参与了整个活动流程。在 1986 年后期，由约翰·费伦（John Phelan）带领的纽约证券交易所（NYSE）董事会和高层领导到北京做历史性的访问，和中国人民银行联合开展一个高端经济市场研讨会（即便那时中国并没有任何股票市场的迹象）。几个月前就有纽约证券交易所的策划者不断来中国访问考察——每次都会有多变的增加的需求。但是，唯一一个纽约证券交易所官方和伟达总部双方都清晰不变的核心信息就是费用花销不是问题。等到代表团抵达的时候，伟达有将近20人的团队全天候为代表团的到访提供服务，而且是与美国大使馆人员以及一家纽约顶尖的律师事务所"并肩作战"。这是伟达那个时期服务过的要求最为严苛的客户了，当然费用方面他们不差钱！

肯德基：在 1987 年肯德基是第一家在中国开张的西方快餐店。伟达负责肯德基的全程开张活动和所有的媒体报道事宜。作为中国的第一家快餐店，伟达团队将录制的视频通过卫星传送给伟达纽约，然后再由伟达纽约分发给各广播媒体。这再一次成为当时轰动一时的新闻，并且上了世界各大媒体的头版头条。谁会想到一家"洋快餐店"的开张会成为中国就此改变的标志性事件呢？

李·艾柯卡：他是克莱斯勒的首席执行官，前福特汽车首席执行官。克莱斯勒的吉普车部门（前美国汽车）开始在中国开启第一家汽车合资公司。1987年的春天，李·艾柯卡的中国之行是在他职业生涯中的最后阶段。他那时是美国汽车行业最具标志性的公众名人。他乘着私人喷气式飞机（在那时的中国非常少见）前来，伟达自始至终都对他细心照顾，他为人谦和，成为伟达合作过的最愉快且有礼貌的首席执行官之一。此次活动吸引了几乎所有外媒的出席。

2. 伟达开创中国公关诸多第一

伟达这三十年做过无数次大型公关活动，特别是早年的公关活动，都具有里程碑意义。对伟达来说，当时媒体曝光率最多的词是"第一"或者说"首家"。

- 第一家进驻中国大陆的国际公关公司。
- 第一家画出中国政府图的公关公司。
- 首次开创媒体与企业一对一采访咨询形式。
- 1984年底IBM在中国第一家办事处的开业。
- 1985年，在天安门广场，美国通用汽车公司向中信公司捐赠21辆凯迪拉克支持改革开放。
- 1987年，第一家肯德基在深圳剪彩开业。
- 1990年，必胜客开了第一家外卖连锁店。
- 1993年夏天，Baskin Robbins 在北京首家冰激凌店开业仪式。
- 1995年，英国电信驻京办成立。
- 1995年微软与中国有关部门签署win 95合作协议。
- 1996年拜耳医药保健有限公司北京新厂房的奠基仪式。
- 1996年6月26当肯甜甜圈在北京的首家专卖店开业。
- 1997年12月12日，在国际俱乐部伟达和当时外经贸部的中联合作签约仪式。
- 1998年，宝洁飘柔全国选拔赛"梦想成真 飘柔之星"正式启动。
- 1999年，宝洁佳洁士启动校园活动"口腔卫生马拉松"。
- 2002年，上海大师杯网球公开赛开启体育新纪元。
- 2004年，伟达为300位市政官员进行SCIO媒体培训。
- 2006年，伟达成为北京奥运会官方指定咨询传播顾问机构。
- 2007年，梅赛德斯-奔驰"绿色财富"活动启动，旨在保护国家文化遗址。

- 2008 年，北京奥运会指定公关公司。
- 2009 年，伟达受聘担任上海世博会公关服务供应商。
- 2010 年上海世博会公关公司。
- Holmes Report 2012 评为亚太年度最佳公共事务公关公司。
- 第一家为国务院新闻办提供新闻发言人和危机培训的公关公司。截至 2015 年，伟达培训了超过 400 名中央和地区级发言人。

三、勤奋耕耘，砥砺前行，与中国公关业共同发展三十年

1. 伟达协助跨国公司融入中国

在伟达发展前期，世界五百强的跨国公司客户占到伟达业务的 80% 以上。2002年笔者受当时伟达人事总监张丽惠女士之邀，几经面谈加入伟达。继 IT 行业之后，汽车作为支柱产业，成为公关公司觊觎的目标。伟达邀请所谓汽车公关"五朵金花"之一的笔者，主要想加强在汽车、能源、交通等领域的公关业务。

其实笔者与伟达也早有接触，20 世纪 90 年代后笔者在奔驰中国时，作为中国总裁助理和奔驰中国的香港律师及产品经理在伟达香港接受了危机培训，当时伟达公关的专业性还是给笔者留下深刻印象。加入伟达后，笔者首先拿到壳牌，他们赞助一级方程式赛车进入中国，随后拿到日产、奔驰汽车、捷豹路虎等品牌的公关服务，之后伟达全球开始服务福特汽车。

其实公共关系公司吸引人的魅力在于，你可以涉猎多个行业，与不同公司接触学习与服务。一家优秀的跨国公司就是一所大学，其文化积淀，品牌内涵及领导人的风范都会散发光芒！

为了更好地融入中国，许多跨国公司在业务发展的同时，也积极开展社会公益事业，承担企业社会责任。公共关系和公益事业，都共同着眼公众，为此，笔者也感觉非常荣幸能在伟达这样的平台上，积极协助跨国公司更好地融入中国社会和社区，树立良好的企业形象而做一些实实在在的事情。

（1）宝洁搭建希望工程，助力孩子生活学习成长

2003 年 4 月，笔者和团队到广州为宝洁的希望工程实施提案时，回来时看到飞机上不少人戴口罩，我们还不以为然，回到北京才知 SARS 爆发。后来我们通过电话会议沟通，可喜的是伟达最终赢得宝洁的项目。在其后几年我们与宝洁转战大江南北，

为中国更多在边远贫困地区需要帮助的孩子，建立宝洁希望小学。

"亲近生活，美化生活"是宝洁公司的使命，通过细微但有意义的方式不断美化现在和未来世世代代消费者的生活，不仅仅体现在宝洁公司的产品品牌和服务上，更体现在宝洁公司作为一个有高度责任感的企业所承担的社会责任上。宝洁大中华区公益项目关注重点是青少年的基础教育，宝洁希望小学项目是宝洁大中华区公益的旗舰项目。2005 年，宝洁正式确定其全球公益活动的关注点为帮助 0—13 岁需要帮助的孩子"生活、学习、成长"，截至 2013 年 6 月，宝洁已累计向希望工程捐款 7000 万元人民币，在中国 28 个省援建宝洁希望小学 200 所，超过 20 万名儿童受益，并一直保持在华跨国公司中捐建希望小学最多的纪录。

近日希望工程的形象代言人、当年那个渴望的"大眼睛"苏明娟因当选共青团安徽省委副书记而再次进入公众视野。作为希望工程的受益者，苏明娟表示，"要感谢这些爱心人士、有责任感的媒体，他们传递起爱的力量，改变了我们这些农村孩子的命运。"笔者相信她的话代表了成千上万名农村孩子的心声，正是由于有宝洁这样的公司长期以来对希望工程的鼎力支持，改变了中国多少孩子的人生轨迹。

（2）自然之道，奔驰之道

众所周知 1886 年卡尔本茨先生在德国发明了世界上第一辆汽车，从此奔驰为世界安上了轮子。百年后的今天，汽车已成为人们的代步工具，然而汽车带来的环境问题也成为公众特别关注的议题。在宣传燃料电池汽车的同时，伟达还特别策划了"自然之道 奔驰之道"世界自然遗产地保护项目，该项目与联合国教科文组织达成长期合作，致力于保护中国仅存的世界自然遗产地的教育保护和修复，并成为首家向中国世界自然遗产地捐资的汽车厂商。"自然之道 奔驰之道"

图 1：2006 年宝洁全球和中国高层回访青海省循化县孟达乡宝洁希望小学

自然保护项目得到了健康、快速的成长，收获了累累硕果。项目累计捐资超过 5000 万元，诸多世界珍稀物种得到了科学、妥善的照顾，亿万年的珍贵自然遗存得以延续传奇，包括四川大熊猫栖息地雅安、都江堰－青城山、中国南方喀斯特以及庐山、三清山在内的多个世界遗产地也因此得到更加全面专业的保护。

绿色，充满生机；绿色，孕育希望；绿色，象征着人类的生生不息，绿意盎然的大自然是人类共同的家园，而作为拥有百年历史的汽车企业，梅赛德斯－奔驰始终不忘自己的企业社会责任，一直在科技发展与环境保护之间寻求平衡，成就了自身强大的"绿色竞争力"。

在协助客户做好企业社会责任的同时，伟达自身也积极参与中国公益事业，知行合一，践行社会责任。伟达与北京利智康复学校建立长期合作关系，资助并定期看望智障人士，参与"彩虹涂步"项目，积极帮助智障弱势群体康复快乐，更好融入社会。

2. 关键时刻，彰显实力，伟达助力 2008 年北京奥运会和 2010 上海世博会

2006 年 4 月 27 日，第 29 届奥林匹克运动会组织委员会与伟达公关签订合作协议，聘请伟达公关公司作为 2008 年北京奥运会的传播顾问。伟达东北亚首席执行官贺志明表示，"伟达公关能助力北京奥运会，这令我们感到无比自豪。伟达也将通力与北京奥组委合作，确保大会宣传圆满成功"。

在伟达公关董事长兼全球首席执行官唐博（Paul Taaffe）看来，伟达公关能够成功地争取到这个机会主要得益于以下几个方面的优势：伟达公关中国团队的努力、与国际奥林匹克委员会长久的联系以及其庞大的全球网络资源。具体来说，伟达公关曾经协助雅典、伦敦和芝加哥等城市申请夏季奥运会的举办权；作为全球第二大传播集团 WPP 集团旗下的子公司，伟达公关在全球 50 个国家和地区设立了 80 个分支机构，从而能够在世界范围内开展工作。

图 2："自然之道 奔驰之道"世界自然遗产地保护活动

"现在，公共关系已不仅仅局限于一个国家，它是在世界范围内开展的。"唐博说。

伟达公关利用其服务奥林匹克运动的经验，对中国官方政策的理解，多元化的经验和资源保证了一个可以超过 2 年的全方位公关战略。最终的结果是，北京奥组委、主办城市和主办国家都用"同一个声音"对外传播。奥林匹克运动的利益相关者均对北京奥运会

图 3：公关与公益紧密相连——伟达走进智障人群，倾情公益关注弱势

的场馆建设、交通设施，为运动员、观众和国际媒体提供的杰出服务表示非常满意。闭幕式上，国际奥组委主席罗格称赞北京奥运会是"无与伦比"的。

3. 伟达领导人从国际化到本土化

随着中国公关业的发展，伟达在中国的领导人也从国际化逐步走向本土化。据伟达最资深的员工梅森先生讲述，在历任伟达领导人中，除了第一任首席代表柯任弥先生的敢为天下先的勇于开拓精神给他留下深刻印象外，另一位值得特别铭记的就是名叫陶黛茵的美国中年女士。她是伟达中国的第 6 任老板，任期也是最长的，从 1992 年 5 月到 1998 年 10 月 14 日。她来之前伟达北京代表处一直都是八九个人，从来没有超过 11 个人。这位洋公关女强人，精力充沛，作风泼辣，业务能力超强，她来后招进了一些非常能干的年轻才俊一同开拓客户和业务，使得伟达的业务蓬勃发展，当时鼎鼎大名的通用汽车、微软、苹果、摩托罗拉、波音公司在她任职期间，得到空前的发展。当她于 1998 年年底离任时，不少员工都为之落泪，共同奋斗的峥嵘岁月，成为永恒的美好记忆。

后来伟达又来了两位"中国通"，都对伟达在中国业务的发展起到重要推动作用。一位是伟达公关公司北亚区总裁兼首席执行官贺志明（James Hom），现在是美国纽约华美协进社社长兼总裁，曾在美中关系协会工作过，是布什政府的中国事务顾问，除了会讲英语外，还会讲法语和一口流利的京味北京话，同时也可以用粤语以及马来语和日语进行日常沟通。

另一位"中国通"是何立强（John Holden）先生，现任北京大学光华管理学院教授，以优异成绩取得美国明尼苏达大学学士学位及斯坦福大学硕士学位，主修中国语言文学。曾任美中关系全国委员会会长，该委员会接待了 1972 年中国乒乓球队在美国的访问。

伟达中国第十一任老板是郭景良（Esmond Guo），新加坡人。郭先生曾有国际知名广告公司工作背景，思想开放，睿智通达，他来时伟达北京 70 人左右，后来连续三年收入翻番，人员扩增到约 200 人，办公室也几度扩大，可以说公司一度达到了鼎盛时期。

2016 年 3 月 15 日，伟达公共关系公司宣布任命梁启春（QC Liang）为中国区首席执行官，负责伟达在华包括北京、上海和广州等地办公室的业务运营和发展。梁启春表示，"如今中国企业着力打造全球领导品牌，为专业机构带来了巨大的商机。感谢伟达为我提供了这一既独特而又极富挑战的角色，我期望能在这个转型变革的时代，将伟达在中国富有传承并深受信赖的品牌发扬光大。"

4. 伟达成为中国公共关系界的"黄埔军校"

"第一代"公关公司理所当然地起到了"黄埔军校"的作用，培养了日后公关界的领军人物。

曾在伟达工作历练过的商容，现在是微软中国公关总监；曾任伟达上海总经理的杨斌，现任利乐全球公关总裁；企业传播总监张怡璠，现任英特尔中国区市场总监；赵明总监，朗明公关创办人；张心宏总监，信诺传播副总裁；孙玉红高级副总裁，问校友APP创始人兼CEO；伟达中国总裁叶钰，创立了吾铭国际。伟达还培育了无数战斗在一线的公关人，他们非凡的洞察力、思想力和实战能力，成为公关行业的精英代表，为中国公共关系行业的繁荣发展作出了积极贡献。

四、新时期，迎接新挑战与新机遇，走向新未来

1. 新时期伟达的洞察和伟达独创的新时期3P公关理论

从传统公关到全媒体时代的公关，传播的方式发生重大改变。互联网，智能技术加速，新科技公司呈指数增长，品牌更加彰显个性，作为第一家进入中国的国际公共关系公司，伟达面对新时期的挑战，不仅与时俱进，也在不断开拓向前。伟达独创的3P传播理论（Purpose, Performance and Preference），坚信内容为王，而创意和想象会为内容呈现更加生动新鲜，为此伟达增加了创意和新媒体传播团队，利用数据，让传播更精准和精妙。伟达致力成为战略思考+活力+创意+精彩故事讲述者+危机沟通+信任伙伴……利用伟达遍布全球的网络资源，让伟达赢得了更多客户的青睐。

2. 伟达业务也积极向纵深拓展

2017年年初，在政策和市场的双重引导下，房地产行业整体面临业务转型与品牌升级的急迫需求。凭借在品牌传播领域的丰富经验和敏锐洞察，伟达企业传播公关资深服务团队在印红副总裁的带领下，在公司管理层的支持下，快速搭建起了一个联动北京和广州的房地产协同工作平台。短短半年，该团队规模已超过20人，服务于多个国内知名房地产企业。从房地产企业业务转型的需求出发，伟达团队致力于提供品牌调研与定位、品牌战略制定、品牌故事梳理与包装到品牌整合传播的全流程服务，帮助房地产企业找到除地产业务以外的差异化竞争力，并从企业创始人

的初心出发，包装出一整套品牌故事，助力地产品牌升级。凭借伟达在住宅地产、商业地产、产业地产、特色小镇、运营服务等房地产各细分领域丰富的服务经验，和已经搭建起的能提供从品牌调研与定位、品牌战略制定、品牌故事梳理与包装到品牌整合传播的全流程服务的资深服务团队，基于对房地产政策深度分析的品牌与传播策略输出和丰富的地产行业媒体及 KOL 资源，伟达赢得了包括：万达集团、华夏幸福基业股份有限公司、远洋集团、雅居乐集团、东旭集团、众美集团、中原地产、鸿坤集团、联东集团等客户，覆盖住宅地产、商业地产、产业地产、特色小镇、运营服务等房地产行业各细分领域。

3. 紧跟中国"一带一路"，建立伟达"东西惠通"战略组

现在的中国正在经历一个根本性转折点，中国的经济正从投资驱动模式转向消费驱动模式。正因为如此，中国正朝着创造型、创新型经济发展，企业正在竞相提升价值链，尤其是大公司和"民族品牌"。伟达预测中国对外直接投资继续增长且趋势有望持续。2016 年见证了中国公司的投资扩展已经不仅是为了获取新技术，还对外国企业和资产进行战略投资以获取影响力和杠

图 4：伟达员工与陶黛茵的合影

图 5：1994 年 10 月，在王府饭店举行伟达公司开业 10 周年庆典

图 6：伟达三十周年得到中国公共关系协会的热情祝贺 （右二为中国公共关系协会常务副会长兼秘书长王大平，左二为伟达全球首席执行官杰克·马丁）

杆作用，但随着中国企业向海外扩张，也面临不同层面的新的沟通挑战，包括政府、商业伙伴、雇员、客户和当地社区。迅速变化的沟通环境要求企业提高创造力，提升可靠性，要更好地了解公众在国际层面上的力量。

作为2015年推出的新项目，伟达中国联合伟达全球推出"东西惠通"（EastWest）发展部，支持中国企业对欧美进行投资，同时也为中国市场的国际合作提供帮助。伟达"东西惠通"利用伟达自身已有的项目经验，特别是伟达在中国企业海外投资的关键领域具有深厚的专业知识，包括能源、工业、科技、金融、专业服务、消费品、零售和休闲。通过提供独特的文化视角，也通过卓越的互联网技术协助中国企业更好走上国际舞台。

从1927年创立，伟达公关在这个行业已经有90年的历史，引领中国公共关系超过三十年。作为中国第一家专业公关咨询公司，伟达把公关这个特殊的行业带入中国，恐怕没有预测到今天的发展和繁荣。

新时期，新挑战，但机遇与挑战并存。伴随中国企业走向全球，伟达希望利用在全球50个国家拥有超过85个办事处的网络资源，通过技术实现共享，不受地域限制，将最好的团队聚集在一起，合作实现跨越时区、语言和文化，力求帮助客户在当今信息化时代做出可信赖的决策和引人注目的宣传活动，为中国企业打造无与伦比的全球影响力。

无论公共关系如何变化，伟达中国愿与时代一同，开启中国公共关系行业的新篇章！

中国品牌如何融入印度市场

——中国中车落地印度推广案例

王娟　张　勇　张景云[*]

摘要: 与品牌建设的"本土化"相一致,品牌的推广和传播也要力求"本土化思维",如此更易拉近所在国公众的心理距离。2016 年 8 月,中车永济电机有限公司印度的合资公司建成投产。在印度市场的拓展过程中,特别是在印度本土化工厂投产此次新闻事件的传播中,中车永济电机公司注重从异国公众思维看问题,始终坚持以"文化尊重"为前提,为中国中车迅速融入印度,更好地融入南亚地区及全球奠定了基础。

随着"一带一路"倡议的提出并实施,高端装备"走出去"尤其是基础设施"走出去"是中国企业参与"一带一路"建设的必然趋势。根据国际化程度,企业跨国经营可以分为"走出去""走进去"和"走上去"三个阶段。"走出去"以开展国际化业务为标志;"走进去"主要是各种关系的建立、维系,融入国家和社区;而"走上去"则是塑造品牌,突出品牌个性,品牌形象清晰并深入人心。企业只有融入所在国、赢得所在国政府和居民的尊重、打造受人尊重的国际品牌,才能实现"走出去""留下来"并成为"座上宾"。

2016 年 8 月 20 日,中国中车在南亚地区的第一个铁路工厂——中车印度先锋电气有限公司(以下简称"中车印度先锋公司")建成投产。该公司由中国中车一级子公司中车永济电机有限公司与印度先锋贸易公司合资组建而成,中车永济电机有限公司以持股 51% 控股。本文通过介绍中车印度先锋公司品牌推广的做法,为更多的"中国制造"品牌推广提供经验和教训。

* 王娟: 中车永济电机有限公司企业文化部副部长。
　张勇: 中国中车企业文化部新闻处副处长。
　张景云: 北京工商大学商学院教授。

一、印度经济社会及中国中车印度拓展情况

印度是"一带一路"建设的关键节点，也是世界第二人口大国，经济增长格外抢眼，和以往数据更新缓慢的情形相比，如今的印度正在以最快的速度向全球展现自己在经济上的亮丽成绩。2014年和2015年的GDP处于高速增长状态，分别是7.3%和7.5%。奥美公关2016年8月23日发布的一份关于未来市场变化趋势的前瞻性报告——"锐速12国"中，印度处于"锐速12国"的核心地位，即未来购买力增长最为强劲的12个国家之一。最近几年，印度莫迪政府提出了"印度制造"，加大基础设施建设。印度具有强大的购买力，是中国中车业务拓展和深度融入的重要区域。

此外，印度人口将近13亿，社会结构、风俗习惯、宗教文化等特色鲜明，要在文化上、风俗习惯上融入进去，赢得所在地的尊重，就需要构建富有印度特色的中车品牌传播之路。

中国中车向来重视印度大市场，从2007年开始与印度展开合作，迄今为止已经为印度提供了地铁、调车机车、铁路电机、曲轴、轮对等铁路车辆和部件。

印度铁路是全球最大的铁路体系之一，铁路网约64000公里，印铁每年都会定期采购近2000台牵引电机和300台牵引发电机；中车永济电机公司则拥有先进的电传动技术和源源不断的优质产品。

图1：中印嘉宾砸椰子庆祝中车印度先锋公司建成投产

通过与印度先锋电气公司成立合资公司，中国中车牵手"印度制造"，就地服务于印度这个世界铁路大国。中国中车在印度的出口模式也从单一的产品输出转变为技术输出、资本输出、服务输出等综合性输出，推动国际产能合作和本土化制造，利于当地创造就业岗位，增加税收，带动当地轨道交通产业链的完善和升级。

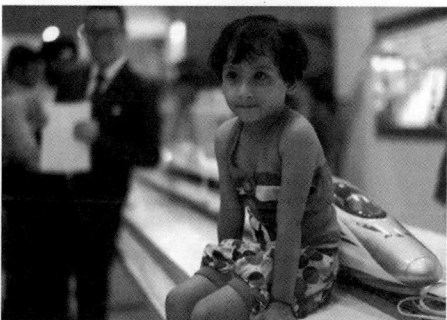

图2：2013年印度铁路装备展上，当地儿童到中车展区与"中国制造"高铁列车合影

二、"本土化"让中车品牌融入印度

中国中车进入印度市场伊始，就注重研究当地风土人情以及市场需求，信任和重用本地人才，加强沟通交流，推动资源配置的本地化，促进文化上和心理上的融合。

（一）"本地化用工""本地化采购"提升当地工业制造水平

在上述目标驱动下，中车印度先锋公司先后招聘了印度当地员工近 40 名，并采取"人员请进来""技术送出去"的方式为他们提供全方位的培训。

中车印度先锋公司的首批员工于 2016 年赴位于山西运城永济市的中车永济电机公司进行了一个月的专业技术学习。随后，中车永济电机公司又先后派驻两批共计20 余人次的专家赴印度进行技术支持，在传授操作技能的同时帮其建立了质量管理体系。还对其进行生产及质量管理培训，使其了解生产、质量、采购、物流、安全、消防等管理知识及流程，具备编排生产计划、按工序领用物料、现场质量检验及质量控制的能力。

通过技术培训和技术支持工作，印度当地员工在技术能力上得到了很大的提升，能根据工艺流程制造产品。中国中车也注意培育当地供应商，推动"本土化采购"，力争为当地打造完善的轨道交通产业链。经过这些努力，当地居民和员工在心理上增强了对中国中车的认同感。

图3："中车制造"地铁列车运行在印度德里——古尔冈之间

（二）"要把他乡当故乡""文化尊重"才能赢得品牌尊重

走出中国，面对完全不同的文化和社会体制，一个企业要融入当地社会，并不是一件容易的事。中车印度先锋公司总经理荆跃鹏表示。"我们就要把他乡当故乡，要把这里的同事及民众当成家人。"尽可能尊重和融入当地文化。

如同印度文化色彩斑斓一样，印度的节日五花八门，除了一些政治性节日，其他的大都是宗教性节日。一天上午，中车印度先锋公司的员工在生产现场又是点灯祈福，又是砸椰子……往往遇到类似的仪式，荆跃鹏都会按照其传统仪式程序参与进行，这天也不例外。可谁知，一系列仪式之后，员工将工具通通收拾整理，换下工装准备下班。一问才得知，刚才敬奉的是工具神，意味着当天所有工具设备不能使用。这种节日中方企业也得尊重。

印方大多数企业上午、下午各有 15—20 分钟的喝茶时间，到时间员工就要休息，严重影响生产节奏，因为电机组装过程中的小齿轮压装、试验等工序是不能间断的。技术支持过程中，总部的技术人员特别对印度员工进行了生产节拍及工作性质方面的培训，建议将阶段性工作完成后再休息，强调严格按照每天的生产计划安排完成工作；还给每人发一个笔记本，要求将生产过程中的工艺要点、注意事项等一一做好记录。

印度员工认为拖地、擦玻璃，包括个人工作区域卫生，都应该是专人负责。培训交流期间，中国员工通过潜移默化的言传身教、现场示范，带动他们逐渐改变观念，积极按照精益"5S"［整理 (Seiri)、整顿 (Seiton)、清扫 (Seiso)、清

图4：2016年7月，首批中车印度先锋公司员工在位于山西永济的中车永济电机公司培训

洁 (Seiketsu)、素养 (Shiketsu) 五个项目］和"班后六不走"（不切断电源和应灭火种不走、环境不清扫整洁不走、设备不擦拭干净不走、工件不码放整齐不走、交接班和原始记录不填写不走、工具不清点好不走）的要求整理并维护生产现场的整洁规范……

在严格遵守印度《劳动法》、工会法律法规及尊重风俗文化的前提下，修订完善了员工管理办法，引导员工严格遵守劳动纪律，逐渐形成规范有序高效的工作习惯。如今，印度员工每天早上和中车永济电机公司总部员工一样，建立了班前会制度。班前会上明确当天的生产任务及安全操作等注意事项；技术培训人员带领班组长每天下午召开碰头会，对当天工作情况进行总结，确定第二天工作任务……

图5：中车印度先锋公司投产仪式上，中印嘉宾共同种植许愿树

图6：中车永济电机公司技术支持人员与印度员工向参加投产仪式的来宾挥手致意

2017 年元旦来临之际，中车印度先锋公司的员工一起举行了迎新年派对，他们用鲜花亲手摆拼出"CRRC"（中国中车英文缩写），并共同跳起欢快的舞蹈进行庆祝。

为增强文化的融合，提升他们作为"CRRC"人的荣誉感，印度当地员工在中国培训期间，中车永济电机公司还举行了丰富多彩的活动，跟他们拼厨艺、比球技，为当地员工过生日，邀请他们乘坐中国高铁。

三、按"本土化思维"传播中车品牌

美国学者葛雷格·斯托尔蒂（Graig Storti）在跨文化传播中提到，人们常因缺乏对异文化的敏感而下意识地认为别人会与自己一样看问题，往往按照自身文化的价值观、宗教、模式、风俗等规范去要求别人，当所期望的事实没有发生时就产生传播障碍和挫败感。因此，在跨文化传播中，从异国公众思维看问题很重要。与品牌建设的"本土化"相一致，品牌的推广和传播也要力求"本土化思维"，力图拉近所在地、国公众的心理距离。2016 年 8 月 20 日，具有"本土制造"标志意义的中车印度先锋公司投产仪式就是在这一理念指导下进行的，主要体现在如下几方面：

一是在媒体组织上，投产仪式当天，除了邀请人民日报、新华社、央视等中国驻印媒体外，还特别邀请印度当地媒体报道此事，同时用西方人的眼光来报道，避免"一言堂"，使得国外公众对中国中车品牌及此次投产有一个客观全面的认知。

根据人民网舆情监测平台数据显示：2016 年 8 月 20 日至 25 日之间，国内关于"中国中车印度铁路工厂投产"的媒体报道走势如图 1 所示，呈现较为明显的"几"字形。媒体报道量在 8 月 21 日和 8 月 22 日形成高峰。国内外媒体报道量走势和趋势如图 1 和图 2 所示。

二是在新闻稿及各类讲话稿的撰写上，尊重当地期待和引以为豪的成就。有研

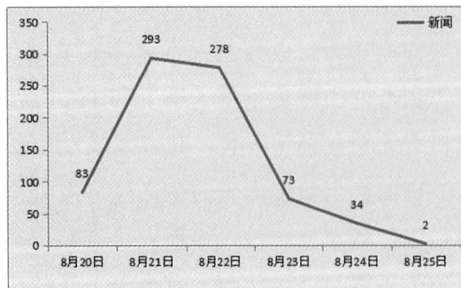

图 7：国内媒体报道量走势图（单位：篇）

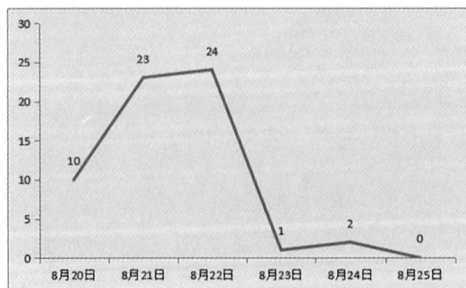

图 8：外媒报道量走势图（单位：篇）

究公共关系的专家认为：传播中媒体须把握与公众适度的心理距离。媒体要影响受众态度，须遵循"引导"而不"灌输"的原则，将贴近与引导结合起来。"引导"的前提是传受之间存在较大的心理距离，其目的是缩短二者的心理距离，尽可能趋于一致。为此，传播者首先要寻求与受众"同"的一面，才能贴近受众，进而引导受众接受传播者的观点。因此，在新闻传播内容设计上，突出强调中车融入印度、"印度制造"和"印度创造"中，做印度当地优秀的企业公民，淡化中车对印度市场的畅想和开发、淡化中车强大的竞争力展示。对印度引以为豪的电影产业、有着卓越贡献的轨道交通予以赞赏，绝不提及印度铁路的"开挂""故障率高"等人所皆知的问题。

三是在仪式的策划上，充分尊重当地传统，进行了长达7—8小时的祈祷、砸椰子、点灯等活动。在品牌跨文化传播中，文化差异很大程度上体现在各种习俗和仪式上。充分尊重当地传统，才能被对方认同为"自己人"，才能获得心理的认同与接纳。

中车印度先锋公司是中国中车在南亚建立的第一个铁路工厂。此事件经媒体传播后，得到舆论的积极评价，各界对项目给当地带来的经济收益以及双方的合作共赢表示看好。除了中车印度先锋公司外，"中车制造"的地铁列车还在印度德里、孟买、加尔各答等地，以良好的品质赢得当地称赞。截至目前，中国中车在印度已经具有良好的口碑，赢得了持续订单。作为一个"中"字头的中国制造业品牌，其品牌建设有其特殊性，在开展品牌国际化建设中还有很长的路要走。在未来的品牌建设中，中国中车还将积极参与到当地政府、工会等组织开展的公益活动中，注重"讲好自己的故事"并努力通过当地官方机构"为自己讲好故事"，以此不断扩大企业知名度，提升品牌美誉度。

（选自《公关世界》2017年第1期）

柔软万事利，柔软的公共关系力量

——中国公共关系 30 年见证万事利成功之路

蒋楠 *

1987 年 8 月 10 日浙江省公共关系协会成立，这是全国最早成立公共关系协会的省份之一。协会成立伊始，十分注重公共关系理念与运作的传播与引导，是年年底就开始创办专业报纸，担当起协会传播理念、普及知识、规范运作的基本使命。1987 年 12 月 11 日，中国第一份公共关系方面的报纸《公共关系报》与读者见面，很快在全国产生了极大影响。很多公共关系从业者、公共关系教师、对公共关系感兴趣的人士纷纷把《公共关系报》作为自己身边最重要的导师。1988 年 12 月中国第一届省市公共关系组织联席会议在杭州举行，开启了全国公共关系组织独特的信息沟通、合作协商的联络范式。1991 年 4 月 25 日经国家新闻出版署批准，省公共关系协会与《浙江日报》联合主办、公开在全国发行《公共关系报》，由此浙江省公共关系协会声名鹊起，在全国诸多协会中发挥了重要的引领作用。

省公共关系协会在成立初期，积极内引外联、风生水起开展活动，1992 年年初，协会的领导班子里迎来了一位非常优秀的女性——沈爱琴，成为协会的领导成员。当时沈爱琴已经是杭州市、乃至全国有相当名气的女企业家了。

沈爱琴，1975 年带头创建杭州笕桥绸厂，经过 10 年极为艰苦的打拼，到 1985 年这家村办企业已经被浙江省乡镇企业局、省广播电视厅联合授予"明星企业"，1987 年又被浙江省政府评定为"省级先进企业"，1991 年被农业部评为"全国乡镇企业先进企业"。企业成了全国丝绸行业里一颗冉冉升起的新星。她本人也在 1992 年前就获得了全国"三八红旗手""全国农业劳动模范""全国优秀乡镇企业家"等荣誉称号。

1992 年 3 月 10 日省公共关系协会第二届第一次代表大会召开，沈爱琴当选为省公共关系协会副会长，之后她继续成为省公共关系协会第三、四届副会长，2009 年

---

* 蒋楠：中国计量大学人文社科学院教授。

沈爱琴当选为省公共关系协会第五届执行会长，并在之后荣获省公共关系协会特殊贡献奖。

当沈爱琴走进省公共关系协会这个大家庭后，曾经的杭州笕桥绸厂也如插上了腾飞的翅膀，快速发展。1993年3月杭州笕桥绸厂华丽转身成为万事利轻纺工贸集团公司，时任浙江省常务副省长的柴松岳亲自为公司授牌，万事利集团的公共关系事业也由此拉开了大幕。

一、以企业文化体现公共关系理念

万事利集团在成立初期，就提出了"天地人和万事利"的企业核心宗旨，认为"家和万事兴，人和万事利"，企业经营要究天时，察地利，讲人和，之后，这一思想又进一步发展为"万事以人为本，事利以和为重，利以社会为责"的文化精神，将企业的视野辐射到社会与未来，在价值观上提出"对社会负责，促文明发展，作社会表率"，这一思想与宗旨与公共关系的核心理念达成了高度的交集与共识，反映出组织领导者较为宽广的经营视野与胸怀。

公共关系是组织为了营造自身有利的生存与发展的社会环境，针对目标公众，运用传播手段，开展双向沟通交流的战略性管理活动。在公共关系活动中，讲求社会环境的营造，关注组织与目标公众的关系协调与和谐处理，强调组织与公众的互惠互利。公共关系在20世纪80年代初来到中国，自然地与中国传统文化思想相结合，形成了注重主动沟通、积极开放自我、尊重目标公众、兼顾义利双赢的独特气派。在中国，一个组织把"以义生利"作为其经营追求的最高理想，往往是基业长青的前提。在现代市场经济条件下，公共关系能够帮助组织实现这一点。何谓义，即公众与社会利益，何谓利，即组织自身之利益，抑或以满足服务对象需求而短期获取的收益。公共关系不是直接创造组织经济利益的工作，它的宗旨是营造组织有利的生存与发展氛围，为组织的长远发展提供基础。但是公共关系又是可以为组织创造经济效益的工作，因为它在为组织营造有利社会环境的前提下，必然能够带给组织真正的实惠，甚至可能超越那些直接创造经济效益工作的回报。公共关系关注的是与目标公众的相互沟通，它会为赢得公众的了解、理解和认同而以实际行动予以表现，它的目标是公开的、公益的、多赢的，当它获得了公众的认同与支持后，所获得的回报就是稳定的和长远的。实际上，组织开展的恰当的公共关系活动既可对社会承担其应有的责任，填补社会的某些缺失或不足，同时又能传输必要的新观念、新信息，体现组织的诚意，宣传组织的社会声誉，展示组织的实力，拉近组织与公众的距离，为组织的经济利益实现创造条件，最终实现组织的义利双赢。因此，一个成熟的组织自然不会小觑公共关系。

在万事利稳健发展的几十年中，企业领导人、公共关系协会副会长沈爱琴带领万事利集团，提出天地人和，把以人为本放在企业目标实现的第一位，注意以和为重来获利，以社会为责以谋利，这完全符合现代企业公关组织、公众、社会的互惠双赢理念，体现了万事利集团在企业经营中高远的价值追求。这既成为万事利长期稳定发展的重要保障，也为万事利的发展与壮大营造了极为良好的公共关系环境。2003年万事利集团先后荣获"年度中国企业文化优秀奖"和"中国企业文化20年建设实践奖"。这是社会对万事利企业文化建设成功的褒奖，也是对万事利集团正确文化方针的激励。正如浙江省委常委、宣传部长葛慧君2017年8月8日在万事利集团考察时所说："文化激发企业内在发展动力，我在万事利看到了。"

20世纪90年代之后，万事利的发展与公共关系的理念与核心思想密不可分，并极大助力企业成为国内最具影响力的丝绸公司。2006年，万事利第二代领导人屠红燕开始接过企业创始人的接力棒，秉承继承与创新的经营思想，在企业文化的弘扬方面继续推进，推动万事利集团顺利发展，不断创造新的成绩。

二、以柔软丝绸展示企业硬实力

在中国改革开放近40年的时间里，大量跨国公司在中国市场荣誉登场，长袖善舞，但几十年下来却未必得到善终，一个个曾经貌似强大无比的企业在我们眼前黯然隐退，让中国人看到了一幕幕生动上演的企业悲喜剧：如摩托罗拉、诺基亚、柯达、富士、松下、索尼等企业离开或正在离我们远去，而国内曾经炙手可热的广告大王、广告标王，家喻户晓的化妆品、保健品、家用电器等企业今天也所剩无几。

能够在中国高速发展的洪流中，屹立不倒，稳健前进的企业，必然有其成功的经验。詹姆斯·柯林斯在他的《基业长青》中曾经说道："最为高瞻远瞩的公司能够持续不断提供优越的产品和服务，原因在于他们是杰出的组织，而不是因为生产优越的产品和服务才成为伟大的组织"。一个企业的顺利发展，一定是其自身主动营造有利于生存与发展的社会环境，这个过程就是公共关系力量发挥的过程。

丝绸是中国的传统产业，毋庸置疑，中国是丝绸大国，但不能称为丝绸强国。浙江是丝绸产品的主要发源地，杭州更是被称为丝绸之府，但是在改革开放不断深化、社会进行着巨大变革、市场处于激烈的竞争中时，丝绸企业遭遇到前所未有的挑战，原材料涨价，技术快速进步，替代产品大量涌现等，对丝绸企业来说每一步的决策都生死攸关。大浪淘沙，曾经全省三千多家的丝绸企业，在 21 世纪来临前后，已经剩下不到 100 家。在这样的市场态势下，沈爱琴带领企业全体员工，大刀阔斧前进，勇于迎接挑战，企业内部严格管理，科学经营，花大力气积极引进先进设备，对外主动处理好与政府、媒体、用户和社会公众的关系，以极大的魄力在众多企业中杀出了一条生存之道，成为浙江丝绸企业中技术先进、管理科学、效益显著、社会声誉高的优秀企业。1996 年万事利集团被国家工商企业批准为"国家级集团"；2000 年万事利集团参加"中华文化美国行"系列活动，举行"黄河之梦"丝绸时装发布会引起轰动；2003 年万事利集团被杭州市评为"十强女装生产企业"，万事利品牌成为"十大女装品牌"，2004 年万事利牌真丝绸被中国名牌推广委员会认定为"中国名牌"。

万事利集团由一个小小的村办企业，连续数年跻身为中国民营企业 500 强之列，依靠的是振兴民族产业的信仰、过硬的产品质量，更依靠的是以人为本、以人和为上的公共关系自觉意识。丝绸是万事利的根与魂，是万事利的梦想，万事利集团也立志要做中华丝绸文化的传承者。四十多年的企业发展道路，万事利企业两代领导人也以丝绸的柔软品质展示了企业强大的竞争实力。

人们常说，与产品推销或广告大战等强势的宣传手段相比，公共关系被认为是柔软的力量，是柔软如水、坚韧如丝的无形力量。在追寻万事利集团的成功之道时，可以看到公共关系确实在其中发挥了重要作用。

三、以参与重大会议呈现中国文化

进入 21 世纪，沈爱琴作为浙江省公共关系协会副会长、执行会长，在不断发挥协会中的领导作用同时，继续带领万事利集团，扬帆远航，创造出了一连串令人艳羡的成绩。这些年来，万事利几乎抓住了国家每一次重大活动的机遇，成为企业界唯一同时参与 APEC 会议、北京奥运会、上海世博会、广州亚运会、杭州 G20 峰会、"一带一路"国际合作高峰论坛、厦门金砖会晤的文化创意企业。在这些重大顶级国际盛会中，万事利以其超群的创意、精湛的工艺、优质的产品、良好的服务赢得了世人瞩目，万事利的品牌声誉得到社会公众的高度认同。在企业每一次参与重大会议的过程中，从来没有放弃利用大众传播媒体和新媒体主动宣传自身，努力把公共关系工作做到最好。

　　2001 年 APEC 峰会在上海举行，万事利荣誉入选成为为参会各国元首、政要定制"唐装内衣"的制造商；2008 年北京奥运会中万事利成为颁奖工作人员和颁奖用品的服务提供商，他们的"青花瓷""粉红"等 5 大系列颁奖礼服惊艳世界；2010 年作为上海世博会特许生产商，万事利为联合国国际交流合作委员会定制了参展国家和地区元首金石印象丝绸印谱，成为 195 个参展国家元首的精美国礼；当年年底万事利又成为第 16 届广州亚运会的唯一丝绸类产品特许经营商，为志愿者提供了 16 款"志愿彩"，开创了富有特色的中国"彩"文化；2014 年万事利参与了设计北京 APEC 会议领导人服装的工作，其设计理念中的非遗宋锦工艺和水波纹图案获得采纳，彰显了万事利深厚的技术设计功底；2016 年万事利不仅以优质产品的提供商参与重大会议，更以优秀企业的身份成为了国家重大活动的亲身参与者：被确定成为首批 2016 年 B20 峰会的参会企业之一、万事利国际丝绸汇与丝绸文化博物馆荣膺杭州 G20 峰会"韵味杭州"参观体验点等。这些荣誉无疑是国家对万事利企业优质产品与企业文化的最高褒奖，因此在 2016 年 9 月召开的杭州 G20 杭州峰会上，万事利集团不仅作为中国企业代表与来自全球 500 余位工商界代表共同研讨全球经济发展中重大问题，还为 B20 峰会、G20 峰会提供了包括丝绸国礼、丝绸艺术品、丝绸礼服、丝绸新材料等数十个项目的定制服务。2017 年 5 月万事利在"一带一路"国际合作高峰论坛上又设计制作了"丝路同行"丝瓷瓶、"丝路"丝巾、《海陆丝绸之路》织锦卷轴画等丝绸产品，受到了与会国内外嘉宾的青睐；2017 年 9 月万事利集团再次成为金砖国家领导人厦门会晤的产品提供商，为会议提供了接待礼服、真丝茶席、纪念礼品等，为厦门会晤的成功举办添光加彩。随着媒体对会议的反复报道，万事利集团凭借优质产品与精彩创意成为社会公众高度关注的企业，万事利品牌成为国礼的象征和顶级品质的标志。

　　21 世纪以来万事利在近 20 年的快速发展中，搭乘国家重大活动的快车，不断通过重大活动的社会高密度关注，使企业的社会声誉节节攀升，广泛传播，使自身的社会环境不断优化与适宜发展，形成了极为顺畅的公共关系状态。

四、以主动传播提升社会声誉

1995 年，万事利集团创始人沈爱琴被国务院评为"全国劳动模范"，1997 年沈爱琴当选为第九届全国人大代表，2003 年连续当选第十届全国人大代表。

作为社会知名人士，也是浙江省公共关系协会的副会长，沈爱琴以柔软如水的公共关系手法，注意组织形象的塑造，不放过每一个主动宣传的机会，始终与社会知名人士与新闻媒体保持着良好的合作关系，不断为万事利集团营造着顺利发展的社会环境。每年万事利集团都会有国家领导人、全国人大委员会委员、省市领导等到访参观调研，万事利都诚挚欢迎这些领导亲临指导；在一些重大国际会议期间，万事利还接待了多名国际组织的领导人或一些国家领导人的夫人到访。这些接待活动为万事利集团的公共关系工作增添了重要的色彩。在 2001 年上海 APEC 会议、2008 年北京奥运会、2010 年上海世博会、2011 年广州亚运会、2016 年杭州 G20 峰会、2017 年"一带一路"国际合作高峰论坛和厦门金砖会晤等重大会议期间，万事利也被中央、省级、市级媒体以及网络媒体进行了较大幅度的报道，每年新闻媒体的报道量在 200—300 篇左右。同时，万事利集团还积极利用其他传播渠道宣传自身，如2001 年 1 月万事利印制了香港《文汇报》丝绸珍藏版，列入吉尼斯世界纪录，被中国丝绸博物馆和香港历史博物馆收藏；2001 年 11 月沈爱琴接受中央电视台二套《商界名家》的专访，解读万事利集团的成功之道；2002 年 1 月万事利集团与人民出版社制作出版了丝绸版《孙子兵法》，并被中国丝绸博物馆收藏；2004 年沈爱琴与中国丝绸协会会长在浙江卫视共同参加了"杭州丝绸新思路"的嘉宾访谈节目，畅谈丝绸企业的文化传播使命。

在万事利集团稳健发展的过程中，第一代领导人逐渐交棒与第二代领导人屠红燕、李建华。第二代接班人在主动传播丝绸文化、打造万事利品牌良好声誉的公共关系工作中，视野更加宽广、力度更加深入、工作更加细致。如万事利董事局主席屠红燕青出于蓝而胜于蓝，很快在商界崭露头角，成为了新一代浙商代表，先后荣获全国三八红旗手、全国纺织工业系统劳动模范、十佳全国巾帼建功标兵、中国十大杰出民营企业家等荣誉称号，她也通过大型活动的平台在电视台、报纸等媒体上主动积极地宣传万事利集团，为企业的继续发展铺垫出良好的外部环境；万事利集团总裁李建华潜心致力于丝绸文化的建设，从深层次上传播万事利企业文化，为传播万事利集团的社会影响力发挥积极的作用，如制作电视专题片《丝行天下》《字说丝绸》等，在中央电视台《百家讲坛》上开讲《红楼梦的丝绸密码》，2010 年以来连续出版《柔软的力量——丝绸文化系列丛书：字说丝绸·话说丝绸》《神州丝路行》《丝路密码》等书籍。

万事利两代企业领导人虽然并没有谈过自己所做的大量对外传播与协调工作是公共关系的工作，但是他们长期矢志不移地主动利用社会知名人士和大众传播媒介传播丝绸文化、弘扬中华民族瑰宝、彰显万事利品牌，确实起到了公共关系的作用，特别是他们逐渐认识到，企业经营的核心产品——丝绸背后的力量，这是一种特别的力量，是一种扎扎实实的软实力，这种柔软的力量，就是公共关系的魅力！

五、以社会公益展现公共关系魅力

浙江省公共关系协会执行会长沈爱琴曾经说过一句话："不忘根、不忘本、不忘善、不忘恩、不忘责、不忘情"。这人生"六不忘"其实是一位优秀民营企业家极高的人生境界与社会责任感。多年来，万事利集团一直注重参与社会公益，勇于担当社会责任，通过实际行动在社会公众中赢得良好口碑，这正是践行了第一代企业创始人提出的做人做事宗旨。

在万事利集团早期的经营活动中，企业总经理沈爱琴为人极为厚道，待人诚恳，始终以一名优秀共产党员和企业家的标准严格要求自己，对企业内部员工一视同仁，很早就实行男女同工同酬，遇到员工有困难或危险，立即出手相助，不惜一切代价救人于危难之中，留下了一个个生动感人的故事，对有才的技术人员，悉心培养，以心换心。早在 20 世纪 80 年代初期，企业就每年拿出 8000 元的资金推送优秀员工去大专院校学习，当时的 8000 元相当于 20 个员工一年的工资！ 90 年代开始，沈爱琴积极吸纳大学毕业生进入企业，为国家解决就业困难，大胆启用年轻人，着力培养人才，使万事利成为一个具有很高凝聚力的温暖大家庭。

作为一个民营企业家，沈爱琴从一开始就具有大爱之心和高尚的为商境界，一有能力就开始回报家乡、感恩社会。在 20 世纪 80 年代企业发展比较稳定的时候，沈爱琴就为自己所在的、处于比较落后的、还属于城郊接合部的笕桥街道做了大量好事，如修房、建设老年活动室、建菜市场、设游乐中心、给学校捐款和奖学奖教、举办文体活动等等。在 2003 年"非典"时期，万事利集团拿出准备为集团举行庆典的资金，5 天之内生产出了 5000 套隔离服，为抗击"非典"做出了特别的贡献，并主动向"非典"第一线的医务工作者捐赠营养品。2004年万事利集团率先向印度洋海啸灾难的受害者捐赠10万元,体现了一个企业家的担当与远见。第二代接班人接手后,万事利集团的社会公益行为更加规范和宏大。2011年年初,万事利党委设立2000万元爱宝基金,用于发展农村蚕桑事业和帮贫济残,同时连续数年与市林水局、江干区笕桥镇等7家单位组成帮扶集团,发动全体员工参加"一对一"扶贫帮困,结对联系淳安县宋村乡,投资近千万元建成科技文化服务中心、中心卫生院门诊大楼,乡电子阅览室等。数年间万事利集团用于各种社会灾害捐助的资金数额达到3000余万元,2011年被评为"杭州市红十字抗灾救灾先进集体",中共杭州市委、杭州市人民政府授予万事利2009—2010年度"联乡结村"共建活动先进集体荣誉称号。不仅如此,万事利集团曾经捐资1万名杭州出租车司机免费体检、为社区提供义诊260余次、为2000多名妇女免费体检、普及保健知识。在助学方面,万事利也默默作出了大量贡献,近10年间万事利集团资助困难学生150多人,帮助困难家庭50余户,解决再就业1200余人,投资建设河南范蠡小学教学楼,捐赠图书5万余册。2015年为了探索移动电商发展新模式,助力"大众创业、万众创新",万事利集团还设立了旨在帮扶大学生群体自主创业的公益项目——"互联网+商学院"大学生创业培训基地,集团总裁李建华亲自担纲创业导师。这些公益事业以"润物细无声"的力量为万事利集团打造着社会口碑。不仅如此,万事利集团在丝绸文化的传播与保护方面也做出了骄人成绩。2013年万事利集团结合产业发展,拿出1000万用于推广和弘扬中国丝绸文化,成立了中国首家民营企业丝绸文化博物馆,作为中小学生对中国丝绸文化教育的基地,2013年在中华丝绸文化论坛上,万事利集团以专利技术无涂层微喷技艺成功复制、还原了流失在海外的12幅敦煌千年丝绢古画,并当场捐赠给了敦煌研究院,让敦煌藏经洞流失海外的丝绢古画"回家",这一弘扬敦煌艺术文化的盛举,吸引了文化界、媒体界等社会各界的广泛关注,让社会公众对万事利的义举从内心感佩与称赞。2014年万事利集团投资拍摄了大型电视纪录片《丝行天下》《字说丝绸》等,积极推广丝绸文化,为传播中华传统历史文化作出了重要的贡献。

2016年8月2日,一代浙商、中国绸王、浙江省公共关系界的老领导沈爱琴离开了人世,2017年9月9日沈爱琴被浙商总会荣誉授予"丝绸琴"的称号,用于表彰她在中国丝绸制造、丝绸文化传播、丝绸事业中所作出的杰出贡献,这一称号来之不易,也当之无愧!

丝绸,是一种柔软而华丽的产品,丝绸,也是一种坚韧而持久的力量。回顾万事利集团创始人沈爱琴的丝绸事业，我们看到了一位优秀企业家如丝般柔滑的公共关系精彩画卷。我们相信，未来的万事利集团公共关系事业会随着国家新丝绸之路的延伸演绎得更加精彩，也相信更多浙江企业家在公共关系的道路上会继续走在全国的前列，创造出更大的辉煌。

策　　划：王彤

责任编辑：贺畅　周文婷

图书在版编目（CIP）数据

大道有形：中国公共关系协会成立三十周年纪念会论文选集 / 王大平 主编 . —
北京：人民出版社，2018.10
ISBN 978-7-01-019765-4

Ⅰ . ①大… Ⅱ . ①王… Ⅲ . ①公共关系学 - 文集 Ⅳ . ① C912.31-53

中国版本图书馆 CIP 数据核字（2018）第 209372 号

大道有形

DA DAO YOU XING

——中国公共关系协会成立三十周年纪念会
论文选集

王大平　主编

人民出版社 出版发行

（100706　北京市东城区隆福寺街 99 号）

北京市京东印刷厂印刷　新华书店经销

2018 年 10 月第 1 版　2018 年 10 月北京第 1 次印刷
开本：787 毫米 ×1092 毫米 1/16　印张：16
字数：220 千字

ISBN 978-7-01-019765-4　定价：67.00 元

邮购地址：100706 北京市东城区隆福寺街 99 号
人民东方图书销售中心　电话（010）65250042　65289539